VICTOR BÉRARD

LA MORT
DE
STAMBOUL

LIBRAIRIE ARMAND COLIN
Rue de Mézières, 5, PARIS

LA MORT
DE
STAMBOUL

OUVRAGES DE M. VICTOR BÉRARD

Les ouvrages de M. Victor Bérard ont été couronnés par l'Académie française
(*Prix Vitet, 1904*)

LIBRAIRIE ARMAND COLIN

La Révolution Turque. In-18, br. . . . . 4 »
La Mort de Stamboul. *Considérations sur le Gouvernement des Jeunes-Turcs.* In-18, broché . . . . 4 »
Le Sultan, l'Islam et les Puissances (*Constantinople-La Mecque-Bagdad*). In-18, 2 cartes hors texte, br . . . . 4 »
Révolutions de la Perse. In-18, 1 carte hors texte, br. 4 »
L'Empire russe et le Tsarisme. In-18, une carte en couleur hors texte (2ᵉ *édition*), br. . . . . 4 »
L'Angleterre et l'Impérialisme. In-18, une carte en couleur hors texte (5ᵉ *édition*), br. . . . . 4 »

(*Ouvrage couronné par l'Académie française. Prix Thérouanne.*)

La Révolte de l'Asie. In-18 (2ᵉ *édition*), br. . . . . . . 4 »
La France et Guillaume II. In-18 (2ᵉ *édition*), br. . . . 3 50
L'Affaire Marocaine. In-18 (2ᵉ *édition*), br. . . . . . . 4 »
Questions extérieures (1901-1902). In-18, br. 3 50
Pro Macedonia. In-18, br. . . . . 2 »
Les Affaires de Crète. In-18 (2ᵉ *édition*), br. 3 50
La Macédoine. In-18, br. . . . . (épuisé).
La Politique du Sultan. In-18 (4ᵉ *édition*), br. 3 50

Les Phéniciens et l'Odyssée (2 volumes) :
Tome I. Un vol. in-8°, 592 pages, 98 cartes et gravures . . . (épuisé).
Tome II. Un vol. in-8° grand jésus de 630 pages, 144 cartes et gravures, relié demi-chagrin, **32 »**; — broché. . . . . **25 »**

La Turquie et l'Hellénisme contemporain. In-18 (5ᵉ *édition*) [Librairie Alcan]. 3 50
(*Ouvrage couronné par l'Académie française.*)
De l'Origine des Cultes arcadiens. In-8° [Librairie Fontemoing]. **12 50**
(*Couronné par l'Académie des Inscriptions et Belles-Lettres. Prix Saintour.*)

VICTOR BÉRARD

LA MORT
DE
STAMBOUL

*Considérations
sur le Gouvernement des Jeunes-Turcs*

LIBRAIRIE ARMAND COLIN
Rue de Mézières, 5, PARIS
—
1913

Tous droits de reproduction, de traduction et d'adaptation réservés pour tous pays.

Copyright nineteen hundred and thirteen
by Max Leclerc and H. Bourrelier,
proprietors of Librairie Armand Colin.

INTRODUCTION

En janvier 1909, l'auteur publiait son livre *La Révolution turque*, moins pour raconter le changement de régime qui venait de se produire en Turquie que pour en exposer les causes et replacer cet événement dans l'histoire de l'Empire turc et de la diplomatie européenne.

Dès cette époque, il ne fondait pas de grands espoirs sur l'avenir de la Jeune Turquie : il voyait les difficultés intérieures auxquelles ce gouvernement improvisé aurait à faire face; il voyait surtout les dangers extérieurs auxquels l'intégrité ottomane était exposée par les complots des trois puissances de « voisinage », Autriche, Italie et Russie, par l'inertie des puissances occidentales, France et Angleterre, et par l'égoïsme mercantile de l'Allemagne.

La contre-révolution du Treize-Avril 1909 lui apparut comme le début de la catastrophe ; après la rentrée des Jeunes-Turcs à Stamboul derrière les troupes de Mahmoud-Chevket, il écrivait (*Revue de Paris* du 15 juin 1909, p. 885) : « Dans l'histoire levantine, je ne doute pas que cette reprise de Constantinople sur l'Islam ne soit un tournant aussi décisif que la prise même de Constantinople par les serviteurs d'Allah : 1453-1908, entre ces deux dates, aura peut-être vécu l'empire européen du Prophète. »

* *

Six mois plus tard, le sort de l'Empire ottoman lui semblait décidé par la politique marocaine de nos gouvernants. Il écrivait dans la *Revue de Paris* du 15 décembre 1909, sous le titre de *Souci national* :

Je crains qu'à ne pas vouloir regarder l'avenir en face, à ne pas tenir compte des leçons du plus proche passé, la diplomatie de la Troisième République ne soit en train de perdre une aussi grosse partie que la diplomatie du Second Empire durant la période de 1861 à 1867.

Tournée vers le Mexique[1] par une camarilla de Cour et de Bourse, dont le président du Corps législatif était

---

1. Je ne fais que citer ou résumer le *Manuel historique de politique étrangère* d'Émile Bourgeois, t. III, p. 568 et suivantes.

le principal agent (juillet 1861); entraînée à cette « grande entreprise de civilisation et de paix » par une entente anglo-franco-espagnole qui semblait garantir toutes les chances de réussite (octobre 1861); engagée non seulement dans une démonstration navale et dans une opération de police côtière, mais dans une guerre continentale, par les stratèges de la presse officieuse qui promettaient qu'avec dix mille hommes on monterait sans peine jusqu'à Mexico (mars 1862); prise alors par « l'honneur du drapeau et le prestige du régime »; déconsidérée et affaiblie par une interminable série de victoires et de dépenses inutiles; enlevée, corps et membres, dans cet engrenage (mai 1862-juin 1864); maîtresse un instant de Mexico, puis défaite et expulsée et finalement traîtresse à son protégé Maximilien (juin 1864-juin 1867), — pendant que la finance attirait « l'épargne française par d'alléchants emprunts et que la spéculation se portait sur les mines de la Sonora », pendant que les ministres prédisaient que « cette politique hardie serait à la fois une grande affaire lucrative et une page glorieuse », — la France de Napoléon III ne voulut pas voir que la rupture de l'équilibre européen mettait notre sécurité nationale, notre existence même en danger...

Trois ans après (1870), la France recueillait les fruits de la politique impériale; quarante ans après, nous en portons encore les conséquences, avec la charge de nos défaites et de la paix armée sur le continent : « Malheureuses affaires mexicaines! gémissait, dès 1862, le ministre Thouvenel : que d'embarras financiers ou *autres!* » Mais Thouvenel ne pouvait même pas imaginer de combien ces *autres* embarras seraient les plus pesants et les plus durables.

Or, en 1908-1909, la diplomatie de la Troisième République ne veut voir que les affaires marocaines : comme on prenait en 1861-1862 le Mexique, il s'agit en 1908-1909 de prendre le Maroc; les officieux, à qui la pénétration pacifique ne suffit plus, nous invitent déjà à « envisager l'hypothèse d'une action militaire ». En novembre 1909, ils écrivent : « Nous avons occupé les Châouïa avec moins de 15 000 hommes, les Beni-Snassen avec moins de 10 000. *Si jamais il fallait, pour sauver les existences menacées des Européens, occuper Fez, 10 000 hommes y suffiraient.* Il n'est d'ailleurs pas question de cela, et c'est fort heureux. Mais il ne faut pas habituer l'opinion à croire à des difficultés, qui en réalité n'existent pas[1]. »

C'est à s'acquérir tous les consentements ou toutes les tolérances pour cette entreprise que, depuis dix-huit mois, notre diplomatie a travaillé. Les autres considérations n'ont presque pesé pour rien dans sa conduite. Mes lecteurs savent que j'ai toujours fait au Maroc sa juste place dans le calcul de nos intérêts nationaux : je sais qu'ayant une France algérienne, c'est d'intérêts français, de frontière française qu'il s'agit, quand nous ne voulons pas qu'un foyer d'anarchie, de guerre religieuse et d'intrigues étrangères s'installe ou subsiste à notre porte, et je vois toute la distance qu'il y a du Maroc au Mexique.

Mais les affaires marocaines étaient-elles la question principale pour la France de 1908-1909? Les financiers, spéculateurs et concessionnaires ont hâte de rentrer dans leurs avances et de se jeter sur la proie liée; les Jecker d'aujourd'hui trouvent dans notre Chambre — et presque à la même place — les mêmes patrons que dans le Corps Législatif d'autrefois; ces faiseurs et défaiseurs de ministres importunent, tracassent, assourdissent de leurs réclamations et de leurs journaux à gages, finissent par entraver et entraîner les directeurs responsables de notre diplomatie....

Mais n'est-il pas des heures où le souci de la France

---

1. *Le Temps*, Bulletin de l'Étranger, n° du 24 novembre 1909.

devrait dresser en révolte les caractères les plus irrésolus? Et ce souci de la France, est-ce vers le Maroc, — vers l'anarchique Maroc dont notre France africaine n'a qu'à se plaindre, mais dont pourtant elle a trouvé moyen de s'accommoder voici plus de soixante ans et dont elle se serait accommodée quelques années encore, — est-ce vers le Maroc qu'en 1908-1909 le souci national devait tourner notre attention et nos efforts?

Depuis la révolution turque, l'équilibre méditerranéen est en risque...

Que le Turc s'en aille d'Europe, et toute la vie de notre France est changée; car la même guerre désastreuse et la même paix armée, que nous valut sur le continent la disparition de l'Autriche dans les affaires allemandes, c'est en Méditerranée que nous les vaudrait la disparition de la Turquie dans les affaires balkaniques.

La guerre, nous n'en voulons plus; nous l'éviterons à tout prix, même au prix de l'honneur : c'est entendu. Mais il arrive que l'on se batte contre son gré, par la seule volonté du voisin ou de l'adversaire, sans compter que, dans les pays les plus dociles et les plus assoiffés de repos, il est des sursauts du sentiment national qui ne laissent au régime que le choix entre la chute ou la témérité... Et la paix armée, même en renonçant à notre indépendance, même en nous réfugiant dans le servage de quelque protecteur continental ou maritime, il ne faut pas croire que nous l'éviterions longtemps : de nos jours, le servage diplomatique a pour conséquence une exploitation économique qui, tôt ou tard, force les intérêts à revendiquer l'indépendance; les mêmes syndicats de capitalistes et de travailleurs, qui aujourd'hui « ne bêlent que la paix » ou ne chantent que l'*Internationale*, seraient les premiers à réclamer demain un armement forcené, tant pour se donner le gagne-pain des commandes nationales que pour résister, en France et au dehors, aux invasions de fournitures étrangères.

Or cette paix armée tout à la fois sur terre et sur mer, une démocratie comme la nôtre est-elle capable d'en assumer le fardeau? Nous voyons combien sur terre elle nous pèse déjà : ayant à mener à bien une œuvre sociale qui exigera par centaines de millions les dépenses toujours croissantes, pouvons-nous un seul instant admettre l'hypothèse d'une Méditerranée transformée, comme le continent, en un champ de manœuvres, — de « notre mer » envahie par « leur » *paraden flotte* et toute sonnante, non plus de cigales et de chansons, mais du fracas de leurs cuirasses?...

*
* *

De décembre 1909 à juillet 1911, aussi longtemps qu'il conserva sa chronique à la *Revue de Paris*, l'auteur continua de noter comme au jour le jour les moments de cette crise : le sort de Fez et le sort de Stamboul lui apparaissaient indissolublement liés; chacune de nos entreprises sur l'intégrité marocaine et sur la souveraineté du Sultan-Chérif lui semblait un nouveau coup porté à l'intégrité ottomane et au pouvoir du Sultan-Khalife.

En mai-juin 1911, il vit dans l'occupation de Fez par nos troupes le prélude de cette mort de Stamboul qu'il entreprend de raconter aujourd'hui.

En novembre 1911, la Turquie d'Europe lui

semblait perdue. A ses auditeurs de la *Ligue maritime*, il disait quelle charge d'armements nouveaux la prochaine rupture de l'équilibre méditerranéen allait valoir à notre France :

Vous sentez bien, n'est-ce pas, qu'après la crise bosniaque d'hier, après la crise tripolitaine d'aujourd'hui, la crise égyptienne, albanaise, macédonienne, que sais-je, arabe ou syrienne de demain, le jour du dernier jugement balkanique pourrait soudain se présenter devant vous. Si demain éclataient sous les murs d'Avlona, de Salonique et de Stamboul les fanfares vous annonçant la curée, si vous perdiez dans la Méditerranée levantine ce correspondant, cet associé, cet ami que, depuis quatre siècles, fut pour vous l'Empire ottoman, croyez-vous que rien ne serait changé dans vos sécurités ni dans vos risques? Quand disparut du Continent l'héroïque Pologne, le résultat pour vous fut un siècle de guerres continentales et d'invasions, puis quarante ans de cette paix armée qui vous tient à la gorge. Le jour où disparaîtrait l'héroïque Turquie, soyez sûrs qu'il vous faudrait le courage et la force d'endosser en votre domaine méditerranéen la même armure pacifique qu'à votre trouée des Vosges, — sinon les deux Frances qui se font aujourd'hui vis-à-vis sur les rivages de Toulon et de Bizerte pourraient sentir les menaces, les douleurs peut-être de la séparation.

En cet hiver de 1911-1912, tout présageait l'imminence du désastre : à l'intérieur de l'Empire ottoman, le régime jeune-turc avait porté tous ses fruits; à l'extérieur, le débarquement italien en Tripolitaine et la conclusion des ententes balkaniques allaient livrer les Turcs au bon plaisir de Pétersbourg.

Comment, de 1908 à 1911 surtout, le régime jeune-turc a perdu la Turquie d'Europe, c'est ce que je voudrais expliquer en ce nouveau livre *La Mort de Stamboul*. En un prochain volume, je tâcherai de dire comment, de 1911 à 1913, la diplomatie russe, tournée contre l'Autriche, que, depuis 1908, elle accusait de perfidie, prépara et obtint *La Revanche de Pétersbourg*, car les victoires des Balkaniques ne sont encore que l'avant-dernière étape des Russes sur le « chemin de Byzance ».

Comme en mon livre *La Révolution turque*, c'est moins au récit des événements qu'à la recherche de leurs causes que je voudrais m'attacher ici. Les événements sont connus de tous; ils sont simples, peu nombreux; ils tiennent en un calendrier sommaire :

1908. 24 juillet. — Révolution jeune-turque.
      5 octobre. — Proclamation de l'indépendance bulgare.
      7 octobre. — Annexion de la Bosnie-Herzégovine par l'Autriche.
1909. 13 avril. — Contre-révolution à Constantinople.
      25 avril. — Les Jeunes-Turcs reprennent Constantinople.
1911. Octobre. — Invasion de la Tripolitaine par les Italiens.
1912. Octobre. — Invasion de la Turquie d'Europe par les armées balkaniques.

De 1908 à 1911, ce sont des causes intérieures surtout qui ont miné le régime jeune-turc; de 1911 à 1913, ce sont des causes extérieures qui ont amené la perte de la Turquie d'Afrique et de la Turquie d'Europe.

C'est des Jeunes-Turcs et de leurs théories de gouvernement qu'il sera surtout question en cette *Mort de Stamboul*; c'est du rôle des puissances, de la Russie en particulier, que traitera *La Revanche de Pétersbourg*.

Le 14 mai 1913.

I

L'UNION BALKANIQUE

L'UNION BALKANIQUE

Au début de novembre 1912, le stationnaire allemand *Loreley* ramenait à Constantinople Abd-ul-Hamid, le sultan déchu. Il était interné depuis trois ans et demi dans le faubourg de Salonique (mai 1909-novembre 1912) : sans ignorer absolument les nouvelles de la Turquie et du monde, il n'en avait eu que des échos lointains. Il apprit par le détail l'extraordinaire revirement de la fortune balkanique, la ruée des Bulgares vers Kirk-Kilissi et Loulé-Bourgas, la chevauchée des Serbes en Haute Macédoine, l'avancée des Grecs vers Salonique, d'où leur approche était venue le délivrer; les soldats turcs sans pain ni cartouches; les gargousses vides et les obus en bois; la vénalité des uns, l'impéritie des autres, les intrigues de tous et, seules debout dans la catastrophe, l'endurance de l'armée et la résignation du peuple.

Rien dans le malheur turc ne sembla le surprendre : du moins, semblait-il ne s'étonner de rien;

sous la Turquie des Jeunes, ce parfait connaisseur retrouvait aisément la Turquie des Vieux, la sienne...

Le drapeau serbe planté déjà sur le *turbé* de Sultan Mourad à Kossovo, demain le drapeau bulgare sur les mosquées de Sultan Sélim et de Sultan Bayézid à Andrinople, après-demain le drapeau balkanique ou russe sur Sainte-Sophie peut-être, sur les cent minarets de Stamboul ; l'Europe n'ayant rien deviné, rien empêché ; dans le monde entier, pas une main tendue vers la Turquie blessée à mort ; Lui, même Lui, drapé pour une fois dans le silence, Lui, le grand Ami de Berlin, qu'au tombeau de Saladin et devant les flots de Tanger, on avait entendu jurer un éternel dévoûment à l'Islam : il semblait que d'avance, aux temps de son pouvoir, Abd-ul-Hamid, méditant pour lui-même tous les sujets de crainte, eût aussi pour son empire imaginé, redouté tout cela, pis encore.

Mais à tous les détails nouveaux qui précisaient le désastre, une seule question, toujours la même, lui revenait aux lèvres : « Comment ont-*Ils* laissé les Grecs et les Bulgares s'entendre? » L'union balkanique, l'entente gréco-bulgare dépassait toutes ses peurs : c'était pour lui le seul imprévu, le miracle.

*
* *

Pour bien d'autres qu'Abd-ul-Hamid, cette entente avait été la surprise. La haine gréco-bulgare semblait être, depuis douze siècles, l'élément le plus stable de la vie balkanique. Elle avait précédé de huit cents ans l'arrivée des Turcs en Europe et dominé la vie byzantine déjà. Les historiens disaient que, de tous les Barbares qui, du vᵉ au ixᵉ siècle de notre ère, s'étaient jetés dans l'Empire de Byzance, les seuls Bulgares n'avaient jamais cessé d'en être tenus pour les ennemis : même amalgamés à la masse des sujets slaves, même convertis au christianisme orthodoxe, ces hommes à face jaune, venus du fond de la Scythie, du pays des Hyperboréens, étaient restés dans les terreurs de la Rome levantine, comme la personnification de la sauvagerie, ce qu'étaient les Vandales pour la Rome de l'Occident, ce que fut pour nous encore, au xixᵉ siècle, le Cosaque... La chasse aux Bulgares avait été, sept ou huit siècles durant, le premier devoir du César byzantin, et « Bulgaroktone », *Tueur de Bulgares*, son plus beau titre de gloire.

Le Turc survenant, il avait pu sembler que la réconciliation dans la servitude s'imposait aux deux ennemis. Ce n'avait été qu'apparence : jamais ces deux sujets de la Porte n'avaient déposé la haine héréditaire. Mais, durant quatre siècles (1453-1855), le Turc avait feint de l'ignorer; il l'avait ignorée peut-être. Il avait simplifié toutes les questions religieuses et civiles de sa conquête. Il avait imposé, à tout ce qui voulait en ses terres demeurer chrétien-orthodoxe, aux Bulgares, aux Valaques, aux Serbes comme aux Grecs, l'autorité de son Patriarche de Stamboul, seul chef à ses yeux de toute cette « nation de Roum », seul responsable envers la Porte de leur docilité, à tous, et de leurs impôts.

Tous les orthodoxes de l'Empire durent se ranger sous l'uniforme hiérarchie de l'Église patriarcale ou, comme on dit aujourd'hui, patriarchiste. Le Sultan turc étant toujours prêt à soutenir son Patriarche contre toute révolte des chrétiens, comme son Cheik-ul-Islam contre toute révolte des musulmans, les Bulgares et les autres orthodoxes durent subir quatre siècles (1453-1855) les ordres et les délégués de ce Pape gréco-turc, adopter les rites et la langue de l'Église grecque, n'avoir plus d'évêques et de haut clergé que grecs, bref ne plus être qu'unités indistinctes dans cette « *millet* (nation) de Roum », dans ce troupeau de « Roumis », disaient les Turcs, de « Grecs », disait l'Europe.

La haine du Bulgare contre le maître grec en fut comprimée, non pas éteinte. La haine du Grec contre cet esclave toujours récalcitrant se tourna en mépris. Le Bulgare, pour les gens du Patriarcat, devint ce qu'avait été le Scythe pour les Athéniens d'autrefois, le barbare qu'il fallait à grandes bourrades pousser vers la civilisation, vers l'hellénisme. Quatre siècles durant, le Turc fut assez fort pour imposer cette vie commune à la résignation des Bulgares.

Mais après la guerre de Crimée, quand les apôtres de la Russie panslaviste vinrent prêcher aux diocèses slaves de Macédoine et du Danube (1855-1870) la révolte contre « l'exploitation grecque », disaient-ils, ils retrouvèrent sans peine un peuple bulgare et un bas-clergé bulgare qui ne demandaient qu'à secouer la tyrannie du Patriarche. Puis les diplomates de cette même Russie panslaviste obtinrent (1870-1872) que le Turc reconnût deux « nations » à l'intérieur de son Église orthodoxe, une « nation roumi » et une « nation bulgare », avec deux clergés et deux chefs, le Patriarche maintenu et un Exarque créé :

l'Exarque, disaient-ils, resterait le subordonné du Patriarche, au même titre, par exemple, que le métropolite de Belgrade ou d'Athènes ; mais, du même droit que le métropolite de Belgrade régit en langue serbe son Église et son clergé serbes, l'Exarque aurait sa langue, ses rites et son clergé bulgares pour paître son troupeau bulgare aux côtés, un peu à l'écart du troupeau et du clergé patriarchistes.

Patriarche grec, Exarque bulgare : cette association hiérarchisée sauvegardait apparemment l'unité de l'orthodoxie ; le Patriarche demeurait le chef suprême, le Pape de tous les orthodoxes. Mais l'établissement d'une Église bulgare supprimait le monopole du clergé grec et du rite grec en des provinces de la Turquie d'Europe, que l'hellénisme revendiquait pour son héritage. Le Patriarche de 1872, meilleur serviteur peut-être de l'hellénisme que de l'orthodoxie, refusa de créer un Exarque de son obédience et accula les Bulgares au schisme déclaré [1].

Malgré le Pape des orthodoxes, le Turc, sous la pression des Russes, fit de sa propre autorité un Exarque des Bulgares et lui attribua des diocèses pour ses évêques. Il y eut désormais deux Églises orthodoxes dans l'empire ottoman, deux Papes orthodoxes à Stamboul, et la rivalité du Patriarche grec et de l'Exarque bulgare au sommet, des évêques patriarchistes et des évêques exarchistes dans la hiérarchie, des orthodoxes-grecs et des orthodoxes-bulgares dans le troupeau fit à nouveau

---

1. Sur tout ceci, cf. mon livre *La Turquie et l'Hellénisme contemporain*, Paris, Alcan, 1891.

flamber au grand jour la haine gréco-bulgare que, seule, la consigne turque avait durant quatre siècles recouverte.

Le Turc en resta le modérateur ou l'excitateur à son gré, étant l'arbitre entre les deux orthodoxies, puisque son bon plaisir, rien que son bon plaisir, décidait de l'attribution des diocèses et que ses seuls *bérats* pouvaient installer les évêques du Patriarche ou de l'Exarque dans l'administration des biens ecclésiastiques.

La Russie panslaviste intervint une troisième fois. Par la guerre des Balkans (1878), elle prit de force aux Turcs quelques-uns des diocèses bulgares et elle en fit un État bulgare autour de Sofia, capitale d'une principauté vassale de la Porte : c'est tout pareillement qu'autrefois on avait pris à l'Empire turc des diocèses serbes ou grecs pour en faire un État serbe et un État grec. Le nouvel État bulgare échappait à l'administration turque, mais il échappait aussi aux ambitions rivales de l'Idée serbe et de l'Idée grecque : héritière de la Rome byzantine, Athènes, — c'était l'Idée grecque, — englobait déjà tous les « Roumis » ottomans dans les frontières de son futur empire hellénique; première-née à l'indépendance parmi les Slaves méridionaux, Belgrade, — c'était l'Idée serbe, — englobait, par contre, tous les Slaves ottomans, et beaucoup d'autres, dans les frontières de sa Grande Serbie.

La création de l'État bulgare fit donc naître une haine presque aussi forte entre Sofia et Belgrade qu'entre Athènes et Sofia. La brouille mortelle de tous ces Balkaniques devint l'une des meilleures sécurités de la Turquie d'Europe : Abd-ul-Hamid, durant les trente années de son règne (1878-1908), n'eut qu'à l'entretenir doucement. De 1878 à 1890, il dut même la modérer, de peur qu'une explosion trop violente n'eût de fâcheuses conséquences pour son empire mal rétabli : en 1885, Serbes et Bulgares en venaient aux mains pour la province de Roumélie orientale que le traité de Berlin avait dotée de privilèges, mais laissée au pouvoir du Turc et que les Bulgares annexaient à leur principauté; les Serbes vaincus sur terre, la flotte grecque se fût chargée peut-être d'aller en Mer Noire venger le Turc de ce nouvel attentat : les Bulgares enlevaient encore une province au domaine revendiqué par l'hellénisme! un blocus européen dut maintenir à quai les vengeurs de l'Idée.

De 1890 à 1896, par contre, Abd-ul-Hamid eut à lutter contre des velléités de réconciliation. Il s'était trouvé un homme d'État grec, M. Tricoupis, pour offrir à Belgrade et à Sofia l'oubli du passé et la préparation d'un meilleur avenir. Mais, par de belles promesses, en enlevant au Patriarche, pour les attribuer à l'Exarque, de nouveaux diocèses macédoniens, Abd-ul-Hamid s'attacha les Bulgares et, l'entente austro-russe venant à l'appui de sa politique (1896-1897), les gens de Sofia le laissèrent écraser les Grecs en cette invasion de la Thessalie qui fut l'apogée de son règne (1897).

Aussi, de 1897 à 1908, fut-on mal venu[1] de prêcher la réconciliation balkanique pour le salut des Macédoniens et pour la liberté des Crétois : aux yeux des Bulgares et des Serbes, on ne fut qu'un utopiste,

1. Cf. Victor Bérard, *Pro Macedonia*, Paris, Armand Colin, 1904.

un rêveur, aux yeux des Grecs, un traître, un
« vendu », un « cornu », dès qu'on voulut voir dans
tous les Balkaniques des frères égaux en droits et
dans leur coalition le seul remède aux massacres
hamidiens, aux atermoiements de l'Europe, à la complicité austro-russe. En cette année 1903, où les Bulgares de Macédoine, par leur insurrection et leurs
bombes, arrachaient des promesses de réformes au
Sultan et à l'Europe, les Grecs allaient offrir à Stamboul leurs services et presque leur alliance.

Les comités et les bandes bulgares se vengèrent
en Macédoine sur les villages patriarchistes. Les
bandes grecques ripostèrent sur le dos des exarchistes.

De 1904 à 1906, les *comitadjis* des deux propagandes furent occupés moins à la guerre contre
le Turc qu'à un échange d'horribles vendettas.
Puis, les *comitadjis* bulgares transportèrent leurs
exploits en Roumélie orientale, où, sous le drapeau
bulgare, nombre de villages étaient restés grecs
de langue et d'aspirations, où nombre de villes
étaient peuplées au tiers, à la moitié, de « grécophones », de sujets helléniques ou bulgares, qui
ne parlaient guère que le grec. Du 17 juillet au
15 août 1906, les quartiers grecs, les églises et les
écoles grecques, les lycées et les hôpitaux grecs de
Varna, de Bourgas et de Philippopoli, les villes
grecques de Sténimachos et d'Anchialos, et les
villages grecs de leurs banlieues furent mis à sac.
Par centaines, ces Grecs de Bulgarie furent massacrés. Par milliers, ils durent se réfugier à Constantinople, au Pirée, dans le royaume grec. Le gouvernement d'Athènes eut à les nourrir durant de longs

mois, à en installer cinq ou six mille dans les îles et en Thessalie. Les « persécutions des Grecs en Bulgarie[1] » devinrent, durant des années, un sujet de lamentations patriotiques dans tout l'hellénisme. Une revue, *L'Hellénisme*, se publiait à Paris pour dénoncer au monde civilisé les crimes des Bulgares : durant neuf années (1903-1912), on entendit ces défenseurs des Droits de l'Hellénisme prêcher la bulgaroktonie comme le grand devoir du Grec et du Philhellène.

Jusqu'en 1903, les Serbes partagèrent ces sentiments à l'endroit du Bulgare : la guerre de comités et de propagande se poursuivait en Macédoine aussi bien entre Bulgares et Serbes qu'entre Bulgares et Grecs. Mais quand l'assassinat du roi Alexandre et de la reine Draga (20 juin 1903) eut débarrassé la Serbie de la dynastie des Obrénovitch, si longtemps inféodée aux gens de Vienne, il sembla que la nouvelle dynastie des Karageorges modifiait cette politique; sur les conseils de Pétersbourg, par crainte aussi des « frères » serbes de Cettigné, Belgrade inclinait vers une réconciliation avec les « cousins » de Sofia. On parla d'alliance; on négocia, on signa même (1905) une union douanière, que l'Autriche, de sa plus grosse voix, fit rompre aussitôt : Vienne entendait garder les Serbes dans sa dépendance économique, dans le courtage de ses voies ferrées et de ses transitaires. Les désirs de réconciliation entre Belgrade et Sofia subsistèrent néanmoins; mais, de 1906 à 1908, ils allèrent s'affaiblissant et ils semblèrent ne pas survivre aux évé-

---

1. Brochure publiée à Athènes, chez Sakellarros, 1906.

nements de l'été et de l'automne de 1908, à la révolution jeune-turque, surtout à la crise de l'annexion bosniaque et de l'indépendance bulgare...

* *
*

Abd-ul-Hamid, avant de tomber du pouvoir, avait assisté au plein éclat des dissensions gréco-bulgares et bulgaro-serbes pendant les six longs mois de cette crise, qui dura d'octobre 1908 à mars 1909. Belgrade reprochait amèrement aux gens de Sofia leur alliance avec les gens de Vienne : pour obtenir le bénéfice tout nominal de l'indépendance proclamée, les Bulgares livraient les peuples serbes à la tyrannie de l'Autriche. Aux yeux des Grecs, c'était le quatrième attentat de cette politique inlassable qui, par le schisme de l'Exarchat (1870), par l'érection de la principauté (1878) et par l'annexion de la Roumélie (1885), avait entrepris la ruine de l'Idée et qui la poursuivait aujourd'hui par l'investissement de la « Ville » : indépendance pour les Bulgares, — disaient les gens d'Athènes, — perte de Constantinople pour les Grecs de l'avenir :

> La partialité générale et cynique de l'Europe en faveur des Bulgares, son animosité inexplicable contre les Grecs sont des faits qui crèvent les yeux. Ce n'est pas que le temps ni l'occasion aient manqué pour connaître ces Mathusalems de la Barbarie.
>
> Voilà quatorze cents ans qu'ils ont paru en Europe et se sont établis sur les terres de l'Empire d'Orient; quatorze cents ans qu'ils sont entrés en contact avec la civilisation chrétienne, alors à l'apogée de sa grandeur et de sa pureté. Ils sont contemporains des Francs, plus anciens que les

Germains et les Anglo-Saxons qui sont aujourd'hui à la tête de la civilisation. Les Russes mêmes, venus de beaucoup les derniers, ont fait depuis Pierre le Grand des progrès heurtés, inégaux, insuffisants, mais réels. En quatorze cents ans, le Bulgare, lui, n'a pas fait un pas ni comme civilisation, ni comme moralité; il n'a produit ni une pensée, ni un monument, ni un savant, ni un saint : les seuls Bulgares dont l'histoire saura jamais le nom sont de féroces gens de guerre. La barbarie de cette race touranienne paraît aussi irréductible que celle des Turcs, ses congénères. L'infamie de leurs mœurs avait laissé au moyen âge une telle impression aux croisés venus d'Occident que le nom même de Bulgare, à peine modifié, est resté dans les bas-fonds de la langue française comme une injure...

On sait de quelle manière ces cannibales ont utilisé le cadavre du premier chef franc tombé entre leurs mains. Sous nos yeux, ils se montrent tels qu'ils étaient alors. On les a vus à l'œuvre en Macédoine et dans cette Roumélie orientale, d'où l'Europe ne s'est pas encore décidée à les chasser.

La Grèce à Constantinople, c'est la paix de l'Orient. Sans exproprier personne, elle ne fera qu'éliminer peu à peu l'abominable élément barbare venu du dehors, et qui aurait dû être depuis longtemps jeté à la mer... Des éléments étrangers établis autour d'elle, aucun n'a rien à craindre que de ses propres vices, s'il en a qui, par leur nature même, le condamnent irrémédiablement à disparaître. Tant pis pour celui qui s'abîmera dans sa propre décomposition : tant pis pour celui qu'on sera obligé d'abattre comme un chien enragé, si son incurable sauvagerie l'assimile aux bêtes féroces dont l'extermination seule peut avoir raison [1] !

C'est alors qu'Abd-ul-Hamid était entré dans sa prison (mai 1909). Quand il en ressortait, au bout de trois années, il assistait au triomphe de la coalition

---

1. *L'Hellénisme, Organe mensuel de la Société l'Hellenismos*, juillet-août 1910, p. 396-397.

balkanique : *Ils* avaient laissé les Grecs et les Bulgares s'entendre !

Ils, dans l'esprit d'Abd-ul-Hamid, c'étaient les Jeunes-Turcs, ses ennemis. Mais dans la réalité, qui donc avait conseillé, gouverné ces Jeunes-Turcs depuis trois ans et demi, sinon les Kiamil, les Saïd, les Hilmi, les Férid, les anciens grands vizirs d'Abd-ul-Hamid? et qu'avaient fait tous ces grands vizirs de la Jeune-Turquie, sinon conserver les traditions de la diplomatie hamidienne dans les Balkans?

Entre les prétentions des Balkaniques, tenir la balance toujours égale; les caresser l'un après l'autre pour mieux les duper tous ensemble; leur offrir à chacun son avantage particulier pour leur refuser à tous leur dû; susciter les hauts cris du Grec contre les réformes en Macédoine pour entretenir les protestations du Bulgare contre la liberté de la Crète; ne faire taire le Patriarche, défendant ses privilèges, que pour menacer d'expulsion l'Exarque dénonçant la ruine de ses diocèses; promettre, toujours promettre un lendemain de justice et de légalité et n'émettre quotidiennement que mesures d'oppression et ordres de massacre : ce qu'avait fait Abd-ul-Hamid de 1897 à 1908, c'était tout juste ce que, volontairement ou involontairement, avaient continué les Jeunes-Turcs de 1908 à 1911.

De cette politique ottomane est sortie l'union balkanique, et, de cette union, le partage de la Turquie d'Europe. Mais de ces effets et de ces causes, il serait peut-être aussi injuste d'attribuer la responsabilité aux seuls Jeunes-Turcs que le mérite aux Balkaniques eux-mêmes. Les uns et les autres n'ont été que des instruments ou des témoins en l'un de ces grands ouvrages de l'histoire où l'humanité d'autrefois voulait retrouver la main des dieux vengeurs, où nos orateurs, hier encore, cherchaient les retours de cette « justice immanente, qui vient à son jour et à son heure » : on y discerne, sans trop de peine, quand on y veut regarder de près, le jeu normal des causes les plus naturelles, le simple effet des nécessités vitales.

Les deux fondateurs de l'union balkanique, les deux vainqueurs de l'empire ottoman sont la Crète et la Macédoine. Sans la Crète, jamais Grecs et Bulgares, sans la Macédoine jamais Bulgares, Serbes et Monténégrins, sans la Crète et la Macédoine jamais tous les peuples balkaniques ne se seraient contraints à déposer leurs haines et à marcher d'un seul cœur à la guerre libératrice.

Pour le Bulgare et le Grec surtout, la Macédoine et la Crète étaient devenues, au sens propre du terme, questions de vie ou de mort : ils ne pouvaient plus vivre, l'un et l'autre, — et il faut prendre ce mot au pied de la lettre, — ils ne pouvaient plus prolonger l'existence de leurs gouvernements et de leurs peuples avec la Macédoine et la Crète que, Jeune ou Vieux, le Turc leur faisait. S'unir pour obliger la Porte à régler ces deux affaires et, de cette union, tirer leur propre salut; ou s'entêter dans la haine héréditaire à seule fin de permettre aux Turcs l'éternel renvoi de ce règlement et de se rendre à eux-mêmes la vie plus précaire de jour en jour : les gens d'Athènes et de Sofia étaient devant l'alternative, et ils ne pouvaient plus reculer.

Depuis deux ans déjà (1910-1912), ils sentaient qu'avant peu il leur faudrait choisir. Des raisons toutes matérielles, une simple addition budgétaire, leur rendaient le choix inéluctable avant 1914 : ils succomberaient alors sous le fardeau des emprunts et des armements. La surprise fut que le choix se produisit dès l'automne de 1912 : il devança de six mois, d'un an peut-être, les prévisions des spectateurs les plus attentifs.

C'est qu'en 1912, la Crète elle-même, installée au gouvernement d'Athènes, dans la personne de M. Vénizélos, violenta les dernières hésitations des Grecs. Jusqu'à la dernière minute, ils se débattirent ; même les signatures avec Sofia échangées, ils demandaient à réfléchir encore ; même les hostilités ouvertes par le Monténégro, la Porte essayait encore de les séduire et le roi de Grèce, dit-on, pensait à secouer le joug de son ministre crétois, à coaliser contre cet énergique Premier les hommes d'État plus spécifiquement grecs. M. Vénizélos l'emporta ; mais ce ne fut que de quelques heures ; peut-être la déclaration de guerre par les Bulgares n'arriva-t-elle que juste à temps pour déjouer cette coalition des vrais Grecs contre ce Crétois importun.

Et l'on dit qu'à Sofia, pareil antagonisme, mais inversement symétrique et moins nettement déclaré, mit parfois en délicatesse le tsar Ferdinand et certains hommes d'État plus foncièrement bulgares, qui voulaient rétablir l'intimité avec Stamboul.

Le tsar Ferdinand avait la nette vision des intérêts et des besoins de tout son peuple : dans une politique d'union balkanique avec ou contre la Turquie et dans un prompt règlement de l'affaire macédonienne, lui apparaissaient la seule chance de désarmement partiel et de paix temporaire, le soulagement de son royaume et le salut de sa dynastie. Mais, en outre, le souci de sa sécurité personnelle l'obligeait à se faire l'avocat des Macédoniens dans les conseils de Sofia : il ne cachait pas depuis dix ans déjà que, pour lui aussi, la Macédoine était une question de vie ou de mort; à maintes reprises, il avait senti comme le vent de la balle ou du poignard macédoniens.

C'est la Crète, dans la personne de M. Vénizélos, c'est la Macédoine, dans la personne du tsar Ferdinand, qui unirent presque de force le Grec et le Bulgare et les obligèrent à la guerre contre le Turc, à la victoire, au salut. Quel sujet pour le poète de quelque nouvelle *Légende des Siècles* que cette revanche des deux victimes hamidiennes [1]! et quel spectacle pour nos arrières-neveux (l'humanité n'apprécie jamais la beauté des spectacles contemporains) que ce retour d'Abd-ul-Hamid, survivant trois années à la chute de son trône, demeurant trois années derrière ses fenêtres grillagées de Salonique pour reparaître au soleil de Stamboul sur les ruines de son empire! On trouverait dans l'histoire pareilles revanches de l'opprimé. Ce qui fait la beauté toute nouvelle, la modernité de celle-ci, c'est que l'on en puisse retracer la marche quotidienne et comme le cheminement terre à terre.

Dans l'histoire d'autrefois, la Crète et la Macédoine se seraient vengées par le miracle de quelque dieu

---

1. J'ai raconté ailleurs les souffrances de la Crète et de la Macédoine sous le régime hamidien : *La Macédoine*, Paris, Armand Colin, 1897; *Les Affaires de Crète*, Paris, Armand Colin, 1898.

ou la geste de quelque héros. En notre siècle laïque et démocrate, la Crète et la Macédoine se sont servies de la foule anonyme et de ses besoins les plus temporels. C'est en intervenant tous les jours dans le trantran des deux peuples grec et bulgare, en les contrariant dans les moindres de leurs combinaisons politiques, financières et commerciales, en venant les tirer par la manche dans leurs besognes les plus urgentes, derrière leurs charrues ou leurs comptoirs, en les frappant à la bourse et au ventre, qu'elles les ont forcés, l'un et l'autre, à marcher pour elles et pour eux : Jeanne d'Arc chassait l'Anglais par grand'pitié du peuple de France; Athènes et Sofia se sont mises en chasse du Turc par grand besoin d'assurer à leurs gouvernements le budget annuel, à leurs peuples le pain quotidien.

*
* *

Jeunes et Vieux, pourquoi les Turcs ont-ils traité la Macédoine et la Crète de pareille façon? pourquoi, surtout, la triste expérience et la chute des Vieux n'ont-elles pas épargné aux Jeunes les fautes et le châtiment dont auraient dû les préserver leur régime constitutionnel, leur sincère amour du progrès, leur entreprise même de réformes et leur besoin de trouver dans leurs sujets chrétiens des collaborateurs pour le relèvement économique et la mise en valeur de leur empire, des alliés contre les résistances et les sursauts réactionnaires de leurs sujets musulmans?

Faut-il inculper seulement l'orgueil, le fanatisme,

l'avidité des Vieux, et l'inexpérience, le chauvinisme, la vanité des Jeunes? Si l'ancien et le nouveau régime avaient eu des ministres plus généreux ou plus habiles, la catastrophe aurait-elle pu s'éviter? ou bien, dans la vie de l'Empire turc, les révoltes de la Crète et la Macédoine n'ont-elles pas été des accidents? furent-elles les produits naturels, les conséquences inévitables du système de gouvernement sur lequel cet empire a été fondé, a toujours vécu et continuera, sans doute, de vivre jusqu'à sa dernière heure qui, maintenant, peut-être, est toute proche? L'empire turc, non par la faute de ses gouvernants successifs, mais par la nature même de sa constitution permanente, n'a-t-il pas toujours eu, n'aura-t-il pas toujours des Crète et des Macédoine? et les provinces d'Europe étant perdues aujourd'hui, demain les mêmes maux ne vont-ils pas entamer et conduire à leur perte les provinces asiatiques?... Certains disent que l'Arménie deviendra une autre Macédoine, et le Liban, une autre Crète, sans que l'expérience d'aujourd'hui puisse être de la moindre utilité.

Fondé par l'invasion de conquérants jaunes en terres chrétiennes; agrandi et maintenu par la bravoure de son général en chef — c'est le sens propre du mot *sultan* : les Latins l'auraient exactement rendu par *imperator* —, l'empire militaire des Turcs, le Sultanat, n'a jamais cherché d'autre titre à son droit de propriété que la maintenance de la conquête; il n'a subsisté que pour l'exploitation et par l'exploitation des terres conquises, sans se soucier ni des sentiments ni des intérêts des peuples asservis. Mais il est devenu, en outre, une théocratie musulmanc, du jour où le Sultan annexa à son domaine d'Europe et d'Anatolie l'ancien empire levantin des Arabes et reçut la papauté de l'Islam[1] avec le titre de Khalife, qui veut dire « Successeur du Prophète ».

Sultan-Khalife, l'Homme de Stamboul unissait désormais en sa personne les deux moitiés d'Allah : l'Empereur et le Pape des Croyants. Il ne fut à l'égard de ses chrétiens que le Sultan, l'exploitant militaire, sans autre frein à ses réquisitions et à ses ordres que sa propre modération ou ses propres intérêts. Mais à l'égard des musulmans, le Khalifat lui créait des devoirs qui, dans son gouvernement, devaient primer tout le reste, puisque rien ne saurait être mis avant le service d'Allah et le salut de ses Fidèles en ce monde et dans l'autre.

Sultanat-Khalifat : les désastres actuels de l'Empire turc n'ont-ils pas eu pour cause profonde l'alliance de ces deux pouvoirs dans la même main et la conception gouvernementale qu'elle imposa aux Turcs du nouveau régime comme de l'ancien ?

Il me semble que la conduite des Jeunes-Turcs en Crète fut déterminée, comme celle des Vieux, par ce qu'ils pensaient être le devoir du Khalife, tandis que leur politique macédonienne découla du droit, que les uns et les autres attribuaient toujours au Sultan, de disposer de sa conquête, non pour le bonheur, ni même pour la vie des peuples, mais d'abord pour le bénéfice de la race conquérante et pour le maintien de la suprématie turque.

1. J'ai résumé l'histoire du Sultanat et du Khalifat en tête de mon livre *Le Sultan, l'Islam et les Puissances*, Paris, Armand Colin, 1907.

Le Khalifat, tel que le comprenait et le pratiquait Abd-ul-Hamid, avait donné à l'ancien régime 250 000 factieux en Crète sur les 300 000 habitants que pouvait compter l'île; quand les Jeunes-Turcs prirent la suite d'Abd-ul-Hamid, ils crurent qu'à défaut d'une soumission complète, ils pouvaient encore, ils devaient encore imposer aux Crétois un lien nominal qui conservât aux musulmans de Crète l'illusion de la protection khalifale... Le Sultanat, à la mode hamidienne, avait, de 1904 à 1908, amené les provinces macédoniennes sous le contrôle des agents de l'Europe; le Sultanat, à la mode des Jeunes-Turcs, délivra ces provinces ottomanes de la réforme européenne, mais pour les livrer à la conquête serbe, grecque et bulgare...

Était-il possible de pratiquer d'une autre façon le Sultanat et le Khalifat, de régler les difficultés de Crète et de Macédoine sans s'aliéner les cœurs de l'Islam ni compromettre la domination des Turcs?

II

LA CRÈTE ET LE KHALIFAT

LA CRÈTE ET LE KHALIFAT

I. — LA CRÈTE

Depuis quatre-vingts ans, la Crète était un perpétuel remords, un embarras toujours présent dans la vie de l'État et du peuple grecs. A peine constituée en royaume (1829), la Grèce avait profondément senti la gêne que lui causait l'absence des Crétois au foyer délivré. Il était d'une injustice trop criante que ceux-là ne fussent pas admis aux bénéfices de l'indépendance, qui en avaient été les ouvriers les plus énergiques [1].

La première révolte des Crétois en 1770 avait décidé du sort de l'hellénisme. Après trois siècles de servitude turque, tout le pays grec d'Europe et d'Asie, du Continent et des Iles, s'en allait à la résignation suprême, à la défection vers l'Islam. Il devenait presque impossible de demeurer chrétien en cet empire du Sultan-Khalife. La règle du Sultan, de l'empereur turc, était fort dure, et coûteuses les

---

1. J'ai exposé le détail de cette histoire et de ces affaires crétoises dans mon livre *Les Affaires de Crète*, Paris, Armand Colin, 1898.

« mangeries » de ses officiers. Mais le joug du Khalife, du pape musulman, était bien plus pesant encore. Dans les terres du Sultan-Khalife, les sujets étaient partagés en deux classes et comme en deux étages : au bas, les chrétiens, les *raïas*, qui n'avaient de droits qu'à la souffrance, troupeau de taillables, de corvéables, de tuables à merci; au-dessus, les fidèles du Prophète, associés plutôt que sujets du Turc, et usufruitiers avec lui de tous les biens et de tous les êtres. Entre les deux, la guerre sainte, même en paix déclarée, se poursuivait par les incursions quotidiennes de l'Islam au foyer du *raïa*, par les rapts d'enfants et de femmes, les confiscations de terres et de fortunes, les extorsions et dénis de justice, tout ce que l'on confondait sous le nom d' « avanies ».

Après trois cents ans de ce régime, la plupart des villes dans le pays grec s'étaient faites musulmanes pour profiter un peu des douceurs de la vie, et les campagnes suivaient l'exemple : chaque année, des centaines de paysans étaient poussés à la mosquée par le besoin de manger leur pain, de boire leur vin, de conserver leurs femmes, leurs filles, leurs troupeaux et leurs terres, par le désir aussi d'avoir le *pacha* et l'*aga*, le fonctionnaire et le propriétaire moins avides, la dîme et la corvée moins lourdes, un semblant de justice au tribunal du cadi, et le droit de porter les armes, de satisfaire leurs vendettas.

Depuis le commencement du xviiie siècle, les moines du mont Athos, en leurs tournées de quêtes annuelles, avaient beau promettre au peuple *roumi* l'arrivée prochaine des libérateurs, le triomphe du

Tsar blanc qui rendrait au Christ Sainte-Sophie. L'attente se faisait trop longue. Dans les îles perdues, dans les montagnes reculées, où le janissaire n'avait pas pu s'établir, où le chrétien conservait la propriété de ses terres, où souvent il vivait dans une indépendance presque complète, l'espoir encore se maintenait; partout ailleurs, les conversions, diminuant de jour en jour ce qui restait du peuple chrétien, augmentaient d'autant la majorité musulmane et la rendaient plus agressive par la haine ardente des renégats : c'est dans l'hellénisme que se recrutaient ainsi ses ennemis les plus zélés; les fils et petits-fils de *Roumis*, qui, sous le turban, conservaient la langue et la culture des aïeux, mettaient au service de l'Islam, à la persécution de leurs congénères, le meilleur des qualités et de l'intelligence grecques.

En 1770, on vit enfin paraître la flotte du Tsar blanc. Sur les côtes de l'Épire, de la Morée et de la Crète, elle vint armer la révolte des chrétiens, puis, coupant l'Archipel, elle s'en fut brûler la flotte du Grand Seigneur dans le détroit de Chio... Mais cette flotte russe disparut aussi mystérieusement, aussi rapidement qu'elle était venue. Les révoltés de l'Épire et de la Morée ne purent pas tenir contre les bandes d'Albanais que la Porte lâcha sur eux. Si le montagnard crétois n'avait pas résisté, s'il n'avait pas donné la preuve aux autres *Roumis* que le *raïa*, quand il voulait, était de taille à combattre, il est probable que ce premier essai de rébellion grecque eût été le dernier effort avant la soumission finale... Athènes, jadis, à Marathon et à Salamine, avait sauvé l'hellénisme antique; c'est à la Crète de 1770 que l'hellénisme moderne doit son salut : en 1770, autant que l'apparition de la flotte russe, c'est l'exemple des Crétois qui rendit l'espoir au peuple de Roum.

Mais la Crète paya de sa propre ruine, de ses olivettes et de ses vignobles détruits, de ses villages incendiés, de ses forêts dévastées, puis de cinquante années d'atroce répression (1770-1821), le service qu'elle venait de rendre à la Race...

De 1821 à 1830, la seconde insurrection crétoise fut d'une pareille utilité aux Grecs du continent pour proclamer leur indépendance : recevant le premier assaut de la force égyptienne, puis retenant la principale attention de Méhémet-Ali, c'est la Crète qui permit aux insurgés de la Grèce continentale de résister, vaille que vaille, durant cinq années (1822-1827), jusqu'à l'arrivée de l'Europe libératrice, jusqu'à la canonnade de Navarin.

Le Sultan avait été pris au dépourvu par la révolte de ses *raïas* : il était justement en train de réformer son armée et son gouvernement, de massacrer ses janissaires. Il dut faire appel aux soldats et aux vaisseaux de son pacha d'Égypte, Méhémet-Ali, et confier à cet Albanais les pachaliks de Crète et de Morée avec celui du Caire. Entre l'Égypte, réservoir des forces musulmanes, et la Morée, cœur de la rébellion grecque, la Crète devint ainsi le rempart de l'hellénisme et le reposoir de l'Islam. Méhémet-Ali vit son intérêt à soumettre d'abord cette grande île dont il était sûr de conserver l'administration, même après l'ordre rétabli, tandis que la Morée, sitôt soumise, lui serait réclamée par les gens de Constantinople.

Pour que Navarin fît une Grèce libre, pour que le royaume grec se constituât de la Morée, de quelques îles et d'une bande continentale entre les golfes de l'Arta et de l'Eubée, il fallut que la Crète, conquise et ravagée par les soldats de Méhémet-Ali, devînt un fief de ce maître-exploitant qui savait allier à la rapacité albanaise la régularité et la rouerie de ses comptables européens. Huit ans de guerres civiles, de brutalités albanaises et de vengeances musulmanes (1821-1829), onze ans d'exploitation égyptienne (1829-1840), puis soixante années, à nouveau, de mangeries et d'avanies turques (1840-1898) : telle fut la récompense des Crétois pour avoir assuré un commencement de patrie à la Race entière.

En 1833, en 1840, en 1856-1858, en 1866-1868, en 1877-1878, en 1889, troisième, quatrième, cinquième, sixième, septième et huitième insurrections crétoises.

La Crète ne veut pas rester égyptienne ni turque; elle réclame, sans faiblir sous la torture, son union à la patrie hellénique; elle subit à quatre ou cinq reprises, durant des mois, des années, les souffrances de la guérilla, du brigandage, de la persécution religieuse et de la guerre sociale. Et la Grèce doit assister, sans mot dire, à quatre ou cinq répressions qui lui rendent, à elle-même, la vie douloureuse. Les mêmes événements se répètent chaque fois : les riches musulmans des villes et des plaines crétoises, *beys* et *agas*, et les fonctionnaires turcs appellent à l'aide les musulmans des villages et les armées du Sultan; devant ces pillards, les citadins chrétiens prennent la mer, se réfugient dans les ports du royaume, et le gouvernement d'Athènes doit nourrir, vêtir cette multitude de fuyards. Puis, la guerre s'établissant dans l'île entre les musulmans du rivage et les chrétiens des monts, si la Grèce envoie du secours en armes ou en munitions, en provisions seulement pour les enfants et les femmes, l'ultimatum arrive de Constantinople et, de l'Europe, l'avertissement ou la menace.

Nous pouvons imaginer, nous autres Français, ce qu'aurait été notre vie nationale, si, depuis quarante ans, l'Alsace avait essayé à quatre reprises de chasser le conquérant et si, à quatre reprises, elle avait été abattue moins par la force du vainqueur que par la défection des sauveurs attendus.

Dès 1866, le prince Gortschakof, ministre du Tsar, disait à l'ambassadeur du Sultan : « L'île de Crète est perdue pour vous : après six mois d'une lutte aussi acharnée, toute conciliation n'est plus possible. En admettant même que vous parveniez à y rétablir pour quelque temps l'autorité du Sultan, ce ne serait que sur un tas de ruines et un monceau de cadavres. Tacite a dit depuis longtemps ce qu'il y a de précaire dans ce règne du silence qui succède à la dévastation : *solitudinem faciunt, pacem appellant.* Cédez aux Grecs cette île que vous ne saurez conserver et que, d'ailleurs, vous n'avez pas hésité à donner dans le temps au pacha d'Égypte. Prenez ce parti sans tergiverser, car chaque goutte de sang creuse un abîme qu'il sera impossible de combler plus tard... »

En 1868, après deux ans de cette « lutte acharnée », sur « un tas de ruines et un monceau de cadavres », la Crète restait turque : Grecs et Crétois devaient se contenter pour l'île de quelques privilèges. Un

Règlement organique bridait les caprices des fonctionnaires ottomans, mais ne faisait qu'irriter les haines entre musulmans et chrétiens qu'on essayait de mettre sur le pied d'égalité. Dix années encore (1868-1878), en attendant la septième insurrection, la guerre sociale se poursuivait dans l'île : l'islam crétois, maintenant, allait à la ruine; les *beys* des villes et les *agas* des plaines s'endettaient sans pouvoir refaire leur fortune par les exactions d'autrefois; le peuple chrétien, n'étant plus décimé par les meurtres et les rapts, pullulait et, peu à peu, reconquérait tout le pays; le citadin des ports s'enrichissait dans le commerce des huiles; le paysan des monts, sous le couvert des justes lois, ramenait ses troupeaux, poussait ses rachats de terres et ses sillons jusqu'aux rivages. Mais citadins et paysans ne voyaient dans la richesse qu'une arme nouvelle pour l'expulsion du musulman et la conquête de l'indépendance, de l'union.

La septième insurrection vint avec la guerre russo-turque (1877-1878). Après la victoire des Russes et la paix imposée par eux sous les murs de Stamboul, il semblait que la Crète fût enfin assurée de l'affranchissement : depuis 1770, les seuls Monténégrins égalaient les Crétois dans leur docilité envers Pétersbourg; jamais les insurrections crétoises ne s'étaient faites contre le gré de la Russie; jamais elles n'étaient venues à un moment inopportun pour la diplomatie du Tsar; en 1878, le chancelier russe était toujours ce prince Gortschakof qui, dès 1866, voyait dans l'union de la Crète à la Grèce le seul remède à « l'acte de faiblesse », au « faux calcul » qui, en 1829, avait laissé l'île aux Turcs...

L'article 15 du traité de San Stéfano stipula : « La Sublime Porte s'engage à appliquer scrupuleusement dans l'île de Crète le *Règlement organique* de 1868, en tenant compte des vœux déjà exprimés par la population indigène... » Le Tsar, libérateur des Bulgares, protecteur des Serbes et des Monténégrins, laissait ses fidèles Crétois aux mains des Turcs : il voulait punir l'hellénisme de la neutralité qu'en cette guerre russo-turque les puissances occidentales avaient imposée au royaume grec; une fois encore, la Crète payait pour la Race.

Au Congrès de Berlin, les puissances de l'Occident se montrèrent favorables à l'hellénisme; elles firent attribuer au royaume d'Athènes l'Épire et la Thessalie; mais en ce qui touchait la Crète, elles recopièrent seulement l'article de San Stéfano. Comme les chrétiens de Crète et les Albanais d'Épire rejetaient ces décisions, l'Europe n'intervint pas contre les Albanais et laissa l'Épire au Sultan; mais elle menaça d'intervenir contre les Crétois et elle leur ménagea seulement un pacte bilatéral, signé entre les insurgés et le pacha turc. Ce Pacte de Khalépa ne donnait à l'île qu'une demi-autonomie. L'hellénisme néanmoins supplia les Crétois de s'en contenter. Une fois de plus, ils durent se résigner à servir l'intérêt de la Race, tel qu'il apparaissait désormais aux gens d'Athènes.

Les événements de 1878 avaient changé les sentiments des Grecs à l'égard de la Turquie. Jusqu'en 1878, l'hellénisme, n'ayant encore de regards que pour les souffrances de la Crète (le Bulgare commençait à peine de reparaître à l'horizon macédonien), n'avait de haine proclamée que contre le Turc, bourreau des Crétois. A plusieurs reprises, les gens d'Athènes eussent volontiers déclaré la guerre à Constantinople : en 1866-1868 surtout, l'intervention des puissances occidentales avait été nécessaire; l'ultimatum turc était déjà remis (11 décembre 1868). Mais en 1878, l'hellénisme se découvrait un ennemi plus redoutable et des risques bien plus grands : au traité de San Stéfano, la Russie avait dessiné la carte de sa Grande Bulgarie; Roumélie et Macédoine, presque tout le domaine de l'Idée en Europe y était annexé; Salonique était revendiquée par les Slaves, Constantinople menacée par eux; si le Bulgare parvenait quelque jour à ses fins, c'en était fait de l'avenir grec... Du coup, les regards de l'hellénisme se détournèrent, de la Crète, vers la Macédoine et la Roumélie, et sa haine se porta du Turc sur le Bulgare.

La doctrine d'Athènes fut désormais que toute affaire crétoise porterait préjudice à l'Idée. Le Pacte de Khalépa n'assurait aux Crétois qu'un minimum d'autonomie; mais il assurait à l'hellénisme son plein avenir de ce côté : le temps allait travailler dans l'île à la victoire définitive du chrétien sur le musulman, à la reconquête chrétienne de toutes les terres, des villes mêmes; dans dix ans, vingt ans, un demi-siècle au plus, la Crète ne pourrait plus manquer d'être grecque; avant cette date, toute insurrection vaincue ferait reculer l'échéance dernière; toute insurrection victorieuse, annexant les Crétois au royaume, aurait son revers immédiat en Turquie d'Europe; les Slaves, appuyés par la Russie, y réclameraient une compensation pour cet accroissement de l'hellénisme : « La Crète aux Grecs; la Roumélie ou la Macédoine aux Bulgares », dès 1878, c'était la formule de négociations que les gens d'Athènes prévoyaient et voulaient à tout prix écarter; mais après 1885, l'annexion par le Bulgare de la Roumélie orientale les rendit plus opposés encore à tout nouveau dépècement de l'Empire turc.

De 1878 à 1897, les Crétois, souffrant toujours pour la Race, durent supporter le Pacte de Khalépa et les étranges interprétations qu'Abd-ul-Hamid en donnait.

En 1878, le Sultan leur avait juré et les puissances leur avaient garanti que, sous le régime presque constitutionnel d'une Assemblée élue et sous le gouvernement d'un *vali* chrétien, ils jouiraient de l'autonomie. Ils avaient cru en ces serments parce que ce régime, conforme à leurs besoins, servait aussi les intérêts de l'Empire ottoman : la Crète depuis un siècle avait été un gouffre pour les armées et les finances turques; un budget crétois en équilibre, les garnisons rappelées ou diminuées, un meilleur rendement des douanes et des monopoles soulageraient notablement les dépenses de la Porte. Mais le Pacte de Khalépa supprimait dans l'île les derniers privilèges politiques et judiciaires des *beys* et des *agas*, la dernière forme de l'exploitation musulmane : sous le contrôle de l'Assemblée, sous le gouvernement du *vali* chrétien, les musulmans devaient se résigner à l'égalité et à la concurrence avec les chrétiens, ou à l'exil. Avant de partir ou de déchoir, ils firent appel au Sultan-Khalife, chef de l'empire, mais chef aussi de la religion : dès qu'il le put, Abd-ul-Hamid leur répondit.

De 1878 à 1885, tout occupé qu'il était par la liqui-

dation du traité de Berlin et par la crise rouméliote, il avait laissé vivre la Crète sous le régime
légal : pour la première fois depuis trois siècles,
l'île avait connu cinq ou six années de paix civile et
religieuse. Mais de 1886 à 1889, Abd-ul-Hamid, à
mesure qu'il se remettait de la grande secousse de
1878, s'abandonnait à ses rêves de politique khalifale, panislamique : dans tout l'Empire turc, ce pape
musulman faisait passer les intérêts et les passions
de ses Croyants avant les droits et la vie même de
ses autres sujets; pour sauver l'islam crétois, il se
mit à ruiner la Crète, où les musulmans ne repré-
sentaient plus que le quart de la population. Désormais ses intrigues rendirent le gouvernement de la
Canée intenable aux *valis* chrétiens.

Une huitième insurrection en résulta (1889). Elle
ne dura que quelques semaines. Abd-ul-Hamid,
sans peine, en vint à bout, grâce aux bons offices de
la Grèce elle-même, qui voulait plaire à Stamboul
pour éviter l'attribution de nouveaux diocèses
macédoniens aux évêques de l'Exarque. Les bons
offices d'Athènes remirent la Crète sous un *vali*
musulman, sous les abus de l'Islam et du Khalife :
le firman du 26 novembre 1889 abrogea le Pacte
de Khalépa et, de 1889 à 1895, la Crète, pour le
salut, disait-on, de l'hellénisme macédonien, dut se
prêter à toutes les fantaisies du maître, qui se
hâtait, d'ailleurs, d'attribuer à des évêques bulgares les diocèses contestés de Macédoine; les
gens d'Athènes, dupés, essayaient alors de nouer
avec Sofia et Belgrade une coalition que Sofia refusait; la Crète, au bout du compte, restait la victime
inutile de ces compétitions balkaniques.

Elle tomba dans l'anarchie (1892-1896) : le *vali* musulman régnait en maître absolu; il accordait aux *beys*, aux *agas*, à l'islam indigène et à ceux des chrétiens qui en étaient les associés politiques, pleine licence d'user et d'abuser de tout; mais afin d'éviter la révolte ouverte, il laissait aussi le gros des chrétiens en prendre à leur aise avec les lois et les impôts. Dès 1894, les caisses vides et le brigandage généralisé empêchaient de pousser l'expérience plus avant. Les nouvelles d'Arménie, répandues par les consuls anglais, relevaient les espoirs des montagnards; on disait l'Angleterre disposée à réclamer la constitution crétoise. Le Sultan, sous la pression des puissances, dut envoyer à nouveau un gouverneur chrétien. Aussitôt les musulmans, excités par Abd-ul-Hamid, entrèrent en campagne contre ce « délégué de l'Europe », bien résolus à lui rendre la place intenable[1].

Cette lutte des *beys* et d'Abd-ul-Hamid contre l'Europe se poursuivit durant toute l'année 1896[2].

1. Cf. les dépêches du *Livre Jaune*, 18 août, 4 septembre, 18 et 19 septembre 1895 : « Tous les meurtres commis par les musulmans, toutes les violences, tous les actes arbitraires, reprochés aux fonctionnaires ou à la gendarmerie turcs, sont la conséquence d'un plan arrêté qui a pour but d'exaspérer les chrétiens, de les pousser à bout et de prouver ainsi l'inutilité d'un gouverneur chrétien. Chez les Crétois toute démonstration de mécontentement est toujours appuyée par une série d'attentats contre les personnes; on pouvait prévoir que nous allions traverser une période d'assassinats entre musulmans et chrétiens : en quelques jours, quatre chrétiens étaient tués dans la province de Sélino, tandis qu'un autre chrétien était assassiné aux portes mêmes de la Canée. Ces assassinats ont été ordonnés par le *Comité musulman de la Canée*; l'ordre aurait été porté par un sergent musulman de la gendarmerie et exécuté aussitôt par ses deux fils. »

2. « L'attitude des *beys*, écrivait le consul de France à la Canée, me confirme de plus en plus dans l'idée qu'ils obéissent à un mot d'ordre envoyé de Constantinople. »

C'était le temps des grands massacres arméniens. La même politique hamidienne créait en Macédoine un commencement d'insurrection ; tournés vers la Macédoine, les gouvernants d'Athènes prêchaient aux Crétois la soumission, la patience : tout mouvement crétois, amenant les flottes des puissances dans les ports grecs, paralyserait l'hellénisme, tandis que Serbes et Bulgares, mieux armés sur la terre ferme, pourraient gagner en Macédoine... Les Crétois acceptèrent ce nouveau sacrifice aux besoins de la Race. Ils se prêtèrent à tout ce que voulurent les puissances ; ils ne donnèrent ni dans les pièges d'Abd-ul-Hamid, ni dans les menées de certains consuls étrangers... Alors l'Islam et le Khalife eurent recours au grand moyen.

Un voyageur français, Olivier, écrivait il y a plus d'un siècle : « Personne n'ignore qu'on a quelquefois proposé d'en venir à une mesure générale et de se défaire en un jour de tous les Grecs de l'empire... On aurait infailliblement recours, en Crète, à ce moyen atroce si l'île était menacée par une puissance européenne[1]. »

En février 1896, les *beys* crétois annonçaient tout haut le massacre. Le 24 mai, ils le tentaient à la Canée et assassinaient les *cawas* des consuls russe et grec. En décembre, ils affichaient aux portes des mosquées : « Puisque les droits des musulmans sont méprisés par l'Europe, il ne leur reste plus qu'à s'ensevelir sous les ruines de leur patrie. » En janvier 1897, une seconde tentative de massacre échouait. Mais, sur de nouvelles instructions venues

---

1. *Voyage dans l'Empire ottoman*, II, p. 363.

de Constantinople[1], une troisième tentative, au début de février, réussissait pleinement : les quartiers chrétiens, dans toutes les villes, et, dans les plaines, les villages chrétiens étaient brusquement assaillis, incendiés ; tout ce qui ne pouvait pas fuir était massacré, et les rivages crétois, en ce début de février 1897, avaient comme une rampe flambante ; la récolte terminée et le pressage avaient rempli les oliveries de grandes jarres d'huile qui, chauffées par l'incendie, éclataient en s'allumant et, brusquement, inondaient les ruelles de leurs ruisseaux de feu.

*
* *

De ce mois de février 1897, date le changement dans les rapports entre la Crète et l'hellénisme : la Crète avait été, depuis un siècle et quart, la victime expiatoire de la Race ; désormais l'hellénisme entier allait pâtir des justes revendications des Crétois.

En février 1897, une escadrille et une petite armée grecques accouraient au secours de l'île martyre, — beau geste qui ne donnait pas à la Crète ce qu'elle en avait attendu : les flottes et les contingents des six puissances venaient la mettre sous la main de l'Europe ; elle ne sortait de la domination des pachas que pour passer sous la contrainte des amiraux ! Mais ce beau geste valait à la Grèce un ultimatum

---

1. Voir dans le *Livre Jaune* les dépêches du consul de France :

« La Canée, le 2 février 1897.

« J'ai la preuve que le soulèvement simultané des musulmans à Candie, Rhétymno et la Canée est la conséquence d'instructions envoyées de Constantinople. »

de la Porte, la guerre déclarée, l'invasion de la Thessalie, trois grandes défaites, une paix humiliante, le paiement d'une lourde indemnité, la perte d'un morceau du territoire si péniblement récupéré depuis quatre-vingts ans, et la rentrée d'Hellènes libérés sous la courbache hamidienne, et l'installation d'un contrôle européen sur les finances helléniques (avril-juillet 1897), et la démoralisation politique du royaume, et la dynastie insultée, victime d'attentat (février 1898), et le découragement de tout l'hellénisme, et, dans l'empire ottoman, la persécution systématique de l'Église patriarchiste et de l'élément grec : pendant dix années (1897-1908), les Turcs allaient en prendre à leur aise avec le Patriarche et les communautés grecques de Macédoine, d'Asie Mineure et des Iles, aussi bien qu'avec le gouvernement du roi Georges ; ils pensaient n'avoir plus rien à craindre des menaces d'Athènes ni des représentations de l'Occident.

La Crète, au bout du compte, trouvait son bénéfice immédiat : on lui donnait l'autonomie réelle sous la garantie de l'Europe.

Au début de mars 1897, les puissances exigeaient de la Porte que l'île leur fût remise en dépôt. « Les puissances, — disaient les ambassadeurs, — animées du désir de respecter l'intégrité de l'Empire ottoman, sont tombées d'accord sur les points suivants : 1° la Crète ne pourra en aucun cas être annexée à la Grèce *dans les conjonctures présentes;* 2° elle sera dotée par les puissances d'un régime autonome ». Le 6 mars 1897, la Sublime Porte, « confiante dans les sentiments des puissances et dans leur ferme volonté de ne pas porter atteinte aux droits de souveraineté de S. M. le Sultan », acceptait « le principe d'une autonomie accordée à la Crète ».

Les puissances savaient bien qu'elles auraient à imposer l'autonomie aux Crétois : depuis 1820, ils avaient prouvé par sept révoltes que l'union à la Grèce était le seul statut politique qu'ils voulussent accepter. Ils disaient le 6 avril 1841 à l'amiral anglais Stuart : « Nous ne voulons ni de l'Angleterre ni d'une principauté : il nous faut l'union avec la Grèce libre; voilà pourquoi nous avons déjà versé des fleuves de sang. » Et leur grec était fort beau, digne des meilleurs héros classiques : ἡμεῖς δὲν θέλομεν οὔτε Ἄγγλους οὔτε ἡγεμονίαν· θέλομεν τὴν ἕνωσιν τῆς πατρίδος μας μετὰ τῆς ἐλευθέρας Ἑλλάδος· διὰ τοῦτο καὶ ἐχύσαμεν ποταμοὺς αἱμάτων. En 1897, c'est ce que, mot pour mot, ils répétaient aux ambassadeurs, aux amiraux, aux délégués de l'Europe et, de mars 1897 à novembre 1898, ils restaient en armes et en rébellion.

En décembre 1898, de guerre lasse, les puissances acceptèrent un compromis : au lieu d'une autonomie réelle sous la suzeraineté ottomane, elles établirent en Crète une principauté grecque sous le haut-commissariat d'un fils du roi des Hellènes, le prince Georges (décembre 1898). Elles disaient ou laissaient entendre aux Crétois : « Nous ne croyons pas plus que vous à la durée de l'autonomie : nous vous conduisons vers l'union; voici la première étape. » Et de cette étape, elles semblaient même fixer la courte durée, en ne donnant leurs pouvoirs au prince Georges que pour trois ans (1898-1901).

Les Crétois les prirent au mot. En 1899-1900, ils s'occupèrent de réparer les désastres de trente mois de guerre civile et ils s'amusèrent à discuter la constitution de leur temporaire principauté. Mais, dès novembre 1900, ils envoyaient le Haut-Commissaire de l'Europe, le prince Georges lui-même, déclarer aux puissances que, ses pouvoirs finissant en novembre 1901, la Crète entendait proclamer l'union à cette date. Et dès novembre 1900, le Haut-Commissaire avait toute raison de dire aux chancelleries : « Le peuple crétois n'a accepté l'autonomie que pour témoigner sa reconnaissance envers les grandes puissances et sous la réserve que l'union avec la Grèce serait effectuée ultérieurement. »

Les victoires de Thessalie agissaient encore pour le prestige du Turc et pour l'accablement de l'hellénisme : l'Europe, si l'union était proclamée, laisserait Abd-ul-Hamid, disait-elle, remettre ses troupes en campagne; le royaume grec était sans défense... Malgré tout, l'Assemblée crétoise, en juin 1901, proclamait l'union pour novembre suivant.

Mais, comme l'Europe répondait que le moment n'était pas encore venu, et comme les dangers de la Grèce et de l'hellénisme étaient trop menaçants, les Crétois consentirent à supporter trois années encore l'autonomie sous le Haut-Commissaire, à condition que ce nouveau bail fût le dernier et que l'on voulût bien — nouveau pas vers l'union — leur faciliter les derniers règlements de comptes avec la Dette et la Chancellerie ottomanes...

De 1901 à 1904, ils se vengèrent sur le délégué de l'Europe, sur le prince Georges, qu'ils accusaient de se conduire moins en gouverneur grec qu'en pacha turc ou en Altesse moscovite. Malgré le désarroi profond où la lutte macédonienne jetait l'hellénisme, ils exigeaient que l'on s'occupât d'eux et que l'union passât avant tout le reste. Le nouveau bail approchant de l'échéance (1904), ils envoyaient de nouveau le prince Georges en Europe. Les puissances, « unanimement disposées à donner un témoignage de leur sympathie pour le peuple crétois », comptaient « manifester leur bienveillance en obtenant de la Porte la reconnaissance du drapeau crétois, la remise à l'État crétois des condamnés crétois, détenus dans les prisons de l'empire ottoman, et la signification des actes judiciaires crétois en Turquie »; elles ajoutaient la promesse de réduire leurs troupes d'occupation dès qu'une milice et une gendarmerie crétoises leur garantiraient le maintien de l'ordre; mais elles se disaient « obligées de bien marquer que ces satisfactions étaient le maximum de ce qu'elles pouvaient consentir *présentement* ».

C'était, en somme, la promesse de l'indépendance complète, sans le mot. Mais les Crétois ne voulaient plus être payés de promesses. En cette année 1905, où le royaume grec commençait à peine à voter la réfection de son armée et de sa marine, ils rompaient ouvertement avec l'Europe, avec le Turc, avec le prince Georges : « Le peuple crétois, réuni en Assemblée générale à Thérisso pour proclamer son union au royaume de Grèce », ne voulait plus attendre : « Lorsqu'il y a sept ans, le peuple crétois a été obligé d'accepter l'autonomie, il l'a considérée comme une station purement transitoire vers la libération de l'île et l'union à la Grèce. » Cette autonomie, ajoutaient les Crétois, ne pouvait plus durer, tant était grande la gêne économique qui résultait « de l'isolement douanier et de l'impossibilité d'attirer en Crète les capitaux étrangers ».

Les chrétiens se révoltent donc contre les puissances et contre le Haut-Commissaire. Six ou sept mois d'escarmouches et de marchandages entre les insurgés et les officiers ou les consuls des puissances (avril-novembre 1905); conférence d'ambassadeurs à Rome; menaces militaires et navales en Crète; débarquements de troupes internationales; batailles en règle, — petites batailles —; rétablissement sur les édifices publics du drapeau crétois, qui partout a fait place au drapeau grec; au bout du compte, amnistie plénière et envoi d'une commission internationale dont le rapport (avril 1906) constate qu'il faut de nouvelles concessions, pour ramener la tranquillité dans l'île et pour assurer aux Crétois le pain quotidien. Les puissances accordent de nouveaux et notables avantages; un « nouveau pas en avant » est fait (23 juillet 1906) :

Tenant à marquer au peuple crétois leur désir très sincère de tenir compte de *ses légitimes aspirations*, les puissances protectrices jugent possible d'*élargir dans un sens plus national l'autonomie* et d'améliorer la situation matérielle et morale de la Crète, par les mesures suivantes : réforme de la gendarmerie et création d'une milice crétoise et *hellénique* sous des *officiers hellènes*; retrait des forces internationales aussitôt que la gendarmerie et la milice crétoises seront formées, l'ordre et la tranquillité rétablis, et la protection de la population musulmane assurée; extension à la Crète de la Commission de contrôle des *finances helléniques*; règlement des difficultés encore pendantes entre la Turquie et la Crète...

En faisant part de ces décisions au peuple crétois, les puissances protectrices ne doutent pas qu'il ne se rende compte que *tout pas en avant dans la réalisation des aspirations nationales* est subordonné au maintien de l'ordre et d'un régime stable.

Sauf le drapeau grec, que les puissances excluent encore, et l'envoi des députés crétois au parlement d'Athènes, qu'elles interdisent, c'est l'union, cette fois, sans le mot. Les Crétois, néanmoins, ne se tiennent pas pour satisfaits : peu leur importent l'anarchie parlementaire et administrative du royaume grec, l'assassinat d'un premier ministre, l'impopularité de la dynastie qu'aggravent leurs dénonciations contre le prince Georges, la rupture des relations entre la Grèce et la Roumanie, la guerre au couteau entre bandes bulgares et bandes grecques en Macédoine, et, sur la frontière de Thessalie, la menace d'une armée turque vingt fois supérieure à l'armée grecque ; ils exigent et ils finissent par obtenir, — au prix de quelles angoisses pour tout l'hellénisme ! — que les puissances accordent un « nouveau pas en avant dans la réalisation des aspirations nationales ». Le Haut-Commissaire de l'Europe est remplacé par un Haut-Commissaire de la Grèce : le prince Georges ayant été acculé à la démission, les puissances protectrices, « afin *de tenir compte des aspirations du peuple crétois et de reconnaître l'intérêt que Sa Majesté le roi des Hellènes doit toujours prendre à la prospérité de la Crète* », se mettent d'accord « pour proposer à Sa Majesté que désormais, toutes les fois que le poste de Haut-Commissaire de Crète deviendra vacant, Sa Majesté désigne un candidat capable d'exercer le mandat de ces puissances » (14 août 1906).

C'est un sujet grec, un ancien Premier du royaume de Grèce, M. Zaïmis, que les puissances installent comme leur Haut-Commissaire, sur la présentation du gouvernement grec. Désormais, les officiers crétois seront commissionnés et les jugements seront rendus au nom du roi de Grèce. Les Crétois exigent, en outre, viandes moins creuses. L'autonomie « régime hybride et transitoire », les écrase, les ruine, ne leur permet ni de mettre leur pays en valeur, ni même de réparer les effets de la dévastation turque; ils disent qu'ils ont un besoin matériel de l'union :

> Lorsqu'il y a sept ans, les puissances nous ont concédé l'autonomie, le peuple crétois, malgré la nature de ce régime transitoire, a sincèrement coopéré à sa réussite, non seulement par déférence pour les grandes puissances, mais aussi dans son intérêt propre.
> Malheureusement la gêne financière devait peser sur un pays aussi petit et aussi pauvre, obligé de suffire aux dépenses d'une vie politique autonome, séparé au point de vue douanier de tout autre organisme politique et se trouvant dans l'impossibilité, grâce à la nature d'un pareil régime hybride et transitoire, d'attirer de l'étranger les capitaux nécessaires à son développement économique... Un tel régime mène l'île au chaos économique; il ne peut pas être supporté plus longtemps ni surtout pour une période de temps aussi indéfinie...

Les Crétois avaient raison : en leur imposant l'autonomie politique, les puissances avaient oublié de leur donner l'autonomie financière.

Tous ceux qui avaient vu la Crète en 1898 étaient d'avis que, pour réparer les maux terribles de la dernière insurrection, pour effacer les ravages de deux siècles, pour permettre aux survivants de vivre parmi les ruines et les tombeaux, il eût fallu des capitaux que les Crétois n'avaient pas, que les financiers ne voulaient pas prêter à un État sans finances et sans durée probable, et que l'Europe seule aurait pu et dû avancer. Si chacune des quatre puissances protectrices — Angleterre, France, Italie et Russie, auxquelles le concert européen avait laissé la Crète, — eût mis cinq ou six millions dans une Caisse des Travaux Publics, dont un conseil technique eût surveillé l'emploi, dont un simple contrôle douanier eût récupéré, et au delà, les intérêts et l'amortissement, si cette admirable terre de Crète avait été pourvue des deux ports, des cent kilomètres de chemins de fer à voie étroite et des deux cents kilomètres de routes muletières dont elle avait le plus pressant besoin, il est probable que l'autonomie, apportant avec elle la richesse, eût été acceptée avec moins de regrets; il est possible même que la Crète enrichie se fût moins souciée de mêler ses finances encore nettes au chaos du budget hellénique.

Mais en 1898 les puissances avaient négligé ce chapitre de leurs devoirs : elles avaient imaginé, sans doute, que les Crétois vivraient de discours et d'élections; aujourd'hui, comme autrefois, il faut aux plus enragés parleurs, aux plus sobres politiciens d'Athènes, le morceau de pain, le verre d'eau et l'olive noire des trois repas quotidiens; en Crète, l'insurrection avait coupé les oliviers, comblé les puits, semé de gravats et d'éboulis les champs de céréales...

Le premier Haut-Commissaire de l'Europe, le prince Georges, aurait dû mettre ses efforts au relèvement économique : il s'en désintéressa par insouciance, par incapacité ou, peut-être, par système, ne voulant pas qu'une Crète moins misérable pût oublier ses désirs de l'union, et l'Europe, qui n'avait pas voulu consentir aux Crétois un prêt honorable, ne leur faisait que l'aumône de quatre millions. Reconnaissant enfin, — mais trop tard, — sa faute initiale, elle leur prodiguait dans sa note d'avril 1905 les conseils et les promesses :

> Pour remédier à la situation financière, — disait cette sage personne, — il est à souhaiter que les Crétois concentrent leurs efforts sur le développement économique du pays Dans cet ordre d'idées, le Haut-Commissaire peut compter sur le concours des puissances protectrices, qui seraient dès à présent disposées à accepter l'ajournement, pendant cinq ans, du service des intérêts dus pour les quatre millions qu'elles ont avancés au gouvernement crétois.
> Les ressources de l'île, judicieusement administrées, peuvent offrir des gages pour la réalisation d'un emprunt qui permettrait de faire face aux dépenses les plus urgentes et à des entreprises de travaux publics... Les puissances proposent donc d'envoyer deux experts financiers pour étudier les conditions économiques de la Crète ainsi que le système d'impôts. Les conclusions de ces agents ne manqueraient pas de faciliter l'émission d'un emprunt qui pourrait être gagé sur la surtaxe douanière et sur certains droits de ports.

Le nouveau délégué des puissances, le Haut-Commissaire grec, M. Zaïmis, apportait avec lui cette promesse d'emprunt. Il promettait aussi la fin prochaine du « régime transitoire » : les cinq années de sa magistrature, disait-il, seraient la « dernière étape » vers l'union (1906-1911).

L'emprunt se négocie : onze millions d'or liquide vont arriver en cette île ruinée. Des officiers et des sous-officiers grecs viennent commander la gendarmerie et la milice crétoises. Tout dans l'île s'organise pour l'union. Les musulmans émigrent, tous ceux du moins qui n'ont rien à perdre ou qui peuvent vendre leurs terres. L'année 1907 ramène la paix civile, sous l'habile gouvernement de M. Zaïmis.

En mai 1908, après une revue des milices crétoises, les officiers internationaux déclarent que la Crète n'a plus besoin des contingents européens : les officiers et cadres grecs suffisent au maintien du bon ordre. Les puissances décident que leurs troupes vont évacuer l'île, donc laisser aux Crétois la libre disposition de leurs destinées. Les dates sont fixées pour cette retraite : premier échelon en juillet 1908 ; second échelon en juillet 1909 ; la « dernière étape » sera achevée en août 1909, et les Crétois auront toute faculté de disposer d'eux-mêmes.

Mais l'emprunt, toujours négocié, n'arrive jamais à être conclu, et le malaise financier s'aggrave, et le mécontentement s'augmente de tous les espoirs déçus.

En juillet 1908, la révolution jeune-turque survient juste quand le premier échelon des troupes européennes s'embarque ; elle remplit les Crétois d'inquiétude : l'Europe va-t-elle invoquer la Constitution rétablie à Stamboul pour les remettre, eux, sous le caprice du Sultan ?... En octobre 1908, l'indépendance bulgare et l'annexion bosniaque les décident à brusquer l'étape : le Haut-Commissaire est absent, en vacances ; ils proclament l'union et nomment un gouvernement provisoire, qui administrera au nom du « roi de tous les Hellènes ».

Les puissances, qui pourtant ont encore des troupes dans l'île, ne font d'objection que pour la forme : « d'ordre de leurs gouvernements respectifs », leurs agents entrent en relations avec ce gouvernement insurrectionnel, le reconnaissent et lui annoncent que, malgré les « obligations contractées » envers la Porte, les puissances protectrices « ne seraient pas éloignées d'envisager avec bienveillance la discussion de cette question avec la Turquie, si l'ordre est maintenu dans l'île et la sécurité de la population musulmane assurée » (26 octobre 1908).

En ce mois d'octobre 1908, les divers systèmes d'alliances ou d'ententes, qui se partagent l'Europe, ont noué des négociations publiques et secrètes pour liquider les quatre questions austro-turque, austro-serbe, turco-bulgare et turco-crétoise, qui risquent de tout brouiller au Levant. Dans les pourparlers anglo-franco-russes de Paris et de Londres (10-20 octobre 1908), la Triple-Entente a dressé le programme de la future conférence que réclame le ministre du Tsar, M. Isvolski : la question crétoise y figure et l'on admet que l'union créto-grecque, moyennant de justes indemnités à la Porte, est désormais un fait acquis, au même titre que l'annexion bosniaque ou l'indépendance bulgare. En novembre, le roi Georges visite les chancelleries de l'Occident et reçoit les promesses les plus explicites : l'Europe demande seulement que la Crète ne vienne qu'après la Bosnie et la Bulgarie ; on veut éviter d'abord les hostilités qui menacent entre Stamboul et Sofia, entre la Serbie et l'Autriche... Mais, « en attendant », on laisse aux Crétois le bénéfice de leur état de fait : l'Europe ne renvoie plus de Haut-Commissaire ; l'île se gouverne à sa guise, par une Commission exécutive de cinq membres, sous le seul contrôle intermittent de l'Assemblée.

Six mois de périlleuses négociations (octobre 1908-avril 1909) assurent enfin la paix dans les Balkans : les accords austro-turc et turco-russe légalisent l'annexion de la Bosnie et l'indépendance de la Bulgarie; après une longue comédie de brouilles, d'invectives et de rodomontades, MM. Isvolski et d'Aehrenthal se rapatrient, sous la pression un peu brutale de Guillaume II; Vienne et Pétersbourg obligent les Serbes à la résignation.

Les Crétois pensent qu'enfin le moment est venu : l'Europe paraît disposée à tenir la parole que, depuis onze ans (1898-1909), elle leur a donnée, à mots couverts d'abord, puis de plus en plus explicite. La reine d'Angleterre et l'impératrice-douairière de Russie arrivent à Athènes chez leur frère le roi Georges et lui apportent les espoirs les meilleurs (10 mai). Guillaume II séjourne à Corfou et témoigne à la dynastie et au gouvernement helléniques les sentiments les plus cordiaux; il rencontre ensuite ses alliés à Brindisi et à Vienne; il décide avec eux que la Triple-Alliance laissera faire. Le *Foreign Office* annonce à son parlement que, les Crétois ayant rempli les conditions posées par les puissances, le dernier échelon des contingents internationaux évacuera la Crète à la date fixée, en juillet prochain.

Personne n'a de doute sur les conséquences immédiates de ce départ : c'est la permission aux Crétois de faire ce qu'ils entendent; le président de la Commission exécutive, M. Vénizélos, vient de télégraphier au roi de Grèce pour sa fête : « La Crète est animée de la conviction profonde que son juste désir d'être soumise à Votre sceptre sera bientôt accompli et que dorénavant les Crétois seront à même de Vous adresser leurs vœux comme Vos sujets fidèles et dévoués. »

... Les Crétois, la Grèce et l'Europe avaient compté sans les Turcs, une fois encore. Les Jeunes-Turcs de 1908-1909, durant la crise bosniaque et bulgare, avaient bien pu se taire; mais ils gardaient sur l'affaire de Crète les mêmes sentiments que les Vieux-Turcs de 1868, de 1878, de 1897. Pour les Jeunes, comme pour les Vieux, la Crète devait rester turque pour rester musulmane. C'était le devoir du Khalife de la garder coûte que coûte, pour sauver la fortune et les privilèges de ses fidèles musulmans; quelque réduite que l'exploitation des *agas* et des *beys* eût été par dix années d'autonomie, le Khalife n'avait pas le droit d'en abandonner la défense.

Le 27 mai 1909, l'un des membres influents du Comité *Union et Progrès*, le major Hakki-bey, rentrait à Vienne, à son poste d'attaché militaire, qu'il avait quitté deux mois auparavant, pour aller combattre la contre-révolution du Treize Avril. Il revenait, un peu grisé de la facile victoire que les troupes de Mahmoud-Chevket avaient remportée sur les gens de Stamboul, sur Abd-ul-Hamid : « Le salut de la patrie, disait-il, exige que l'on réprime les forces centrifuges... Sur la Crète, sachez bien que nous ne transigerons jamais... Nous nous trouvons, chez nous, en face de populations qui pourraient mal interpréter la solution de certains problèmes : nous refuserons pour le moment de les laisser poser. Pour l'empêcher, nous sommes prêts à toutes les éventualités. »

Les Crétois voulant poser et régler leur problème,

l'Europe les laissant faire et les Turcs s'apprêtant à les en empêcher, c'est encore la malheureuse Grèce qui, pendant trois années et demie (mai 1909-octobre 1912), allait supporter les conséquences de la querelle.

* * *

La Vieille Turquie avait eu deux ou trois raisons de tenir à la Crète ; la Jeune Turquie avait les mêmes, et deux ou trois autres avec.

Dans la Crète, la Vieille Turquie voyait la plus récente et la plus illustre, peut-être, de ses conquêtes.

C'est à la fin du xviie siècle seulement, alors que leur avancée en Europe commençait de tourner à la retraite, c'est après la déroute de Vienne (1683), après la perte définitive de la Hongrie et de la Transylvanie, après une première évacuation de Belgrade et d'Azof, c'est au début de leur décadence que les Turcs avaient chassé les Vénitiens des dernières places de l'Ile : ils les avaient assiégées près d'un siècle.

La plus grande de ces places, la capitale, Candie, les avait retenus vingt-cinq années (1644-1669). La prise de Candie avait mis le comble à leur réputation militaire. Vingt-cinq années durant, les deux moitiés de l'univers d'alors, le monde islamique et le monde chrétien, avaient célébré la science de leurs ingénieurs et le courage de leurs janissaires. Chez l'Infidèle, ce fait d'armes avait causé les mêmes angoisses qu'un siècle plus tôt la prise de

Rhodes, et, chez les Croyants, autant de fierté peut-être que la prise même de Constantinople. Car ce n'était pas à la seule Venise, à la reine de la Méditerranée chrétienne, que l'Islam pensait avoir enlevé cette place que l'on avait dite imprenable : c'était à la chrétienté tout entière, dont les volontaires étaient venus défendre ce boulevard de leur foi, aux soldats et aux capitaines du roi de France qui semblait alors le « Sultan des chrétiens »; sous Candie, les Turcs avaient tué son cousin Beaufort, mis en déroute ses généraux La Feuillade et Navailles. Cinquante-six assauts, trois ou quatre mille mines, cinquante mille cadavres de chrétiens, cent mille cadavres de musulmans : jamais depuis la prise de Constantinople, l'Islam n'avait dénombré pareils exploits.

Constantinople (1453), Rhodes (1522), Candie (1669) : ces trois étapes de la gloire ottomane restaient les trois grands titres des Turcs à la soumission toujours maugréante de l'Islam [1], à la possession du Khalifat par leur Sultan.

Constantinople, Belgrade, Rhodes et Candie conquises avaient été les degrés ensoleillés de la montée turque; Belgrade, Rhodes et Candie perdues, au-devant de Stamboul menacée, seraient les tristes échelons de la descente. Belgrade, dont la défense contre le *giaour* avait coûté cent cinquante années de batailles et autant de vies musulmanes que la prise de Candie, Belgrade avait succombé : au-devant de Stamboul, il ne restait plus que Rhodes et Candie. Si les Turcs se laissaient chasser de Crète, n'était-ce

---

[1]. Cf. Victor Bérard, *Le Sultan, l'Islam et les Puissances*, Paris, Armand Colin, 1906.

pas un présage que bientôt Sainte-Sophie reverrait la Croix? un signe manifeste qu'Allah destinait le Khalifat à d'autres mains? Une fois déjà, la Crète avait servi de signe à cette désignation divine : deux siècles durant (viiie-xe siècles), elle avait été musulmane; les Arabes, détenteurs alors du Khalifat, avaient été les fondateurs de cette place forte de Candie, dont les Vénitiens par la suite avaient à peine altéré le nom arabe, *El Khandak, le Rempart*; quand les Arabes avaient déserté ce rempart de l'Islam, Allah avait choisi son Khalife chez des peuples plus braves.

Aux yeux des Croyants, Candie était donc le front de bandière, — et malgré huit ou dix siècles de dévastations, de guerres civiles et étrangères, de débarquements, de révoltes, d'incendies et de pillages, la Crète était toujours, dans la renommée musulmane, l'un des paradis de l'Islam.

Roses d'Ispahan, jasmins de Damas, abricots d'Hamah, pastèques de Tarse, raisins et neige de Candie! si les biens de ce monde, au dire d'Abdullah-ben-el-Assa, se divisent en dix portions et si la Syrie, la terre bénie de Scham (Damas), en a neuf pour sa part, la Crète en avait la dixième. Ici tout semblait réuni pour le bonheur du Croyant. Les fleurs, les fruits, les sources, les ombrages, la beauté des femmes et la soumission toujours rétive des *raïas* faisaient du jour et des nuits un perpétuel enchantement, dont la perpétuelle guerre sainte contre les montagnards rebelles corrigeait la monotonie. Le ciel, que Mahomet ouvre à ses serviteurs, peut-il rien offrir de plus à leur paresse, à leur volupté, à leur bravoure?

Sous les pâturages des monts neigeux, sous les forêts de cèdres et de chênes, les platanes et les lauriers-roses couvrent les eaux courantes; les vignobles et les olivettes s'étagent, encadrant les champs de blé; les jardins de la côte trempent dans la plus tiède des mers leurs myrtes et leurs orangers : « C'est la terre du *sherbet* (sorbet) », me disait un vieux mollah de Candie, durant l'insurrection de 1897, tandis qu'une jeune négresse nous apportait les confitures fouettées de neige de l'Ida...

Nous aurions un *Manuel du Bonheur* à la mode islamique, si quelque *spahi* ou *aga* d'autrefois nous eût conté en ses Mémoires le détail de ces Mille et Une Nuits crétoises, dont nos voyageurs du XVIIIe siècle[1] nous laissent entrevoir seulement les félicités, les longues siestes et les ripailles sous les arbres, les causeries et les *chibouks* parmi les fleurs, les filles enlevées et les hommes empalés dans les villages de la plaine, les expéditions et les interminables combats contre les montagnards... Damas et Candie, les deux « yeux » de l'islam ottoman!...

Les Vieux-Turcs voyaient dans la Crète le pilier central de leur empire méditerranéen.

Aux temps où cet empire allait du Maroc à la mer Rouge, de Tlemcen à Souakim, où tout le front septentrional de l'Afrique leur appartenait, la Crète était la place d'armes des Turcs : elle leur offrait l'étape entre la Roumélie ou l'Anatolie, d'une part, qui étaient leurs réservoirs d'hommes et d'argent, et, d'autre part, l'Afrique qui, après l'Europe, était

---

1. Voir en particulier le *Voyage* de Tournefort.

devenue leur grand champ d'avancée; elle était le carrefour de toutes les routes de la Méditerranée turque, entre Stamboul et Alger, entre Stamboul et Tripoli, entre Stamboul et le Caire. Au début du XIXᵉ siècle, quand un compétiteur musulman avait essayé de leur ravir cette Méditerranée islamique, quand Méhémet-Ali avait rêvé d'étendre son royaume albano-égyptien jusqu'à l'Yémen et jusqu'à l'Abyssinie vers le Levant, jusqu'à Tripoli, jusqu'à Tunis peut-être vers le Couchant, son premier soin avait été d'acquérir la Crète; durant les quinze années (1825-1840) où, de fait, la Crète avait cessé d'être turque pour appartenir à l'Égypte, les Français avaient abattu sans peine la turquerie d'Alger, et la dynastie tunisienne avait achevé de gagner son indépendance.

Plus récemment, quand, l'Égypte ayant été livrée aux mains de son Khédive, puis de l'Angleterre, l'Algérie conquise et la Tunisie protégée par les Français, il n'était plus resté aux Turcs que la Tripolitaine, les ports crétois avaient pris une nouvelle importance entre Stamboul et Tripoli ; sur les routes de mer qui unissaient au reste de l'empire ce dernier lambeau d'Afrique, Candie et la Canée étaient désormais les seules escales ottomanes.

Le va-et-vient des barques tripolitaines amenait sous le rempart de la Canée un village de Benghaziotes, d'Africains nègres ou métis ; il remportait le ravitaillement des garnisons et des populations turques; en cette Afrique dénuée, toutes les provisions de bouche et toutes les manufactures du vêtement, de l'armement et de la bâtisse devaient être fournies du dehors. Tant que la Crète resta sous la main de la Porte, la Vieille Turquie put tant bien que mal approvisionner Tripoli et garder l'espérance de cet empire africain, qu'Abd-ul-Hamid, par ses menées panislamistes, voulait reconstruire en profondeur jusqu'au Tchad et jusqu'au Niger : si la Porte jeta l'argent par centaines de millions et, par centaines de milliers, les vies humaines dans cette Crète sans fond, c'est assurément que, prise dans le courant d'une folle martingale, elle escomptait toujours la revanche qui, d'un seul coup, lui rendrait toutes ses mises; mais c'est aussi que, sans la Crète, elle sentait ne pouvoir plus conserver longtemps son rivage et son rêve africains.

Cette crainte était fondée : depuis 1898, depuis que, remise aux puissances, la Crète avait cessé de remplir son rôle ottoman, c'est par les bateaux étrangers que la Tripolitaine recevait toute sa subsistance. Cruelle ironie des lois géographiques! c'est par les Italiens, par la seule flotte de commerce italienne, que le Turc envoyait à ses soldats et fonctionnaires la farine même du pain quotidien. Qu'au premier incident, Rome décidât d'interrompre cette fourniture, et la Turquie d'Afrique, entre les flots salés de la Méditerranée et les flots sablonneux du Sahara, devrait, comme une place affamée, se rendre à l'assiégeant... Les Romains, qui avaient possédé jadis la Crète et la Tripolitaine, en avaient fait une seule province : leur préteur de Crète et de Cyrénaïque résidait dans la Candie de ce temps, à Gortyne... Les Byzantins, qui avaient hérité des domaines de Rome, gardèrent l'Afrique tant qu'ils eurent aussi la Crète; sitôt les Arabes maîtres de l'île, l'empire africain de Byzance s'écroula.

De cette importance de la Crète pour leur empire d'outre-mer, les Vieux-Turcs avaient eu la compréhension fort nette : les Jeunes-Turcs en avaient, eux, la vision expérimentale.

Durant les vingt années qu'Abd-ul-Hamid avait exilé en Tripolitaine leurs patriotes et leurs officiers, ils avaient vu de leurs yeux à quelle condition de bénéfice précaire était tombée leur propriété d'Afrique sous le monopole de la navigation italienne, sous la menace d'une rupture avec l'Italie. Ils pensaient, ils disaient que Candie grecque signifierait tôt ou tard Tripoli italienne et, quand ils parlaient de garder la Sude comme base navale, c'était moins pour une offensive contre les Crétois que pour le ravitaillement et la défense de leurs places africaines.

Or ils tenaient à ces places, autant, plus même que la Vieille Turquie y avait pu tenir. Ils n'avaient plus les illusions d'Abd-ul-Hamid sur la possibilité d'un empire africain. Dispersés naguère jusqu'au fond du Fezzan, jusqu'aux plus lointaines oasis du Tedda, ils connaissaient le morne désert qui s'étend derrière les palmeraies du rivage; ils savaient que « Tripoli, porte du Soudan, embarcadère de la Nigritie », comme on disait il y a trente ans, n'est plus qu'un mot historique, depuis que les flottes et les colonnes européennes ont contourné ou pénétré l'Afrique occidentale, atteint le pays des Nègres par les rivages et les fleuves de l'Atlantique. Mais les Jeunes-Turcs avaient gardé une juste confiance dans les progrès que l'Islam continuait de faire en Afrique; ils pensaient que, malgré les sables, la soif et la distance, l'islam du Centre-Afrique pourrait encore envoyer au Khalife les troupes noires dont l'Égypte et le Maroc jadis, aux temps de leur grandeur, firent l'appui de leur gouvernement, dont la France aujourd'hui compte se faire un instrument de sécurité et de domination. Il n'est pas de touriste en Syrie et en Anatolie qui n'ait vu les services que le *zaptieh* (gendarme) nègre rend à l'autorité turque contre le Kurde, le Druze, le Bédouin, contre les coupeurs de route et les pillards de métier. Aux spécialistes européens, que les Jeunes-Turcs voulaient engager pour la réforme de leur gendarmerie, les noirs, tout au moins dans les provinces arabes, fourniraient les meilleures brigades. Et puisque les Jeunes-Turcs entendaient remettre sous la loi commune, fondre dans l'unité ottomane, « turquifier » si possible leurs nationalités diverses auxquelles l'ancien régime avait maintenu des privilèges, ce n'était pas avec leurs seuls Turcs de Macédoine et d'Anatolie qu'ils pourraient venir à bout de cette œuvre herculéenne : une armée noire, une police noire leur étaient indispensables...

Et la Jeune Turquie revendiquait en Afrique sa part du « fardeau de l'homme blanc ». Dans ce livre sur *La Crise de l'Orient*, où leur penseur attitré, Ahmed-Riza, leur avait en 1907 dressé comme un inventaire de leurs rêves et de leurs espoirs, il avait réuni tous les témoignages de nos explorateurs et de nos écrivains touchant les bienfaits de la pénétration musulmane en pays nègre :

De tous les phénomènes historiques du xxe siècle, — leur disait-il avec M. de Vogüé, — le plus considérable sera peut-être la renaissance et le progrès de l'Islam dans le continent noir. C'est comme une seconde hégire : Mahomet regagne en Afrique tout ce qu'il a perdu en Europe... La propagande chrétienne obtient peu de résultats et peu durables, quand elle agit seule dans un milieu nègre ; partout où elle doit lutter avec la propagande musulmane, ses gains sont nuls ; ceux de l'Islam sont rapides.

Entre la civilisation chrétienne de l'Europe et la barbarie fétichiste des Nègres, l'Islam, disaient les Jeunes-Turcs, est l'intermédiaire dont ni l'Europe ni les Nègres ne peuvent se passer : sans l'Islam, les Nègres finiraient de s'abrutir sous la servitude, de disparaître sous le massacre des Européens, et l'Europe n'aurait plus en ce Continent noir que des solitudes dont sa main-d'œuvre, inapte sous ce climat, ne saurait entreprendre la mise en valeur. Le contact direct entre le Nègre et l'Européen « accomplit une œuvre de corruption qui conduit les Nègres aux divers degrés de l'alcoolisme et finalement à un état d'abjection complète », dit le comte de Castries, l'un des Français qui connaissent le mieux l'Afrique : « L'Islam, dit un autre, transforme le Nègre dont il s'est emparé : il le relève en augmentant sa santé, sa moralité, son énergie. Cette religion simple, sensuelle et guerrière est faite pour ces populations primitives. »

Et les Jeunes-Turcs de conclure, en invoquant, à leur habitude, la parole du Maître, d'Auguste Comte :

La transformation d'une civilisation rudimentaire en une civilisation très avancée demande des ménagements : l'Islam en Afrique pourrait, seul, préparer ce mouvement transitoire. Auguste Comte a raison de dire que « les musulmans régénérés seront mieux aptes que les apôtres occidentaux à convertir l'Afrique [1] ».

1. Ahmed-Riza, *La Crise de l'Orient*, p. 30-33.

Et la Jeune Turquie se souvenait que la Tripolitaine avait gardé les tombeaux de milliers de ses proscrits; c'était une terre des Martyrs...

La Crète elle-même était pour les Jeunes-Turcs une autre terre sacrée : ces ardents nationalistes avaient toujours proclamé leur intention de la garder, coûte que coûte, sous quelque forme juridique que ce fût.

Exilés, abandonnés de tous, n'ayant en France que quelques amis, ils s'étaient en 1898 brouillés avec les plus sincères, quand ils les avaient entendus réclamer les droits de la Crète, comme ceux de l'Arménie. Les Jeunes-Turcs n'avaient alors pour l'Arménie que paroles de pitié et d'encouragement; mais leur *Mechveret*, le journal de leur Comité *Union et Progrès*, allait jusqu'à nier les menées d'Abd-ul-Hamid en Crète, les massacres de Candie, les incendies de la Canée. Ils accordaient alors — ils accordèrent toujours — pleine créance à toute lettre, à tout témoignage des musulmans crétois; venues de Crète, les exagérations les plus évidentes, les erreurs systématiques ne rencontraient chez eux qu'indulgentes excuses : « Ce sont des Jeunes-Turcs », disaient-ils, du même ton que l'on dit en France : « C'est un bon républicain ».

Candie était jeune-turque en effet, et depuis longtemps. La Jeune Turquie y avait recruté ses adeptes de la seconde heure, sinon de la première. C'est à Candie que, rentrant d'exil en 1878, après l'échec du premier parlement et les désastres de la guerre russo-turque, le premier, le seul grand vizir constitutionnel de la Vieille Turquie, Midhat-pacha, avait reformé sa petite troupe d'apôtres. Depuis 1878, les musulmans crétois avaient donné aux idées et aux disciples de Midhat-pacha leurs plus fermes adhérents — et des défenseurs d'une espèce assez rare, disaient les Jeunes-Turcs.

— « La Crète, m'expliquait l'un d'eux en juin 1909 [1], la Crète est pour nous ce que l'Alsace-Lorraine est pour vous autres, Français. Nous y avons les mêmes souvenirs de victoires et de défaites ; elle nous a coûté autant de larmes et de sang. Mais plus encore que des regrets patriotiques, son annexion à la Grèce nous causerait une perte irréparable. Les musulmans crétois sont nécessaires à notre œuvre de régénération islamique : la seule Crète musulmane peut suppléer à l'un de nos manques.

» Messagers de l'idéal européen dans l'Islam, il nous faut, pour ouvriers, des musulmans qui, inébranlablement fidèles au Khalifat, soient pourtant imbus déjà et capables de s'imboire à fond des idées occidentales. Dans notre parlement, dans notre administration civile et judiciaire, les musulmans de l'Archipel, — les Insulaires, les « Nèsiotes » comme disent les Grecs, — peuvent le mieux tenir ce rôle. Le sang de leurs mères les a faits depuis trois siècles presque Hellènes de race, aptes à toutes les sciences et à tous les arts de l'Europe, surtout aux arts de la parole et de la plume. La pratique familiale et héréditaire de la langue grecque les a dressés aux raisonnements et aux procédés de votre jurisprudence et de votre bureaucratie. La défense de leurs privi-

---

[1]. J'ai exposé ce plaidoyer turc aux lecteurs de la *Revue de Paris* le 18 juillet 1909 ; à quatre ans de distance, je n'ai rien à changer et presque rien à ajouter aux conclusions que j'en tirais alors.

lèges sociaux et économiques les lie indissolublement au sort du Khalifat : à Métclin, à Chios, à Rhodes, cette frange insulaire de l'Islam a le patriotisme toujours inquiet des populations-frontières.

» Mais de ces Nèsiotes, les musulmans crétois, étant de plus pure race grecque encore, sont les plus pénétrés d'hellénisme et de culture européenne, les plus capables de nous donner sur-le-champ les hommes nouveaux que nous mettrions vingt ans, trente ans, un demi-siècle peut-être, à former dans nos autres provinces. Tout ensemble, ils sont les plus enclins à la civilisation de l'Occident et les plus fidèles à la patrie ottomane, ayant lutté depuis deux siècles contre le *giaour* et repoussant de toute leur haine héréditaire les cajoleries et les offres des séducteurs.

» Si dans votre parlement français quarante députés de l'Alsace-Lorraine, aujourd'hui comme autrefois, apportaient aux exubérances de vos gens d'outre-Loire la sage pondération de leur bon sens et de leur calme, si leur foncière probité, leur netteté morale servait d'exemple et de frein, vos députés eux-mêmes disent que vos affaires nationales seraient en meilleure voie. Toutes différences gardées, — et nous savons combien elles sont grandes entre la ruse crétoise et la moralité alsacienne, — nous avons nos gens d'outre-Loire dans nos Arabes et nos musulmans d'outre-Taurus : l'intelligence et le sens pratique des Nèsiotes doivent leur faire contrepoids ; la Crète même autonome doit rester pour nous un réservoir de ministres et de parlementaires, de publicistes et d'orateurs ; qui sait même si, les chrétiens de l'île voyant un jour la place que notre empire régénéré va tenir dans l'expansion européenne vers l'Asie et l'Afrique, et l'influence, les profits que leurs congénères musulmans auront parmi nous, qui sait si ces intraitables partisans de l'union ne mesureront pas le bénéfice d'appartenir à un grand empire, au lieu de rester en marge ou de dépendre d'une pauvre monarchie ?

» La Crète annexée, c'est tout notre islam des Iles démoralisé, perdant confiance dans le Khalife, attendant pour demain la révolte et l'annexion de Samos, puis des Sept Iles à privilèges, puis de Chios et de Métélin, de Rhodes enfin..., à moins qu'une puissance ne prenne les devants! Dans le détroit de Rhodes, la rade de Marmaris est le plus beau port militaire de la Méditerranée levantine : elle sera d'un inestimable prix, quand le trafic rétabli entre Salonique, terminus des voies de l'Europe centrale, et Port-Saïd, entrée de l'Extrême-Orient, aura rendu à ce détroit de Rhodes l'importance mondiale qu'il eut aux siècles alexandrins...

» Donc, en même temps qu'à la Crète, c'est à notre pachalik des Iles que nous devrions dire adieu : la Crète autonome est au-devant de nos Iles comme un cran d'arrêt pour la propagande hellénique. Nous ne voulons pas que, l'obstacle abattu, les menées grecques viennent nous apporter dans notre Anatolie cette guerre secrète et sournoise que nous ne savons ni conduire ni repousser. Plutôt qu'une paix armée, qui nous épuiserait sans bataille, nous voulons une rencontre immédiate qui vide la querelle : s'il le faut, nous irons en Thessalie renouveler à l'hellénisme la leçon de 1897.

» Le *statu quo*, l'autonomie, c'est donc la paix

avec Athènes ; l'annexion, c'est la guerre ouverte. L'autonomie, d'ailleurs, ne lèse en rien les droits des Crétois, pas plus de la majorité chrétienne que de la minorité musulmane. Sur ce peuple de 300 000 âmes, les musulmans, dit-on, ne restent que trente mille ; mais ce sont trente mille hommes, eux aussi. Ces trente mille Croyants, après l'annexion, auraient la vie impossible en terre chrétienne et l'Islam ne nous pardonnerait jamais, à nous Jeunes-Turcs, leur abandon.

» L'Europe a vu, au Treize Avril 1909, ce que nous valaient l'indépendance bulgare et l'annexion bosniaque. En juillet 1908, le peuple turc nous avait accueillis en libérateurs, et l'Islam s'était résigné, malgré son intime préférence pour le régime absolu. Mais il nous attendait aux actes. Quand, en octobre 1908, l'annexion bosniaque et l'indépendance bulgare sont venues nous frapper par derrière, il nous a fait un devoir de lutter jusqu'au bout, de refuser tout accommodement pécuniaire qui livrât à l'Infidèle des domaines du Khalifat. Quand, abandonnés de Londres, de Paris, de Berlin, de tous ceux en l'amitié de qui nous espérions, nous avons dû consentir à nos accords de mars 1909 avec la Bulgarie et l'Autriche, l'Islam tout aussitôt s'est vengé : il a suffi de quelques *sariklis* (enturbannés) pour nous chasser de Constantinople. Grâce à nos partisans de Macédoine, nous avons tout aussitôt reconquis la Ville et le pouvoir. Mais si les puissances occidentales, qui se disent nos amies et dont nous voulons être les mandataires pour la réforme de l'empire, si la France et l'Angleterre surtout ont envie de nous annihiler et avec nous, l'intégrité ottomane, elles n'ont qu'à tolérer l'annexion crétoise et à nous l'imposer... Huit jours après, il n'y aura plus à Stamboul de gouvernement; dans tout l'empire, l'Islam se rebellera contre nous; mais il se jettera aussi sur les *raïas*, — et les deux cent mille Grecs de Smyrne seront les premiers à payer de leur sang cette acquisition de l'hellénisme... »

* * *

A ce plaidoyer des Jeunes-Turcs, on pouvait, dès 1909, répondre assez facilement sur quelques-uns des points essentiels.

Par la faute d'Abd-ul-Hamid, d'abord, et des puissances, ensuite, la situation, si l'on voulait rester sur les textes juridiques, était sans issue. La Crète appartenait incontestablement à l'Empire turc. Les Turcs l'avaient confiée à la garde des quatre puissances « protectrices » : Angleterre, France, Italie, Russie. Le plus grand nombre des Crétois réclamaient depuis quatre-vingts ans l'annexion au royaume de Grèce. Entre les titres indiscutables des Turcs et les réclamations inlassables des Crétois, entre le droit de propriété monarchique et le droit de souveraineté populaire, les puissances avaient tenté l'arbitrage obligatoire : par les canons de leurs flottes, puis par la présence de leurs troupes, elles avaient imposé aux Crétois une autonomie, qui maintenait la suzeraineté nominale de la Porte, aux Turcs un Haut-Commissaire des puissances, qui, agréé, puis désigné par le roi de Grèce, n'était à vrai dire qu'un fonctionnaire du royaume hellénique.

Turcs et Crétois avaient subi dix ans (1898-1908) ce compromis. Mais les puissances ne pouvaient pas ignorer que la seule présence de leurs troupes assurait l'autonomie et empêchait l'annexion : sitôt leurs troupes retirées, elles savaient que la Crète irait à la Grèce ou que les Turcs essaieraient de la remettre au rang de pachalik. Néanmoins, elles avaient promis aux Crétois d'évacuer; elles avaient commencé l'évacuation, annoncé que le dernier soldat de l'Europe quitterait la Crète à la fin de juillet 1909.

— « L'union, disaient les Crétois, nous est nécessaire pour vivre heureux, pour nous mettre au fil du progrès, pour refaire de notre malheureux pays une terre d'abondance, pour éloigner de nous le cauchemar d'une reconquête ottomane, dont l'autonomie nous laisse toujours la crainte. L'autonomie, après les trois siècles de cet esclavage, qui nous a valu tant de maux, ne nous est venue qu'avec les massacres et les incendies hamidiens; elle ne nous apparaîtra jamais que comme le dernier chaînon de notre servitude. »

C'est à la lueur des incendies de 1897 que désormais les Crétois regardaient tout régime qui, de près ou de loin, les rattacherait encore à l'Empire ottoman. Il est des passés irréparables : ni les promesses de l'Europe ni la générosité des Jeunes-Turcs ne pouvaient guérir la Crète de sa défiance et de ses souvenirs. Encore si, de 1898 à 1908, la Jeune Turquie avait séparé sa cause des opérations hamidiennes, désavoué les crimes des meneurs musulmans! Mais, emportée par le patriotisme, aveuglée par l'esprit de parti, elle avait alors pris position contre le peuple crétois, excusé, presque louangé les incendiaires et les espions d'Abd-ul-Hamid. Le peuple crétois ne pouvait plus oublier certains articles du *Mechverel* : Jeunes ou Vieux, pour lui tous les Turcs se valaient. Au pied du mont Ida, tout près du village de Melidoni, une grande caverne était encore pleine des ossements de ceux qu'Hassan-pacha, en 1822, y avait enfumés. Les chrétiens s'étaient juré de n'enterrer ces reliques que le jour où le dernier musulman aurait quitté l'île; chaque année, à la date anniversaire, ils revenaient visiter et manier ces ossements, mettre les crânes sur la tête de leurs fils et renouveler le serment que se transmettaient les générations.

— « Mais les puissances, disait la Porte avec raison, se sont engagées à défendre les musulmans crétois contre la haine des chrétiens, à les maintenir dans leurs biens et leurs droits; c'est les livrer aux représailles et à la ruine que donner à la majorité chrétienne la liberté sans contrôle. »

En 1860 ou 1870, quand l'île comptait encore quelque cent mille musulmans pour deux cent mille chrétiens, on pouvait plaider les droits de cette minorité nombreuse. Mais l'émigration quotidienne avait depuis trente ans emmené les trois quarts de la population musulmane; presque tout entière, elle se fût embarquée déjà, si la propagande de Stamboul ne s'était efforcée d'en retarder le départ, si les riches *beys* et *agas* n'eussent pas été liés au sol par leurs propriétés, dont l'actuelle pénurie de l'île les empêchait de trouver un prix convenable. Les puissances avaient le devoir de protéger ces musulmans avec autant de sollicitude que les autres Crétois.

Mais un changement politique étant nécessaire pour contenter les chrétiens, de simples mesures économiques pouvaient suffire à contenter le gros des musulmans : quelques millions de francs adouciraient leurs tristesses et assureraient leur vie sur les routes de l'exode. Il ne fallait en effet garder aucune illusion : à toutes les garanties que les puissances et les Grecs leur offriraient dans l'île annexée, à la sécurité et à l'équitable justice que l'exemple de leurs frères thessaliens devait leur faire attendre du gouvernement d'Athènes, les musulmans crétois préféreraient l'exil; les dernières villes crétoises, Candie, la Canée, Rhétymno, Sélino, se videraient de Croyants, comme autrefois ces villes de Morée, Coron et Modon, qui, entièrement musulmanes en 1820, n'avaient plus un turban en 1835.

Le spectacle de pareils exils est toujours lamentable. Même quand on se remettait devant les yeux les trois siècles d'atroce exploitation dont l'Islam avait fait payer sa présence à la Crète, même quand on savait que les *beys* actuels et ce qui leur restait de partisans avaient été les ouvriers et les bénéficiaires du régime hamidien, il était cruel de laisser les fils et les petits-fils succomber sous le faix des crimes ancestraux. Mais l'autonomie n'aurait-elle pas en quelques années les mêmes effets que l'annexion? Au lieu d'un exode en masse, c'étaient des embarquements quotidiens qui enlèveraient les *beys* à leurs champs crétois; le Croyant, surtout le riche Croyant, ne peut vivre que sur une terre du Prophète, où ses exigences rituelles et ses besoins de domination ne soient pas contrariés; l'islam crétois avait trop librement usé et abusé de ses privilèges pour se contenter jamais du simple droit... Et les Jeunes-Turcs eux-mêmes disaient que les musulmans de Candie seraient attirés vers la Turquie nouvelle par l'influence, les honneurs et les richesses qui les y attendaient.

Si donc les puissances, — la France surtout, qui, pendant la crise de 1898, avait lié d'intimes relations avec ces musulmans, adopté et éduqué leurs fils, — si l'Europe voulait s'acquitter de ses devoirs envers ces vaincus, il fallait les transporter, eux et leur fortune, et leur assurer l'existence en terre turque, non pas les maintenir sur la brèche, sous le couteau, en terre crétoise. Le précédent de Coron et de Modon était là : transportés en Asie Mineure, les musulmans hellénisés de ces villes ont prospéré jusqu'à nous; leurs descendants peuplent une moitié de la ville d'Adalia; ils ont conservé longtemps leur langue grecque; avec la même insolence qu'un pallikare de Morée dans les rues d'Athènes, ils continuent à se dire « Moraïtes » parmi leurs frères musulmans... Pour le bonheur des musulmans de Crète, il fallait leur souhaiter, leur préparer le même sort.

Il était sûr que l'autonomie définitivement assise, — Samos réellement autonome n'avait plus que *trente-six* musulmans sur une population de 55 ou 60 000 âmes, — achèverait de les ruiner, de les expulser un à un, de les jeter sans argent, sans moyens de vivre, exaspérés, assoiffés de vengeance, dans cette Asie Mineure où déjà l'Islam, en ces mois d'avril-mai 1909, recommençait les massacres de Tarse et d'Adana : si l'Europe voulait que Smyrne ne vît pas des scènes pareilles, elle devait prévoir et organiser l'exode de ce peuple musulman, l'emmener et l'installer dans les immenses et vides domaines que la Liste Civile ottomane possédait autour des grandes villes anatoliennes; elle n'avait qu'à exiger de la Crète ou de la Grèce de quoi racheter là-bas à ces exilés l'équivalent de ce qu'ils abandonneraient ici; ainsi compensée, l'annexion, même pour ces victimes, se fût bientôt traduite par des bénéfices.

Une île voisine. Rhodes, était pour ces émigrants un refuge tout prêt : Rhodes, la plus belle, la plus douce des Iles peut-être, était dépeuplée; il eût été facile d'y trouver et d'y acquérir à vil prix des terres toutes semblables à celles qu'ils abandonnaient, et Rhodes repeuplée de ces musulmans, en qui la Jeune Turquie mettait toute sa confiance, serait devenue au-devant de l'Anatolie une forteresse d'Islam contre laquelle les menées de l'hellénisme eussent été désormais impuissantes... Nous voyons aujourd'hui (1913) quel profit la Jeune Turquie eût tiré de Rhodes défendue par ces musulmans crétois : les Italiens auraient eu sans doute plus de peine à y débarquer; ils seraient moins fondés aujourd'hui à en espérer la conservation. Et pour le service de leur Tripolitaine, Rhodes ou la rade voisine de Marmaris eussent rendu aux vaisseaux turcs l'escale qu'ils ne pouvaient plus avoir à Candie ni à la Sude, quand bien même la Crète fût restée sous l'autonomie.

A Marmaris, mieux qu'à la Sude, la flotte des Jeunes-Turcs, — si réellement ils en avaient besoin d'une, — serait postée au centre de leur Méditerranée d'aujourd'hui, juste à mi-chemin entre Salonique et Beyrouth, entre Stamboul et Tripoli : en ce détroit de Rhodes, ils avaient grand'raison de prévoir la prochaine affluence des vapeurs et des longs courriers, qui, des terminus balkaniques, Salonique ou le Pirée, se presseraient vers la bouche du canal de Suez. Si la Turquie voulait redevenir une puissance navale, la Corne d'Or devait être son arsenal, et Marmaris, son point d'appui, son Gibraltar ou son Bizerte... Mais la Jeune Turquie pouvait-elle, devait-elle acquérir une flotte de guerre? L'affaire crétoise, — et voilà peut-être ce qu'elle avait de plus grave pour la Turquie, — obligeait les Jeunes-Turcs à se poser cette question et à y répondre tout de suite, sans leur laisser le temps d'en voir les conséquences pour l'équilibre de leur budget et pour la sécurité de leur empire.

Si l'on voulait continuer la politique khalifale en Crète, il fallait assurément une flotte, et une nombreuse flotte de gros et de petits vaisseaux, et une flotte coûteuse, toujours en mer, en croisières, en risques et en réparations.

La Crète est une île de haute mer, et la Crète est une île sans ports. Au carrefour de toutes les routes maritimes qui coupent la Méditerranée levantine, elle a toujours été une autre Malte que convoitaient les maîtres de la mer, les « thalassocrates » du jour : depuis quarante siècles, depuis le temps où les Pharaons avaient des préfets dans les « Iles de la Très Verte » et où le Phénicien Kadmos arrivait chez Minos, la Crète, autant que Malte, a connu la domination des « Peuples de la Mer ». Mais entre Malte et la Crète, ces Peuples ont toujours constaté quelques différences qui, de l'une à l'autre, changeaient les conditions d'établissement.

Toute petite et toute pénétrée de rades, Malte fut toujours occupée et maintenue sans peine par une garnison de quelques centaines d'hommes et par une station de quelques vaisseaux. La Crète n'offre à l'étranger qu'un port naturel, la Sude, qui, sous une presqu'île avançante, reste extérieur à la masse de l'île, tout en étant dominé de tous côtés par les insulaires. Et la Crète, derrière un étroit rivage, est un triple et énorme bloc de hautes, très hautes montagnes, de Monts Blancs dépassant 2 000 mètres d'altitude, où la résistance indigène trouva toujours un refuge inexpugnable.

L'étranger, possesseur des côtes, ne put jamais s'y maintenir que par un cercle continu de grandes et de petites forteresses pour la défense contre l'intérieur, par une ronde perpétuelle de grands et petits bateaux pour la défense extérieure et le ravitaillement. Ce que l'occupation de ces côtes dangereuses exige de matériel et de personnel naval, de science et d'expérience de la navigation, d'argent et de ressources, Venise l'a su durant trois siècles, et les amiraux des puissances en 1897-1898 : encore les Crétois d'alors n'étaient-ils contre ces délégués de l'Europe que sur la défensive ; pourtant six ou sept cuirassés, une dizaine de croiseurs, autant de torpilleurs suffisaient à peine à la besogne quotidienne...

Les Turcs, de 1669 à 1770, avaient tenu la Crète parce qu'ils étaient une grande puissance navale. En 1770, les Russes, pilotés par des Anglais, brûlaient la flotte turque à Tchesmé : en 1771, commençaient les révoltes crétoises que, durant un siècle et un quart (1770-1898), la Turquie, bien pourvue de soldats, mais démunie de vaisseaux et de marins, fut toujours impuissante à réprimer... L'histoire des dominations vénitienne, byzantine, arabe, de toutes les dominations en Crète avait été toute pareille : tant avait duré la puissance du maître sur la mer, et tant avait duré sa domination sur la Crète; tant valait cette puissance, et tant valait cette domination.

La Turquie de 1908 possédait sur la mer Noire et l'Archipel, sur les mers de Chypre et de Syrie, sur la Méditerranée africaine, la mer Rouge, l'océan Indien et le golfe Persique, des rivages, par milliers de lieues, et des ports par centaines : il était naturel que la Jeune Turquie rêvât de posséder quelque jour une flotte puissante. Mais avant de s'engager en ces dépenses navales, n'avait-elle pas à se donner tout entière à deux ou trois tâches bien plus importantes pour la sauvegarde de l'empire ?

Elle devait assurer la défense immédiate de la patrie ottomane contre les ennemis du dedans et du dehors : il lui fallait avant tout une armée et un outillage militaire, une double et triple armée contre ses agresseurs possibles des Balkans, contre ses voisins trop proches du Caucase, contre les populations trop peu soumises de ses provinces arabes et albanaises, — et trois ou quatre places de guerre à Uskub, Andrinople, Erzeroum et Bagdad.

Elle devait assurer l'intégrité ottomane et préparer l'unité ottomane : il lui fallait deux grandes lignes de chemins de fer, huit cents ou mille kilomètres de rails nouveaux, pour achever de traverser l'empire de part en part, unir la capitale aux extrémités les plus lointaines et rendre partout présentes la force et la loi turques. De la mer Noire à l'Adriatique, de Constantinople à Avlona, à travers toute l'épaisseur de la Turquie d'Europe, il fallait que la ligne de Salonique prolongée permît la mobilisation rapide aussi bien contre les armées balkaniques du Nord et du Sud que contre les agitations albanaises. Du Bosphore au golfe Persique, de Constantinople à Bagdad tout au moins, à travers toute l'épaisseur de la Turquie d'Asie, il fallait pareillement que les troupes ottomanes pussent à toute heure se concentrer tant contre les avalanches russes du Caucase que contre les cyclones bédouins du Nedjed.

Ces deux tâches primordiales exigeaient des centaines de millions, des milliards peut-être, dont la Jeune Turquie n'avait pas le premier écu, et des années, quinze ou vingt ans peut-être, de patiente habileté. Il fallait des dépenses non moins grandes, non moins longues, non moins urgentes pour créer l'outillage économique, qui, seul, par des revenus augmentés, permettrait d'acquérir et de renforcer cette armure. Il fallait des millions et des milliards pour la double et triple réforme de l'administration, de la justice, de l'instruction publique à tous leurs degrés... Dans quarante ou cinquante ans, les amis de la Jeune Turquie lui souhaitaient d'acquérir une flotte : en 1909, ses seuls flatteurs pouvaient l'inciter à une politique navale, dont les profits iraient aux vendeurs de cuirasses, mais dont la coûteuse folie empêcherait la réussite des entreprises indispensables[1].

1. Cf. mes articles dans la *Revue de Paris* du 15 juillet 1909 et du 15 juillet 1910.

Et pour quel résultat? pour remettre la main sur la Crète? pour assurer la défense de la Tripolitaine?

La Crète avait valu à la Vieille Turquie cent trente années (1770-1898) d'expéditions ruineuses, qui avaient engouffré l'argent par millions, les hommes par dizaines de milliers, et toujours empêché la Porte de faire face à ses ennemis continentaux, — et rien n'avait contribué autant que ces répressions crétoises à déconsidérer le Turc en Europe, à le mettre hors du droit des gens. La Crète ne pouvait valoir à la Jeune Turquie que pareille déconsidération et pareils désastres. La conscience occidentale, l'opinion française en particulier ne pouvait admettre comme solution définitive que l'union avec la Grèce, moyennant de justes indemnités aux musulmans crétois et à la Turquie. Mais quand les Français réclamaient cette solution, ce n'était pas par philhellénisme, ni par respect seulement du droit imprescriptible des peuples, ni même par pitié des atroces souffrances que l'île avait supportées depuis deux cent cinquante ans : c'était d'abord par un profond souci des intérêts et des besoins de la Turquie nouvelle. Avec la Crète, il n'était pas d'avenir tranquille pour l'Empire ottoman ; il n'était même pas d'existence possible pour la Jeune Turquie. Chaque discussion crétoise ramenant une surexcitation islamique, les réactionnaires auraient tôt ou tard le jeu facile contre les réformateurs qui, pour leur politique contre la Grèce, seraient obligés de fomenter eux-mêmes les passions de l'Islam.

Quant à la Tripolitaine, ce n'est pas de longtemps que les forces turques, même rénovées, pourraient imposer aux convoitises italiennes le respect du *statu quo* : de la sympathie et de l'estime des peuples occidentaux, seulement, les Jeunes-Turcs pouvaient espérer le salut de leur Afrique. Or, s'ils ne voulaient pas que l'on retournât contre eux le droit du plus fort, ils ne devaient pas méconnaître que, de la force seule, ils tenaient encore leurs droits sur la Crète, et qu'aux regards de la conscience occidentale la volonté d'un peuple doit toujours prévaloir contre les titres, même reconnus, d'un maître étranger.

— « Si la Tripolitaine est menacée, leur disaient leurs amis de France, ce n'est ni la Sude ottomane ni Marmaris ni la flotte turque qui la sauvera, et, quand on serait assuré que l'union crétoise aura pour conséquence Tripoli italienne, encore vaut-il mieux fixer votre attention sur votre Turquie d'Europe et sur votre Turquie d'Asie. L'Empire ottoman peut vivre sans la Crète. La Turquie d'Afrique, même, ne lui est pas un organe essentiel, et pour la sécurité de la Tripolitaine l'autonomie crétoise a déjà eu tous les effets que pourrait avoir l'annexion. »

Il était difficile aux Jeunes-Turcs de considérer les choses ainsi et d'aller au-devant de ce sacrifice ; mais c'était le devoir des puissances de les y amener, peut-être, en leur assurant, à eux et à leurs musulmans crétois, de justes indemnités. Les puissances, la France et l'Angleterre en particulier, ont-elles rempli le devoir qu'elles avaient envers la Turquie ?

C'est en juin 1910 que la politique française apparaîtra dans son beau : dès 1909, il était apparu que l'Angleterre ne savait vouloir que la prolongation indéfinie de ce qu'elle appelait le *statu quo*, c'est-à-dire l'autonomie nominale, avec l'indépendance réelle et la marche interminable vers l'union. De 1908 à 1913, les diplomates de Londres n'oseront jamais renoncer à cette politique : ils croiront que les besoins de l'Angleterre dans la Méditerranée et dans le monde leur en font une nécessité.

— « Voyez, disait l'un d'eux, quelle fut la conséquence du règlement cubain ! Aussi longtemps que Cuba espagnole fut interposée entre les deux Amériques, ce fut comme un paravent derrière lequel les Yankees n'arrivaient pas, ne songeaient même pas à regarder ce qui se passait chez les républiques latines du Centre et du Sud : la Havane fixait toute leur attention... Cuba délivrée, c'est à Panama et au Vénézuéla qu'ils courent, c'est d'ambitions panaméricanistes qu'ils vivent... La Crète est un paravent à double et triple effet entre l'hellénisme d'Athènes et celui de Chypre, entre la Jeune Turquie de Constantinople et la Jeune Égypte du Caire. Tout changement en Crète pourrait nous être également désagréable. La Crète unie au royaume de Grèce, c'est la poussée de l'hellénisme se ruant vers Chypre où notre situation est déjà difficile, où nous sentons, en toute rencontre, la désaffection, la haine même que les indigènes sont tout prêts à nous témoigner. La Crète rendue aux Turcs, c'est la vanité panislamique prenant texte de ce triomphe pour exiger la réforme constitutionnelle en Égypte, où notre situation devient de jour en jour plus critique ; sur notre refus, c'est la Guerre Sainte, peut-être, prêchée à nos musulmans de l'Inde, qui sont à l'heure présente le seul appui de notre domination là-bas. Ni grecque, ni turque, il vaudrait mieux pour nous que la Crète restât crétoise. Mais nous reconnaissons volontiers qu'elle ne peut cesser d'être crétoise que pour devenir grecque : jamais notre peuple n'accepterait la remise sous le Croissant de chrétiens affranchis, et jamais nos parlementaires, la remise d'un peuple libre sous le joug de l'absolutisme... Car une Turquie constitutionnelle, nous savons ce qu'en valent nos anciens espoirs. » Sir Edward Grey dira encore aux Communes le 15 juin 1910 :

> La politique du gouvernement britannique, comme celle des autres puissances protectrices, consiste à maintenir la suzeraineté du Sultan, à protéger les habitants mahométans, à favoriser le bon gouvernement de l'Ile sous un régime autonome.

Ainsi les désirs de l'Angleterre et ceux de la Jeune Turquie se trouvaient d'accord en faveur de l'autonomie indéfiniment prolongée, et cette adhésion de la « Mère des Parlements » donnait aux Jeunes-Turcs une pleine confiance en la légitimité de leurs réclamations : après la révolution du Treize Avril, il leur semblait impossible de céder; cette crise leur avait mis à nu les pièces-maîtresses de leur machine ottomane; ils avaient pu voir que, vieille ou jeune, l'éternelle Turquie continuait d'obéir aux deux ou trois ressorts qui toujours en avaient déterminé la marche cahotante.

II. — LE KHALIFAT

Le plus puissant de ces ressorts est le sentiment islamique. Le Turc est un musulman sans fanatisme. Mais il a pour sujets des Croyants d'une tout autre sorte et, titulaire du Khalifat, il est à leurs yeux moins le propriétaire que le régisseur et le fidéicommissaire d'un empire musulman qui, créé pour le service de la foi, doit vivre suivant les préceptes de la loi religieuse, *Cheri*, telle que l'interprète et la simplifie le sentiment confus de cette Église anarchique.

A la différence de telle autre religion monothéiste, que les mêmes Sémites levantins fournirent au monde et que la pensée occidentale pourvut d'une Église organisée à la grecque ou à la romaine, l'Islam n'a jamais obéi à une hiérarchie de prêtres-docteurs, gardiens et porte-parole de la Loi; il est resté une religion de nomades et de caravaniers, qui jamais ne s'encombra de discipline rigide ni de bagages pesants : une affirmation dogmatique, aussi concise et aussi claire qu'une affirmation cartésienne, *Allah est Dieu et Mahomet est son prophète*, quelques recommandations morales et cinq ou six obligations rituelles en composent tout l'attirail religieux; ses Croyants alertes, partis de la Mecque, — la Jérusalem arabe, — ont couru jusqu'à l'Atlantique et jusqu'au Gange, sans l'une de ces haltes décisives, Alexandrie, Antioche, Byzance, Rome, où, parti de Jérusalem, le christianisme s'est muni d'une dialectique, d'une éthique, d'une politique, d'une philosophie de l'univers et de l'homme... Que serait le christianisme s'il en fût resté aux simples paroles de Jésus?... L'Islam, même parmi les paroles de Mahomet, n'a conservé que les plus simples.

Cette simplicité du dogme assura le recrutement mondial des Fidèles à travers toutes les humanités et surtout parmi les humanités les plus frustes : sans longue initiation, sans même la moindre préparation catéchiste, une formule, « la » formule apprise par cœur suffit à faire un Croyant, *Allah est Dieu et Mahomet est son prophète.*

Cette simplicité du dogme empêcha aussi l'élévation d'un pouvoir clérical : pas n'est besoin d'études prolongées ni d'une vie séparée du siècle pour tout savoir et tout comprendre de cette religion, pour en posséder du moins l'essentiel. Autour du dogme unique, les arabesques du Coran peuvent offrir à l'interprétation des spécialistes les mille difficultés de leurs rébus, métaphores, dictons et citations de poètes oubliés. Mais la foi n'a rien à voir en ces jeux de la science coranique; ce sont amusettes de dilettante que le Fidèle, tout en les admirant, peut négliger : un lecteur, un récitateur de Coran, un *hodja* suffit, non pour formuler, mais pour rappeler seulement au peuple toute la loi religieuse, *Cheri*, qui, tout entière, peut tenir en deux préceptes : croire en Allah et le servir contre les ennemis du dedans et du dehors.

Le respect du *Cheri*, le désir de servir Allah contre tout adversaire visible ou caché reste le sentiment le plus profond et le plus répandu, même chez ceux des musulmans dont la vie séculière semble accaparer les jours : c'est proprement le sentiment islamique. Le moindre choc le fait jaillir des cœurs auxquels il semblait qu'il fût le plus étranger. Depuis treize siècles, il n'a varié que dans ses modes d'action.

Longtemps, aussi longtemps que l'Islam victorieux put se croire appelé à l'empire universel, le service d'Allah se confondit avec la Guerre Sainte, avec l'offensive perpétuelle des armées de la Foi contre l'humanité entière que le Coran divise en deux groupes : les nations des monothéismes périmés, les « Nations du Livre », et les peuples idolâtres, les « Kafirs ». Pourchasser les Kafirs qui n'adorent pas le Dieu seul, en expurger toute terre conquise au Prophète et les donner en holocauste à la gloire d'Allah ; soumettre les « Libristes » qui adorent le seul Dieu, mais qui l'adorent suivant la Bible ou l'Évangile et non suivant le Coran, les asservir et les donner en taillables et corvéables, en *raïas*, au peuple des Croyants : telle fut la double forme de la Guerre Sainte qui, durant plus de mille années, de l'hégire au siège de Vienne (632-1683), fut pour les musulmans toute la politique tirée de leur Écriture sainte.

Mais à la fin du XVIIe siècle, comme les chrétientés d'Europe mettaient un terme définitif à l'expansion musulmane, le sentiment islamique, à mesure que l'offensive d'autrefois dut faire place à une défensive en retraite, devint un ardent désir de conserver du moins ce que la faveur divine avait assigné en dotation à ses Fidèles. Maintenir les frontières de l'Islam contre les convoitises du dehors, maintenir les privilèges de l'Islam contre les révoltes du dedans devint la double forme du service d'Allah et, faute de revanche contre les chrétientés européennes, la Guerre Sainte s'exerça d'abord en représailles contre les chrétientés *raïas*.

Puis, la retraite ottomane tourna à la déroute; l'Europe entama sans arrêt les frontières du Khalifat, en même temps qu'elle exigeait des garanties toujours accrues pour les sujets chrétiens du Khalife : alors le Croyant chercha le repos dans la résignation aux incompréhensibles décrets de la destinée; durant le XIXe siècle, surtout de 1820 à 1897, des massacres de Chio aux massacres d'Arménie, il sembla que cette résignation à la déchéance finale devenait le refuge de tous les Fidèles... Ce fut l'œuvre, la grande œuvre d'Abd-ul-Hamid de relever brusquement leur courage, de leur rendre confiance en l'avenir.

L'année 1897 fut le début d'une ère nouvelle : la revanche commençait contre les chrétiens du dehors et contre ceux du dedans; les massacres d'Arménie rappelaient aux *raïas* leur condition véritable; la guerre de Thessalie ramenait la victoire sous le drapeau du Prophète; pour la première fois depuis cent cinquante ans, une campagne glorieuse restituait au Khalife un morceau, un tout petit fragment de son ancien domaine. Les espoirs des Croyants furent portés au comble quand on vit le plus puissant empereur de la chrétienté venir à Stamboul rendre hommage à l'empereur des Croyants, quand on entendit à Damas Guillaume II demander l'amitié des trois cents millions de Fidèles (1898).

Dix années durant (1897-1907), malgré le déboire de l'autonomie crétoise, ces espoirs se maintinrent. Ils étaient entretenus par les émissaires d'Abd-ul-Hamid, qui, d'un bout à l'autre de l'Islam, du Sénégal en Chine, chantaient la puissance et la gloire du Khalife victorieux, du *Ghazi*. Ils étaient confirmés par l'entreprise et le succès de ce chemin de fer sacré de Médine et la Mecque qui, rapprochant tout l'Islam des Lieux Saints, le grouperait un jour en un convoi triomphal vers le Tombeau du Prophète et la Maison d'Allah... La désillusion ne fut que plus amère et la colère plus véhémente quand, au début de 1908, apparurent les résultats de cette politique hamidienne.

Au printemps de 1908, la Crète, que la fiction de l'autonomie rattachait encore au Khalifat, allait passer aux mains des Grecs : les puissances, qui l'avaient reçue en charge, commençaient de retirer leurs troupes dont la seule présence retardait l'union. A l'exemple des Crétois, les gens de Samos réclamaient une autonomie complète qui, d'extension en extension, aboutirait à la même indépendance et à la même union. Derrière Samos, les Sept Iles de la côte asiatique rappelaient de quels privilèges le grand Soliman avait payé les services de leurs marins contre la Rhodes des Chevaliers. Sur tout le front maritime de l'Anatolie, l'hellénisme, qui sentait la brutale poussée des Slaves étouffer en Turquie d'Europe les revendications de la Grande Idée, voulait se préparer des compensations. Plus rapidement encore, la Macédoine échappait, sinon au drapeau du Khalife, du moins à l'exploitation des Fidèles : cinq années de patientes réformes (1903-1908), sous le contrôle des agents de l'Europe, finissaient par conquérir la libération civile des *raïas*.

L'Islam se tourna vers le Khalife. Que faisait-il, Lui, l'Ombre d'Allah sur la Terre, le Chef de la Guerre Sainte, le Commandeur et le Père des Croyants? Perdu dans l'écheveau de ses amitiés, assurances et contre-assurances, promettant aux Autrichiens, aux Russes, aux Français, aux Italiens, aux Anglais, aux Bulgares, aux Grecs, à tous les chrétiens, leurs chemins de fer ou leurs réformes [1], signant aux Allemands le firman définitif du Bagdad (mai-juin 1898), Abd-ul-Hamid, en Europe et en Asie, dans tout l'empire, laissait triompher les appétits et les principes de l'Infidèle : que ce programme économique et politique fût exécuté, c'était la ruine de l'Islam, en Europe... A la surprise de la chrétienté, le coup d'État de juillet 1908 renversait alors l'absolutisme hamidien.

Le complot de quelques officiers ne rencontrait pas la moindre résistance; une poignée de Jeunes-Turcs faisaient une complète révolution : c'est qu'ils avaient la collaboration efficace ou la complicité muette de tout l'islam ottoman. Abd-ul-Hamid le Khalife pieux, Abd-ul-Hamid le Khalife victorieux, le *Ghazi* était abandonné de tous, parce qu'il avait méconnu le *Cheri*, vendu aux Infidèles les entrées

---

[1]. J'ai exposé cette crise de 1908 dans mon livre *La Révolution turque*, Paris, Armand Colin, 1909.

de la terre musulmane, sacrifié aux *raïas* les droits de la communauté musulmane.

Pourtant le souvenir des services rendus par ce pieux Khalife entourait encore sa personne d'un tel prestige que les Jeunes-Turcs n'osaient ni le supprimer ni même le détrôner, — disaient-ils : ils devaient oublier leurs justes haines contre celui qui, trente années, avait été leur bourreau, trahir les promesses solennelles qu'ils avaient faites aux chrétiens du dedans et du dehors, leurs confidents ou leurs auxiliaires, refouler même leur conviction, puisée dans leurs lectures de l'histoire occidentale, que l'on ne saurait faire de vraie révolution sans une tête de roi... L'Islam leur avait concédé la chute du régime hamidien ; ils concédaient à l'Islam, disaient-ils, le maintien d'Abd-ul-Hamid : le Khalife restait intangible, malgré les crimes du Sultan.

Deux mois durant (août-septembre 1908), la politique des Jeunes-Turcs contenta pleinement le sentiment islamique. Leur seule arrivée aux affaires semblait avoir, comme par miracle, déjoué les pièges et réprimé les ambitions de l'Infidèle : Russes et Autrichiens, Anglais et Français abandonnaient à l'envi leurs entreprises et leurs réformes en Macédoine ; toutes les chrétientés du dehors et du dedans rivalisaient de cajoleries envers ce Khalife qu'elles traitaient naguère si malhonnêtement.

Ce fut un court répit. Dès le début d'octobre 1908, l'annexion de la Bosnie-Herzégovine et l'indépendance de la Bulgarie éteignaient soudain les explosions de la joie populaire. A ce double coup, l'Islam ne perdait en vérité que l'ombre de deux proies anciennes : depuis trente ans, la Bulgarie et la

Bosnie-Herzégovine lui avaient coulé des doigts. A ce coup de partie néanmoins, les Jeunes-Turcs allaient avoir à donner la preuve de leur sincérité dans la foi, de leur aptitude à défendre les droits dont ils avaient revendiqué la tutelle : s'ils parvenaient à maintenir le *statu quo* en Bulgarie et en Bosnie-Herzégovine, l'Islam continuerait d'admettre la légitimité de leur révolution ; s'ils ne savaient, comme les lâches de l'ancien régime, que courber le dos sous la bastonnade de la chrétienté, à quoi bon leur attentat contre le pouvoir sacré de ce Khalife, dont ils reprenaient les errements politiques sans en pratiquer les religieuses vertus?

Après quatre mois de déclarations belliqueuses (octobre 1908-février-1909), les Jeunes-Turcs, aussi démunis de troupes et d'argent qu'autrefois Abd-ul-Hamid, étaient obligés, comme lui jadis, de subir les conditions de l'Infidèle ; d'octobre en février, ils avaient juré de ne céder ni un pouce de la terre bosniaque ni l'une des stipulations de la sujétion bulgaro-rouméliote ; en février-mars 1909, leurs accords austro-turc et turco-bulgare vendaient, argent comptant, ces deux morceaux du Khalifat. A l'intérieur même de l'empire, ils n'accordaient encore aux *giaours* ni le Bagdad ni le Danube-Adriatique ; mais leur grand vizir, Kiamil-pacha, renouait les marchandages avec les financiers.

Et ces concessions aux ennemis du dehors étaient moindres encore que les concessions aux ennemis du dedans! Tout le système gouvernemental des Jeunes-Turcs, à peine mis en branle, semblait à l'Islam une infernale machine. Leurs européennes conceptions du droit, malgré les correctifs qu'ils apportaient à l'application de leurs principes, allaient à renverser ce qui avait pu survivre des anciens privilèges des Croyants ou ce que le régime hamidien en avait péniblement restauré. Leur suffrage universel, même mitigé de dénis de justice et de violences, soumettait le pouvoir du Khalife, la règle du *Cheri*, au contrôle des *raïas* qui, presque partout, faisaient la majorité, sinon des électeurs, au moins des votants. Au bout du compte, leur régime parlementaire livrerait la gérance du Khalifat aux élus des « Nations du Livre », aux « délégués des juifs et des francs-maçons » : car les seuls *raïas*, disaient les Croyants, avaient l'âme de fausseté et la bouche de ruse, qui donnent la victoire en ces luttes sournoises.

Le 13 avril 1909, la Jeune Turquie tombait sous la réprobation de l'Islam, aussi facilement qu'Abd-ul-Hamid avait succombé neuf mois auparavant. Et les Croyants revenaient au Khalife comme au seul défenseur efficace, au seul gardien sincère du *Cheri*; en signe de victoire, ils se remettaient à massacrer l'Arménien...

Douze jours plus tard (25 avril 1909), par le dévoûment de son armée de Macédoine, la Jeune Turquie reparaissait en maîtresse. Mais cette fois elle s'imposait de vive force à la révolte des consciences islamiques : disparu, pour jamais disparu, l'enthousiasme populaire qui l'avait accueillie six mois auparavant! Elle reconquérait Stamboul moins par ses propres armes que par le secours des *raïas*, des Macédoniens et des Arméniens, ses alliés, dont elle songeait même à employer les bombes contre la forteresse d'Abd-ul-Hamid, contre le palais khalifal; avec deux musulmans, c'est un chrétien et un juif qu'elle députait au Khalife pour lui signifier sa déchéance... Dans l'histoire levantine, cette reprise de Constantinople sur l'Islam fut un tournant aussi décisif que la prise même de Constantinople par les serviteurs d'Allah : 1453-1909, entre ces deux dates aura vécu l'empire européen du Prophète.

Pour le moment, le triomphe de la Jeune Turquie était assuré. Mais l'étalage de force et de sévérité qu'en mai-juin 1909 elle se croyait obligée de faire, l'état de siège, les pendaisons, les confiscations, les cours martiales, les bannissements, auxquels elle devait recourir, — elle, qui ne rêvait en août-septembre 1908 qu'embrassades et réconciliation fraternelle, — bref, la petite terreur, qui pesait sur Stamboul et sur l'Empire, montrait combien ce triomphe était menacé et quels sursauts du sentiment islamique les Jeunes-Turcs continuaient de pressentir ou de rencontrer.

A vrai dire, — et voici la seconde particularité de cette société ottomane, — la situation des Jeunes-Turcs au regard des Croyants n'était pas très différente de celle que les Vieux-Turcs, durant des siècles, avaient occupée : l'Islam ne tint jamais les Turcs, dont il subissait la loi, que pour des barbares et des usurpateurs, des amis et presque des suppôts de l'Infidèle.

Descendu de son Asie jaune, venu à travers la Perse de son lointain Turkestan, ce païen, jadis, était entré sur les terres du Prophète comme mercenaire du Khalife, au temps où l'Arabe, détenant le Khalifat, avait son Saint-Siège à Bagdad. Converti à l'Islam, le Turc n'avait d'abord formé autour du trône sacré qu'une de ces gardes étrangères, garde suisse, garde noire ou jaune, dont s'entoure volontiers l'absolutisme des théocraties et des monarchies décadentes. Deux siècles durant (900-1100 environ), ce prétorien avait fait et défait les Khalifes; maire du palais ou chef de l'armée, « sultan », il avait tyrannisé les Fidèles. Puis, incapable de défendre le Saint-Siège contre la ruée des Mongols, il avait quitté les terres islamiques et pénétré dans l'empire chrétien de Byzance; hors de l'Islam, au delà du Taurus anatolien, contre lequel la vague musulmane déferlait depuis cinq cents ans, il avait pour son compte acquis et exploité un empire dans les terres de l'Infidèle, en soumettant la Byzantie d'Asie Mineure et d'Europe, depuis le Taurus jusqu'au Danube, et, pendant deux ou trois siècles (1250-1500 environ), il avait vécu en marge de la Foi, *in partibus infidelium*, soldat d'Allah, mais du Sultan d'abord, et non plus sujet du Khalife.

En 1512 seulement, après deux siècles et demi de séjour parmi les filles et les fils de l'Infidèle, il avait rebroussé vers les terres sacrées, repassé le Taurus et, toujours conquérant, reparu dans le domaine de l'islam arabe, de l'islam véritable, qu'il avait submergé[1]. De vive force, aux dépens des Arabes et des vrais Fidèles, il avait alors conquis pour son sultan le titre de Khalife et rapporté dans sa capitale de Stamboul la tiare islamique : imaginez quelque descendant d'un garde suisse ou souabe coiffant dans Rome la triple couronne, repassant les Alpes avec ce

---

1. Cf. sur cette histoire mon livre *Le Sultan, l'Islam et les Puissances*, Paris, Armand Colin, 1907.

trophée et transportant dans une capitale d'empire germanique, Vienne ou Berlin, le siège du pontificat...

Pour l'Arabe de Bagdad, de Damas et de Médine, pour le Croyant de race, le Khalifat depuis quatre siècles subit la captivité d'Avignon : dans la lignée des Sultans qui, depuis quatre siècles, se sont transmis cette tiare usurpée, un seul peut-être, le dernier, Abd-ul-Hamid, a mérité le saint titre de Khalife...

Le Turc ne s'est jamais fait d'illusion sur les sentiments de l'Islam à son endroit : sachant qu'il avait à défendre son empire, son Sultanat, contre les attaques des chrétientés voisines et contre les révoltes des chrétientés sujettes, il a toujours senti qu'il avait à défendre sa papauté, son Khalifat, contre la sourde rébellion des Croyants. Entre ces deux ennemis, il ne s'est maintenu que par les services de l'un contre l'autre, usant de l'Islam pour réprimer les chrétientés, empruntant aux chrétientés de quoi comprimer l'Islam, mais tirant bien plus de services du chrétien que du musulman.

Le Khalifat lui fut toujours d'un embarras plus que d'un secours : peu de revenus, peu de recrues, beaucoup de dépenses, de perpétuelles expéditions, voilà tout ce que le Khalifat en temps ordinaire valait à la Turquie; en retour, ce qu'il lui fournissait de plus efficace, c'était, dans les crises désespérées, un terrible moyen de gouvernement contre les *raïas* ou d'intimidation contre l'Europe. Le fanatisme déchaîné, se soulageant en massacres, décimait les *raïas* et muselait pour une génération leur mécontentement. La seule crainte des massacres arrêtait parfois l'Europe en ses entreprises diplomatiques et guerrières : en 1877, le Tsar victorieux, arrivé jusqu'aux portes de Stamboul, reculait devant le spectre de l'Islam ; il n'osait pas pénétrer dans la ville du Khalife sur les cadavres de deux cent mille chrétiens que le Croyant, disait-on, allait immoler en victimes.

La chrétienté fut toujours au Turc d'un bien autre secours. C'est par les bras des chrétiens d'abord, par les arts des chrétiens ensuite, par les armes, les sciences militaires et pacifiques, les conseils et l'argent de la chrétienté que le Turc a prolongé jusqu'à nous sa pénible existence : dans les affaires ottomanes, plus encore que le sentiment islamique, les disciplines et les alliances chrétiennes ont toujours eu le premier rôle.

Deux ou trois siècles d'abord (1450-1700 environ), la conquête turque se fit et se maintint par les bras mêmes de la chrétienté : le seul instrument de cette conquête, le janissaire, était un *raïa*, enlevé tout jeune à sa famille et à sa religion et tourné, bon gré, mal gré, en soldat du Sultan, en fidèle du Prophète. Des chrétientés *raïas*, surtout des chrétientés balkaniques, le Turc, durant trois cents ans, tira sa main-d'œuvre militaire : son armée régulière et sa flotte furent presque entièrement recrutées de ces renégats involontaires. En même temps, d'autres renégats, volontaires ceux-là, lui apportaient d'Europe les armes modernes : c'est par le mousquet et le canon européens que le Turc conquit les pays arabes et que le Sultan, en 1512, devint Khalife ; deux siècles durant, la supériorité des armes à feu livra les villes et les provinces arabes à ses pelotons de quelques hommes ; au XVIIIe siècle encore, sur les côtes africaines de la mer Rouge, les seuls Turcs, grâce à leurs fournisseurs d'Europe, avaient la poudre et le mousquet; la puissance du Sultan en ces parages ne tenait qu'aux vingt ou trente mousquets des garnisons de Souakim et de Massaouah.

Quand le janissaire fléchit, c'est encore aux chrétientés d'Europe que le Turc s'adressa pour acquérir l'armée nouvelle, — *nizam djedid*, — qui, de 1730 à 1840, fut l'objet de tous ses soucis, le but de ce qu'il appelait ses réformes; non pas réformes en vérité, mais simples copies des modes chrétiennes qu'importaient dans l'Islam des conseillers chrétiens ou des renégats et que patronait ouvertement telle ou telle des puissances chrétiennes, la France surtout; au long du xviiie siècle, dans ses crises de vie ou de mort, le Turc n'agit que par les avis, souvent même par les ordres du roi très chrétien.

Au milieu du xixe siècle, le Turc avait fait à la chrétienté de nouveaux emprunts : avec une armée nouvelle, il avait senti le besoin d'un gouvernement nouveau; il lui fallait surtout des finances, par suite une administration, qui lui permissent de porter son armure à la mode d'Europe. De 1840 à 1878, il avait donc voulu acquérir l'organisation centralisatrice et budgétaire que l'Europe, disait-on, enviait à la France napoléonienne. Mais ces réformes civiles, trop contraires à l'anarchie musulmane, étaient en haine aux Croyants; vainement la Turquie des Aali et des Fuad pachas s'efforça d'imposer à l'Islam les bienfaits et les manies de la bureaucratie chrétienne.

Au bout de sa réforme militaire du xviiie siècle,

le Turc avait trouvé en 1830-1840 le premier démembrement de son domaine, la perte de la Morée, de la Serbie et de l'Égypte; au bout de sa réforme administrative, en 1878-1882, il trouvait le second démembrement, la perte de la Thessalie, de la Bosnie, de la Bulgarie, de la Roumélie, de Chypre et des districts-frontières que lui arrachaient tant le Russe et l'Autrichien que les anciens *raïas*.

Cette double expérience aurait dû, semble-t-il, le dégoûter à tout jamais de ses importations européennes. De fait, le mépris affiché des nouveautés chrétiennes, le respect hautement proclamé des traditions islamiques sembla sous Abd-ul-Hamid devenir sa règle de gouvernement : moins Sultan que Khalife, moins turc que musulman, durant trente années (1878-1908), c'est contre la chrétienté qu'Abd-ul-Hamid sembla se tourner, sur l'Islam qu'il sembla s'appuyer.

Mais plus fortes que tous les calculs et tous les désirs, les nécessités de son étrange situation ramenaient toujours le Grand Turc à la copie des disciplines chrétiennes : pour restaurer ou seulement étayer cet empire panislamique, dont maintenant il rêvait, Abd-ul-Hamid, comme ses prédécesseurs pour l'étayage de leur Empire turc, eut besoin de la collaboration de l'Europe. Il fallait une armée : le Khalife la demanda à des instructeurs allemands. Il fallait des revenus pour solder les troupes, des chemins de fer pour assurer les revenus et transporter les soldats : il les demanda à des financiers et à des ingénieurs de France, d'Allemagne, de toute la chrétienté; même le chemin de fer sacré de la Mecque, qu'il voulait réserver à l'entreprise des seuls Croyants, fut construit par un ingénieur allemand et un administrateur français; même la garnison d'Yildiz-Kiosque, qui, veillant sur ses jours, conduisait le Khalife à la liturgie du jour sacré, même la garde arabe défila au pas de parade prussien

Caporalisme allemand et finance française furent les deux serviteurs de ce régime hamidien, auquel la guerre de Thessalie et les massacres arméniens donnèrent un si beau dehors de piété musulmane. Ce beau dehors lui-même était l'ouvrage de la chrétienté : sans le caporalisme et sans la stratégie de von der Goltz, jamais l'armée du Khalife n'eût connu les victoires thessaliennes; sans la finance complice, jamais les massacres ne fussent restés impunis..., et se fussent-ils exécutés sans les avis de telle diplomatie chrétienne?...

En juillet 1908, le régime hamidien succombait parce qu'au bout de ses emprunts à la chrétienté, apparaissait pour la troisième fois la cruelle échéance : comme la première réforme militaire des Sélim III et des Mahmoud II, comme la seconde réforme administrative des Abd-ul-Medjid et des Abd-ul-Aziz, c'est à un démembrement qu'aboutissait en 1908 la troisième réforme militaire et économique d'Abd-ul-Hamid.

Un Croyant en aurait conclu que décidément toutes ces recettes chrétiennes étaient un poison pour l'empire khalifal et qu'il n'était de salut pour l'Islam que dans une vie recluse des tentations européennes, dans une clôture abritée des vaines expériences rationnelles. Un raisonnement inverse amenait les Jeunes-Turcs au pouvoir : ils faisaient leur révolution de juillet contre ce qui restait de plus islamique dans le régime hamidien, contre l'absolutisme théocratique, contre le pouvoir qu'avait toujours eu le Khalife de disposer des biens et de la vie de ses sujets, de dépenser les forces et les revenus de l'État pour le salut de sa personne et la gloire du Prophète. Dans cet empire musulman, les Jeunes-Turcs proclamaient les droits égaux de tous les individus, sans distinction de Croyants et d'Infidèles. Dans cet héritage d'Allah, où la parole de Dieu devrait imposer ses commandements rigides et indiscutables, ils voulaient introduire le contrôle de la libre discussion, implanter les deux idées nationale et libérale, que la France révolutionnaire semait par tout l'Occident, auxquelles l'Italie et l'Allemagne avaient dû leur unité et qui, de proche en proche, commençant à s'infiltrer dans les empires militaires du Russe et de l'Autrichien, devenaient la règle de la chrétienté tout entière. Ce n'était plus seulement quelques recettes de guerre, d'administration et de finances, c'était les principes mêmes, le système politique des chrétiens que la Turquie, — pensaient les Jeunes-Turcs —, devait emprunter aujourd'hui : le Turc continuait de chercher le salut de son empire dans les leçons de l'Infidèle.

*
* *

Étrange association d'un empire militaire et d'une théocratie ! éternel malentendu, impossible et pourtant nécessaire conciliation entre le Sultanat et le Khalifat ! Le Khalifat, la papauté musulmane, ne peut subsister sans le respect le plus traditionnel de la parole de Dieu. Le Sultanat, l'empire militaire, s'expose tous les jours à la défaite, à la ruine, s'il ne sait pas mettre son armée au niveau des forces les plus nouvelles, en possession des inventions les plus récentes, des armes et des sciences « dernier modèle ». Par nécessité vitale, le Sultanat doit être le progrès botté, le troc perpétuel des vieilles armures et des vieilles ordonnances contre les armements et la tactique du jour. Mais Khalifat et conservatisme aveugle étant, par définition même, synonymes, comment réunir en un même cerveau les calculs du Sultan et les rêves du Khalife? Comment concilier les devoirs de l'une et de l'autre charges?

Les Jeunes-Turcs pensaient ne sauver leur empire militaire, après les trente années de stagnation hamidienne, qu'en le réformant de fond en comble; mais à défaut de la collaboration ou de l'acquiescement, il leur fallait au moins la résignation de l'Islam : plus leur réforme politique était contraire aux principes mêmes du Khalifat, et plus il leur fallait éviter de heurter trop ouvertement le sentiment islamique. Ils avaient tant de titres à la défiance de la foule!

Élevés ou ayant séjourné longtemps en Europe, ils étaient presque étrangers à leur peuple : moins turcs d'esprit et même de langage qu'européens, ils se vantaient volontiers de leur « positivisme intégral »; c'est Auguste Comte qui, pour eux, était le Prophète des temps nouveaux; ils en répétaient les *sourates*, les formules, parfois sans trop les comprendre, toujours sans les discuter, et s'ils fréquentaient rarement la mosquée, ils étaient fort assidus à la loge maçonnique; quelques-uns même se réclamaient d'une proche ascendance chrétienne ou juive... Il est vrai qu'en ce point encore, ils ne faisaient que poursuivre la tradition de l'éternelle Turquie.

Depuis trois cents ans, le Sultanat avait toujours accueilli, avec les disciplines étrangères, des initiateurs étrangers. Jadis, la très vieille Turquie leur avait demandé seulement de prendre la livrée du Prophète; mais pourvu que ces renégats de Hongrie, de Venise, de France, d'Allemagne ou de Pologne fussent bellement enturbannés, elle avait accepté sans répugnance leurs conseils et leurs commandements: aux XVIIe et XVIIIe siècles, combien d'armées, de flottes, de négociations, de grands et petits offices avait-elle confiés à ces étrangers, dont un Bonneval-pacha fut le plus célèbre, parce que sa famille et sa carrière avaient été les plus illustres dans la chrétienté! Au XIXe siècle, l'Europe ne fournissant plus guère de renégats et les chrétientés sujettes n'en fournissant plus aucun, c'est d'Ottomans d'Europe à peine islamisés, d'Albanais, de Crétois, de Nésiotes, de Stamblouliotes, que la Porte avait recruté ses ministres et ses officiers; dans les écoles de Paris ou de Stamboul, la Vieille Turquie avait fait éduquer ses hommes d'État à la française.

Les réformateurs de 1850-1870, les Aali, les Fuad, n'étaient pas moins étrangers à leur peuple que ceux de 1909; peut-être même leur éducation et leur luxe aristocratiques, leurs manières de parfaits mondains, leur scepticisme moral et intellectuel, bref toutes leurs habitudes de pensée et de vie les éloignaient davantage de la démocratique, rustique, sérieuse et frugale Turquie.

Par leurs idées, les Jeunes-Turcs étaient fort dissemblables du gros de leur nation ; mais ils en étaient restés assez proches par leurs sentiments et par leurs mœurs et — le mot n'est pas trop fort pour la plupart d'entre eux — par leurs vertus. A tâche égale, ils auraient eu plus de chances de réussir que leurs devanciers, ayant conservé plus de contact avec la vie quotidienne de la foule, plus de prise sur l'instinct populaire. Le malheur est que la tâche n'était pas égale : celle des réformateurs d'autrefois était relativement aisée ; celle d'aujourd'hui était écrasante.

Outre nos dernières inventions parlementaires, les Jeunes-Turcs voulaient doter leur peuple de ce qui faisait à leurs yeux la force des nations européennes, tout comme leurs devanciers avaient voulu acquérir ce que, de leur temps, ils enviaient à l'Europe. Jadis, quand la grandeur d'un État semblait reposer tout entière sur son aptitude à la guerre, quand le pouvoir d'un roi ne se mesurait qu'à la valeur de son armée, la Turquie n'avait eu à s'occuper que de réformes militaires. Or, la discipline naturelle à ce peuple avait rendu facile la tâche des novateurs : du baron de Tott à von der Goltz, durant un siècle et demi, tous les instructeurs européens vantèrent la docilité des élèves que le Turc leur confia. Ces réformes militaires, en outre, pourvu que l'on tînt compte de quelques prescriptions rituelles, n'effarouchaient pas trop l'Islam : les seuls Turcs, dans la pratique, recrutant l'armée nouvelle, les autres Croyants laissaient faire.

Plus récemment, la force militaire avait paru céder la place à un instrument d'usage plus journalier et de rendement plus appréciable, — l'argent; c'est à la richesse que l'on avait mesuré la puissance d'un État : la Turquie avait donc mis son espoir dans les réformes économiques. L'effort de ses novateurs avait alors trouvé son point d'appui dans les intérêts de tous et de chacun : le Croyant, comme l'Infidèle, court à la richesse; le désintéressement foncier du Turc le rendait moins sensible peut-être à cet appât; mais c'était tout juste le contraire pour les Sémites qui font le gros de l'islam ottoman. Les chemins de fer et les entreprises du régime hamidien, qui auraient dû être en abomination à l'Islam, n'avaient donc rencontré que fort peu d'opposants, à peine quelques tribus de Bédouins, que leur vie nomade conservait plus farouches et dont le chemin de fer sacré supprimait les moyens de vivre au long des routes du Pèlerinage.

Aujourd'hui, les Jeunes-Turcs, disciples des officiers allemands et des intellectuels français, pensaient que l'armée et l'argent, tout en restant les mesures visibles et les garanties matérielles de la puissance nationale, n'en étaient plus la source; l'Europe mettait dans une autre force ses espoirs de progrès indéfini : la science était la reine du jour; à la science, l'Europe attribuait la vertu de maintenir et d'élever les États. Plus séduits que nous encore par les magies du progrès scientifique, dont leurs yeux et leur esprit n'avaient eu que plus tard et plus brusquement la révélation, les chefs des Jeunes-Turcs proclamaient que la réforme intellectuelle de leurs peuples était nécessaire, que toutes les autres n'étaient qu'un acheminement d'assises vers cette clef de voûte qui, seule, pouvait assurer la solidité de l'édifice : Auguste Comte était, à leur jugement, le héros et le guide... Mais le peuple turc était-il très apte à cette forme nouvelle de la concurrence internationale? et l'Islam, surtout, était-il prêt à ne plus chercher dans le Coran la source unique de toute vérité? entre les fidèles du Prophète et les fidèles d'Auguste Comte, quelle réconciliation était-il possible d'entrevoir ou quelle guerre sans merci?

Ces réformateurs, — et c'est encore une particularité de l'éternelle Turquie, — n'étaient qu'une poignée d'hommes : en face d'eux ou contre eux, ils avaient toute la foule aussi bien de leur peuple turc que de leurs associés musulmans. Mais depuis qu'il était apparu dans le monde levantin, le peuple turc avait toujours obéi, sans discuter, à la consigne de quelques chefs : à travers les siècles, la consigne du Sultan, le *yassak* avait pu changer; ce qui ne changeait pas, c'était la discipline de ce peuple, toujours prêt à suivre le drapeau, quelles que fussent les mains qui le tinssent. Quand plusieurs champions se disputaient la direction du Sultanat, ce bon peuple pouvait hésiter ou, tant que la lutte n'était pas close, se jeter sur tel ou tel des concurrents; mais quand la querelle vidée ne laissait plus qu'un porte-drapeau, tous marchaient derrière et suivaient du même pas.

Un seul homme le plus souvent avait régi du doigt cette armée : toute la Turquie du XVIIe siècle avait été dans les Kuprulis; toute la Turquie de 1830, en Mahmoud; toute la Turquie de 1860-1870, en Aali et Fuad, — comme la Turquie de 1900 était toute en Abd-ul-Hamid.

Aux yeux du peuple turc, le petit nombre des Jeunes-Turcs était donc moins une anomalie ou une tare que leur nombre même : un seul Midhat-pacha aurait eu plus de chances de mener à bien les destinées de la Turquie nouvelle; depuis que les réformateurs étaient aux affaires, ce n'est pas la confiance ni le dévouement de leur peuple qui leur avait manqué; leur grand revers d'avril 1909 et tous leurs petits déboires avaient été causés plutôt par l'absence du chef visible, dont leur Comité *Union et Progrès* croyait pouvoir se passer.

En face de leur peuple turc, les plus grands dangers que les Jeunes-Turcs eussent encore à craindre, c'était d'eux-mêmes, de leurs rivalités entre les personnes, de la confusion et des contradictions entre leurs projets; la dernière crise, hélas! n'avait que trop laissé voir leurs divisions; deux systèmes de gouvernement jeune-turc étaient aux prises[1], et l'on ne voyait pas l'homme de bon sens, d'imagination expérimentée et généreuse, qui sût trouver la formule conciliante, l'homme de caractère, qui fût de taille à l'imposer.

En face de leurs associés musulmans, Albanais, Arabes, Kurdes, Druzes, le petit nombre et l'inexpérience des Jeunes-Turcs et leur désir d'unification étaient, par contre, des sources de grande faiblesse.

Bien connaître le tempérament de chacun de ces associés; en surveiller les tendances et les réclamations; ne jamais demander à leur soumission revêche plus qu'ils ne voulaient donner; user, pour maintenir l'autorité du Sultan, du seul argument

---

[1]. Voir plus loin le chapitre *La Macédoine et le Sultanat*.

que tous, plus ou moins volontiers, ils admissent, — les ordres du Khalife —; s'offrir toujours, non pas en dompteurs, mais en tuteurs de l'Islam et présenter les réformes, non comme un triomphe de l'Europe sur les Croyants, mais comme une conquête et presque un vol de l'Islam aux Infidèles : telle avait été la politique des Vieux-Turcs; par elle seulement, ils avaient sauvegardé l'alliance du Sultanat et du Khalifat... En juillet 1908, les Jeunes-Turcs, avec leurs camées d'Auguste Comte à la cravate, avaient affiché leur résolution de conduire l'Islam, sinon par d'autres moyens, du moins à une autre allure et d'une main plus ferme...

On a dit que leur fanatisme d'athées, leur anticléricalisme de francs-maçons et leur « naïveté » de positivistes les avaient aveuglés sur leurs devoirs envers la religion et sur la conduite à tenir envers les gens de mosquée. Le reproche ne me semble pas fondé. Je crois qu'en arrivant au pouvoir, en juillet 1908, la majorité d'entre eux partageait les idées d'Ahmed-Riza, leur chef, et admettait les principes formulés dans son livre *La Crise de l'Orient*. Ils n'avaient ni la haine ni le mépris de la religion musulmane :

> L'islamisme, disait Ahmed-Riza, fait horreur à tous ceux qui se piquent d'être des libres penseurs; [on me reprochera peut-être de lui avoir accordé trop de place en cette étude politique]; le reproche que je me fais, c'est, au contraire, de n'avoir pas donné un aperçu plus général de la doctrine de Mahomet; car vraie ou erronée, elle forme la base de toute société musulmane; bonne ou mauvaise, elle est l'unique facteur de moralisation... Or la véritable réforme doit embrasser à la fois trois sortes d'améliorations : matérielle, intellectuelle et morale. Le progrès matériel vient certes en première ligne; mais il ne doit jamais mettre obstacle au

développement moral, qui est le but, la vraie félicité humaine : « Il n'y a pas d'amélioration intellectuelle, — dit Auguste Comte en sa *Philosophie positiviste* (t. I, p. 108), — qui pût équivaloir à un accroissement réel de bonté ou de courage[1]. »

« L'islamisme, disait encore Ahmed-Riza, c'est l'ensemble des vertus et des vérités enseignées par tous les apôtres du passé.... La religion, pour les musulmans, ne signifie pas seulement lien spéculatif, règle de prière : elle signifie aussi obligation sociale; la propriété, la famille, le gouvernement, la morale, tout ce qui touche à la vie collective fait partie de la religion; tout musulman qui manquerait à ses obligations envers la collectivité et, surtout, négligerait d'assister ses coreligionnaires, pécherait contre la religion... Plus des deux tiers de la population de la Turquie sont encore musulmans, et de musulmans sincèrement croyants et pratiquants; dans l'Empire turc, la religion est un élément capital de la société et elle influe encore énormément sur les destinées du peuple. » Il ajoutait :

L'autorité sacerdotale du Khalife sur les musulmans du monde entier est encore très grande : le Khalifat est le point d'appui, le point d'attache des musulmans. Le pouvoir temporel ne peut s'étendre au delà de cette vie terrestre; il ne peut se détacher de ce monde; comment pourrait-il, à lui seul, suffire à un peuple qui continue d'être si peu attaché à ce monde?... La concentration [du Sultanat et du Khalifat] a été nécessaire jadis pour l'œuvre de conquête; elle l'est aujourd'hui pour notre défense. En ce temps de crise surtout, une complète unité de vues a son importance capitale : ce serait donc un crime que de rompre cette unité gouver-

1. *La Crise de l'Orient*, p. 5.

nementale et d'admettre deux souverainetés opposées dans l'État; actuellement, la Turquie ne peut ni se séparer du Khalifat, ni le séparer de son pouvoir temporel [1].

L'union du Sultanat et du Khalifat restait donc aux yeux des Jeunes-Turcs la condition du salut de l'empire : ils voulaient réformer leur Sultanat par le moyen de leur Khalifat : « Il existe en Turquie de nombreux et précieux éléments de progrès; il faut les mettre en œuvre; mais il faut les développer avant de les régler : le progrès, selon la belle expression d'Auguste Comte, n'est que le développement de l'ordre. » La religion de Mahomet leur semblait et le fondement le plus solide de l'ordre et l'instrument le plus commode de progrès :

Les progrès énormes, réalisés par les musulmans au moyen âge, dans toutes les branches de la connaissance humaine, sont là qui prouvent matériellement que ce n'est point le Coran qui a condamné la Turquie à l'immobilité. L'Islamisme, qui a accepté d'emblée et sans fanatisme tout ce que les civilisations antérieures, gréco-romaine, persane et hindoue, avaient produit de grand et qui a porté en peu de temps ces richesses de l'esprit humain à un si haut degré de perfection, l'Islamisme qui conseille à ses adeptes « d'aller à la recherche de la science, fût-ce au delà de la Chine », et qui leur a dit : « Partout où vous trouverez une vérité, prenez-la : elle appartient à l'Islam », ne peut pas être réfractaire à l'expansion des lumières de l'intelligence [2].

Si l'on voulait que l'Islam acceptât la science européenne, comme jadis il avait accepté « d'emblée et sans fanatisme, tout ce que les civilisations anté-

1. *La Crise de l'Orient*, p. 21-24.
2. *Id.*, p. 14.

rieures avaient produit de grand » dans le domaine de la pensée, il suffisait que, soucieuse de se gagner les gens de religion, la réforme sût user de patience :

> Toute réforme qui contribue à la rupture de la continuité humaine, toute réforme qui n'est que matérielle et n'influe pas sur le sentiment, n'est pas du progrès, mais une spoliation, une déchéance qui se traduisent par un abaissement général de la moralité.
> La Turquie est arriérée d'un demi-siècle par rapport à certains pays civilisés ; cela n'est pas douteux. Mais ce n'est pas une raison pour l'obliger à faire un bond dans l'inconnu et brûler les étapes, suivant la thèse révolutionnaire des sophistes. Qu'est-ce donc qu'un demi-siècle dans l'histoire du progrès humain ?

Bref, ayant lu les articles où tel de nos publicistes néo-chrétiens vantait « l'Utilisation du Positivisme » pour la restauration des forces sociales et conservatrices en notre pays, le positiviste Ahmed-Riza rêvait d'une pareille utilisation de l'Islam pour la restauration des forces ottomanes :

> Une force de cette importance, disait-il, mérite d'être connue en tous ses éléments et *utilisée* en l'adaptant aux nécessités modernes, au profit et au bien de tous. Le génie d'une législation éclairée et habile pourrait, à l'aide de cette force, accomplir des prodiges, surtout lorsque l'objet en est l'amélioration du sort d'un peuple, dont la majorité est encore courbée sous le joug de préjugés religieux beaucoup plus que sous le joug despotique du Sultan.

Le dessein des Jeunes-Turcs était donc, non de heurter de front les « préjugés religieux » de l'Islam, mais de le ménager et de le gagner peu à peu à leur entreprise nationale :

Les réformes veulent être élaborées selon le tempérament et l'âme d'un peuple. Elles doivent non seulement répondre à ses besoins matériels, intellectuels et moraux; elles doivent encore s'approprier à l'esprit de ceux qui sont chargés de les appliquer : « La loi, déclarent les *Droits de l'Homme*, est l'expression de la volonté générale... Elle doit être la même pour tous. » Je voudrais voir ce principe respecté dans mon pays afin que les remèdes à employer prennent un caractère national.

Par national, je n'entends point : exclusivement turc. Je suis Turc et très fier de l'être; mais je renoncerais à être le citoyen d'un gouvernement turc où ma race ne serait heureuse que par le malheur des autres...

Mais en ce dernier point, les disciples et collaborateurs d'Ahmed-Riza modifièrent un peu la doctrine, pour la faire passer dans la pratique. Ils étaient Turcs et très fiers de l'être; ils étaient Jeunes-Turcs et très jeunes : ils voulaient être les citoyens ou, plutôt, les maîtres d'un empire jeune-turc où leur race et leur coterie seraient puissantes par l'asservissement des autres nationalités. Ils se croyaient forts, et ils voulaient user de la manière forte. Ils se croyaient les serviteurs de la science et de la vertu, et ils voulaient le triomphe éclatant de la vertu et de la science. La contre-révolution du Treize Avril leur avait brusquement révélé les difficultés de cette entreprise.

En juillet-août 1908, ils avaient rencontré la facile adhésion de quelques gens de mosquée des plus respectables; les *sariklis*, les « enturbannés » de poids et de marque n'avaient eu aucune hésitation à entrer, non seulement dans les comités *Union et Progrès*, mais encore dans les loges maçonniques : tel d'entre eux, vénérable, dit-on, de la loge *Mace-*

donia risorta à Salonique, devenait à Stamboul cheikh-ul-islam, bras droit du Khalife, quelque chose comme cardinal-vicaire de la papauté musulmane. Les Jeunes-Turcs en avaient conclu que tout l'Islam, aussi délibérément, allait se mettre à leur suite...

En avril-mai 1909, revenus au pouvoir, ils constataient qu'à tout prendre, les conditions fondamentales de la politique ottomane restaient ce qu'elles avaient été dix mois, dix ans, deux siècles auparavant. Entre l'Islam qu'elle voulait continuer de dominer et l'Europe qu'elle devait toujours imiter pour vivre, la Jeune Turquie, tout comme la Vieille, demeurait exposée au double péril d'un soulèvement islamique et d'un débordement européen. Elle avait les mêmes problèmes à résoudre. Mais peut-être n'avait-elle plus le même loisir d'en chercher et d'en trouver la solution.

Quand le télégraphe, les chemins de fer et les bateaux rapides n'avaient pas encore mêlé la vie quotidienne de l'Islam à celle de la chrétienté, il y avait place, entre deux, pour une Turquie somnolente ou médiocrement empressée : d'années en années, d'un siècle à l'autre, le Turc pouvait remettre son choix décisif et sa transformation radicale. Désormais, ce n'était plus d'années, ni même de saisons, c'était de mois seulement, de jours peut-être que les Jeunes-Turcs disposaient, et chaque jour différé risquait de rendre leurs forces plus inégales au grand effort qui leur permettrait de sauver leur empire.

Ils sentaient que l'avenir tout proche leur réservait de rudes joutes, aussi bien contre l'Islam que contre l'Europe. Ils voulaient s'y préparer à loisir et ne les affronter qu'à l'heure choisie par eux. Ils ne voulaient pas que la question crétoise les remît dans la même impasse, où les avaient jetés l'indépendance bulgare et l'annexion bosniaque. Par la faute de la diplomatie occidentale, l'opération de Crète n'avait pas été faite « à froid ». Ils n'entendaient pas que, maintenant, on se mît à la faire « à chaud » sur leur Turquie à peine relevée de la grande secousse d'Avril...

Et parmi leurs raisons d'agir, ils omettaient de donner la moins avouable peut-être, mais non la moins décisive : leur haine des Grecs.

*
* *

Leur révolution de juillet 1908 avait été accueillie par tous leurs sujets chrétiens, par leurs Grecs surtout, avec enthousiasme, — comme toutes les nouveautés par les Grecs de tous les temps :

La révolution jeune-turque, si légitime, s'est imposée au respect et à la sympathie du monde, s'écriait la revue *L'Hellénisme* en son numéro du 1er janvier 1909. Nous avons admiré cette révolution à cause du noble caractère des hommes qui l'ont préparée et faite, à cause de l'élévation des pensées et de la générosité des sentiments qui l'ont inspirée, du courage, du désintéressement, de la méthode et de la décision qui ont assuré les premiers succès, de la sagesse et de la modération qui ont marqué la victoire et résisté à des épreuves bien faites pour déchaîner les colères et provoquer d'irréparables imprudences.

Ce fut aussi avec une émotion de qualité rare qu'au lendemain des tueries de Macédoine et au surlendemain des massacres d'Anatolie, nous assistâmes aux plus touchantes et, — nous en sommes convaincus, — aux plus sincères manifestations de fraternité. On vit muftis musulmans, métropolites grecs, popes bulgares, prêtres arméniens et rabbins israélites échanger le baiser de paix. Les peuples suivaient leurs pasteurs et se confondaient en de joyeux cortèges, acclamant ensemble la Constitution.

Il faut remonter aux fédérations françaises de 1790 pour trouver l'équivalent d'un pareil essor vers la concorde par la liberté. Plaignons ceux qui n'auraient pas senti la beauté de cette heure.

L'hellénisme du dedans et du dehors, outre le soulagement que lui procurait la disparition du régime hamidien, s'était réjoui que l'on mît fin aux réformes de la Macédoine : il pensait que les paysans slaves en tireraient plus de profit que les citadins grecs; l'effet le plus visible en avait été une vigoureuse poussée de l'élément bulgare dans les plaines côtières, jusqu'aux rivages de l'Archipel, jusqu'à Salonique même. L'hellénisme, en outre, escomptait son propre bénéfice de la médiocrité numérique et intellectuelle des Jeunes-Turcs. Les sachant pauvres d'hommes et d'expérience, il avait pensé qu'ils devraient faire un appel et une grande place à l'habileté de leurs sujets grecs, tout comme la Turquie d'autrefois au savoir-faire de ses Phanariotes; déjà les gens du nouveau Phanar s'étaient vus les heureux titulaires des ministères, du Sénat, du conseil d'État, des hautes charges civiles, des ambassades [1]...

1. Cf. *L'Hellénisme* de janvier 1909, p. 7 : « Les Grecs et les Turcs libéraux doivent s'entendre et concourir. Au détriment ou à l'exclusion des autres populations de l'Empire? Non pas. Mais, les Turcs libéraux et les Grecs formant, à tous égards, les deux

L'illusion avait été courte. Les Jeunes-Turcs avaient entrepris de gouverner par eux-mêmes, pour leur propre domination, pour leur peuple turc. Ils avaient accordé à leurs sujets de toute langue une part dans les bénéfices du pouvoir, mais une part restreinte, avec des libertés et des honneurs plus restreints encore. Les Grecs avaient été d'abord des mieux traités : l'un d'eux était devenu ministre de l'Agriculture. Puis, l'indépendance bulgare amenant des négociations pénibles entre Sofia et Stamboul, la Porte avait affecté de grands égards envers le Patriarcat comme envers le gouvernement d'Athènes, qui, d'ailleurs, les lui rendait courtoisement : dès le début de l'incident turco-bulgare (17 septembre), on avait annoncé la prochaine visite du roi Georges au Sultan.

En octobre 1908, la proclamation de l'union crétoise n'avait pas rompu cet accord : le gouvernement d'Athènes avait décliné toute participation à cet acte des seuls Crétois; par la bouche de ses représentants à Stamboul et en Europe, il avait remontré avec raison que tout s'était accompli soudain, en sa complète ignorance, en l'absence de son Haut-Commissaire; personne en Grèce n'avait pu prévoir cette brusque conséquence de l'annexion bosniaque et de l'indépendance bulgare, double

éléments les plus considérables de l'État, les plus répandus sur des portions étendues et très diverses du territoire, leur désunion peut avoir, plus que tout autre, une influence funeste sur l'avenir de l'Empire ottoman. Les périls communs sont manifestes. La révolution turque s'est faite à la fois contre le despotisme intérieur et contre les convoitises extérieures. Elle peut et doit barrer la route aux ambitions panslavistes et aux appétits austro-germaniques. »

coup de surprise auquel les gens d'Athènes n'avaient pas eu la moindre part.

Mais en novembre 1908, les voyages du roi Georges à travers les chancelleries, ses instances pour l'union auprès des Cours amies ou parentes, les promesses, qu'il se vantait d'avoir reçues de Paris, et, surtout, ses longues et mystérieuses négociations à Rome avaient inquiété les Jeunes-Turcs : entre Athènes et Rome, ils avaient vu depuis 1906 s'établir la même intimité suspecte, la même dépendance qu'entre Belgrade et Sofia, d'un côté, Vienne et Pétersbourg de l'autre. Les trois puissances, qui entouraient de plus près l'Empire ottoman, — Italie, Autriche et Russie, — semblaient, revendiquer sur la Balkanie les mêmes droits de « voisinage » que la France et l'Espagne sur le Maroc; depuis 1907, déjà, leurs trois ministres, MM. Tittoni, d'Aehrenthal et Isvolski semblaient s'être réciproquement reconnu et attribué, comme « sphères d'influence », les trois chrétientés balkaniques, la bulgare à la Russie, la serbe à l'Autriche, la grecque à l'Italie, dont chacun pensait se faire un instrument contre la tranquillité ou l'indépendance de la Turquie d'Europe. Or, en ce mois de novembre 1908, M. Tittoni disait bien haut que la Bosnie autrichienne comportait une compensation pour les Italiens, et cette compensation, les Jeunes-Turcs devinaient, trois ans d'avance, où l'Italie comptait la prendre : mieux que jamais, ils voyaient dans la Crète grecque un prélude à Tripoli italienne...

Leur défiance contre les Grecs s'était changée en haine à la faveur des élections. Dans son parlement, la Jeune Turquie avait paru vouloir attribuer un nombre équitable de sièges à ses chrétiens et à ses musulmans, à ses exarchistes et à ses patriarchistes, à ses Arméniens, Arabes et Syriens, à tous ses sujets, et l'on s'était mis d'accord pour faire sortir des urnes les noms qui plaisaient aux nationalités différentes. Mais le pacte n'avait pas été respecté ; les résultats des premières élections, du moins, n'y avaient pas répondu : à Smyrne, l'hellénisme avait voté pour ses candidats, laissant aux musulmans et aux autres le soin de voter pour les leurs ; la paresse musulmane ou les conseils des Vieux-Turcs ayant fait l'abstention, les seuls délégués grecs avaient été élus au premier tour ; Smyrne était, en quelque façon, proclamée cité grecque devant l'Islam et devant l'Europe.

Pour éviter de pareils résultats[1] dans les autres villes côtières d'Europe et d'Asie, à Constantinople même, les Jeunes-Turcs étaient intervenus avec vigueur, et les élections avaient été surveillées avec une partialité qui, souvent, tournait à la violation des urnes, à la bastonnade des électeurs, à la proclamation des seuls élus du Comité *Union et Progrès*. Durant la dernière quinzaine de novembre 1908, la campagne électorale était devenue guerre ouverte[2],

---

1. *Constantinople, le 18 novembre.* — Deux députés grecs ont été élus à Metelin. Un député grec a été élu à Lemnos. A Smyrne, deux Grecs sont compris dans la liste patronnée par le Comité jeune-turc. Les succès de l'élément grec en Macédoine s'annoncent aussi comme très importants. Les compétitions et autres difficultés entre Grecs et Ottomans sont signalées en de nombreux endroits de Macédoine. Les Grecs se plaignent de l'annulation d'opérations électorales où leurs candidats l'ont emporté sur leurs concurrents turcs.

2. *Constantinople, le 21 novembre.* — Ce matin, des désordres ont eu lieu à Péra à cause des élections. Des groupes grecs par-

et la nomination d'Hilmi-pacha au ministère de l'Intérieur (28 novembre) avait achevé d'irriter les Grecs : Hilmi-pacha, l'ancien inspecteur général des réformes macédoniennes, avait été de 1903 à 1908 l'une de leurs aversions; ils l'avaient accusé d'animosité spéciale contre eux et leur propagande, de faiblesse envers les Bulgares; les consuls grecs et les évêques patriarchistes avaient été ses opposants les plus déclarés...

A Constantinople même, les Grecs protestaient violemment dans la rue; une de leurs manifestations envahissait Stamboul et la Sublime-Porte. Leur conduite « séditieuse »[1] était soulignée par l'attitude toute contraire des autres chrétiens, des Arméniens surtout : ces victimes du régime hamidien saluaient de leurs musiques et de leurs fleurs l' « avènement

---

courent les rues, forçant les magasins à fermer en signe de manifestation contre les autorités municipales qui empêchent les électeurs grecs de voter, sous prétexte que les listes ne sont pas encore prêtes ou par un examen minutieux de leurs papiers. Ces manifestations jettent la frayeur dans la population; mais les autorités n'interviennent pas afin d'éviter des collisions regrettables.

1. *Constantinople, le 30 novembre.* — Une protestation monstre eut lieu, hier, devant la Sublime-Porte. La députation envoyée par les électeurs grecs conféra avec le grand vizir et le ministre de l'Intérieur. Le grand vizir, Kiamil-pacha, qui présidait la séance du conseil des ministres, parut plusieurs fois devant la foule, promettant d'accorder le délai de huit jours qu'on lui demandait pour le vote et de prévenir toute irrégularité dans l'avenir. Mais la foule, qui demandait l'annulation des votes déjà effectués, proféra des menaces et attaqua l'équipage du ministre de l'Agriculture, Mavrocordato bey, délégué par ses collègues pour aller à Péra conclure une entente. La voiture dut être dégagée par un escadron de lanciers pendant qu'un autre escadron chargeait la foule. A Péra aussi et devant Galata, la cavalerie dut charger sabre au clair.

de l'égalité, de la liberté, de la fraternité et de la justice[1] »...

Le parlement réuni (10 décembre), les Grecs faisaient alliance avec les ennemis du Comité *Union et Progrès*; les nationalités se groupaient en trois partis : un parti turco-macédonien sous le nom d'*Union et Progrès*, un parti gréco-albanais sous le nom d'*Union libérale*, un parti arabe sous le nom de *Groupe indépendant* :

	Turcs.	Arabes.	Grecs.	Albanais.	Autres.	Total.
Union et Progrès	130	5	1	15	13	164
Union libérale	6		22	12	5	45
Groupe indépendant	1	52			4	57

Tous les chrétiens slaves étaient avec le Comité *Union et Progrès*; tous les Grecs, sauf un, contre. Or le Comité aurait bientôt à faire accepter de l'Islam l'indépendance bulgare et l'annexion bosniaque : il se sentait impuissant à résister de longs mois aux exigences de Pétersbourg et de Vienne; le Président de la Chambre déclarait aux ambassadeurs que jamais la Jeune Turquie ne vendrait une province de l'empire[2]; mais on commençait d'accepter les

---

[1]. *Constantinople, le 30 novembre.* — Les Arméniens, musique militaire en tête et portant des urnes enrubannées et fleuries, ont fait hier une grande manifestation devant la Sublime-Porte et les ministères. L'archevêque arménien du Saint-Sépulcre exprima leurs remerciements pour les élections, en faisant remarquer que voter après trente ans d'absolutisme représentait l'avènement de l'égalité, de la liberté, de la fraternité et de la justice. Pas un mot n'a été prononcé contre les Grecs; mais la manifestation pouvait être interprétée comme un blâme à leur adresse.

[2]. *Constantinople, le 5 janvier 1909.* — Pendant les visites du nouvel an, Ahmed-Riza, président de la Chambre ottomane et leader des Jeunes-Turcs, a déclaré à quelques ambassadeurs que la Turquie, ne vendant pas ses provinces, ne pouvait pas

offres pécuniaires de Vienne... Il devenait donc expédient de détourner les colères de l'Islam sur la Crète et, par ricochet, sur les Grecs.

Aux manifestations des Grecs contre les procédés électoraux du Comité, on répondit par des *meetings* contre la « trahison » des Crétois et la « perfidie » des Grecs. A Stamboul, dans tout l'empire, on prêcha le boycottage contre les marchandises et contre les vaisseaux grecs : durant la crise bosniaque, la foule musulmane venait de découvrir cette arme merveilleuse du boycottage.

La légation de Grèce intervint, comme c'était son devoir : tout le commerce maritime du royaume grec était en cause... Cette « intervention de l'étranger en des affaires intérieures » fut exploitée pour aviver l'irritation populaire : le salut de la Crète ! la défense de l'islam crétois ! Stamboul retentit d'appels à la vengeance, à la guerre sacrée[1] !...

---

accepter d'indemnité de l'Autriche-Hongrie et que, si le gouvernement acceptait une indemnité, le Comité s'y opposerait.

1. *Constantinople, le 8 janvier 1909*. — Le *meeting* monstre, convoqué pour protester contre la réunion de la Crète à la Grèce, a eu lieu hier, place de l'Hippodrome. Il avait rassemblé une foule énorme composée de musulmans, Crétois, Kurdes, Albanais, Syriens, soldats, marins, élèves des diverses écoles, Circassiens, Bosniaques, avec des musiques indigènes et nombre de bannières et de drapeaux. Plusieurs orateurs ont rappelé les luttes soutenues par la Turquie pour la conquête de l'île et ont exhorté le peuple ottoman à ne pas permettre l'annexion de la Crète. Lecture a été donnée ensuite d'un ordre du jour destiné à être remis au grand vizir Puis la foule se rendit devant le Parlement à la Sublime-Porte. Le grand vizir parut au balcon, entouré de nombreux fonctionnaires; par l'intermédiaire du Crétois Aziz bey, président du bureau exécutif au ministère de la Justice, le grand vizir affirma que la Crète était ottomane et que le gouvernement était décidé à ne céder à personne un pouce de territoire : « Je vous recommande, a conclu Kiamil-pacha, le calme et la

Dès lors, dans le parlement ottoman, la « rébellion » des Crétois et la « perfidie » des Grecs devinrent un thème commode aux réquisitoires des orateurs. De janvier à février 1909, le Comité le fit développer abondamment par ses porte-parole : il voulait, tout à la fois, renverser le grand-vizir Kiamil-pacha, que soutenaient les votes de l'*Union libérale*, et se revancher sur l'hellénisme des concessions que l'on ne refusait plus aux Bulgares, aux Russes, aux Autrichiens.

Kiamil-pacha étant tombé (16 février), le Comité installait son grand vizir Hilmi-pacha. Alors les Grecs du parlement et de l'empire, n'attendant plus ni bénéfices ni même équité de ce régime, ami des Bulgares, commençaient de regretter tout haut les jours hamidiens... Aussi quand la conclusion des accords austro-turc et turco-bulgare avait amené la réaction du Treize Avril, quand une poignée de soldats en révolte et de *hodjas* avait jeté bas ministère, parlement, Constitution, et semblé rétablir Abd-ul-Hamid en son absolutisme d'autrefois, tous les Grecs de Turquie s'étaient ouvertement réjouis et ils avaient continué de faire cause commune avec l'*Union libérale* qui excusait le coup de force et comptait en profiter pour ressaisir le gouvernement.

tranquillité que vous avez observés aujourd'hui ; si vous continuez ainsi, dans quinze ans la Turquie pourra devenir une grande puissance comme le Japon ou l'Angleterre. » Aziz bey annonça la réception à la Porte d'un télégramme des musulmans de Crète disant qu'ils ne veulent pas l'annexion. Un garçon de quatorze ans, debout dans une voiture, interpella, demandant encore si la Turquie renoncera à la Crète. Aziz bey répondit en donnant de nouvelles assurances que la foule accueillit par des hourras frénétiques.

En cette crise ottomane d'avril 1909, les Crétois et les gens d'Athènes avaient cru voir aussi l'occasion de « régler le problème » à leur guise : ils avaient négocié de toutes mains pour obtenir l'union... Rentrés en possession de Constantinople (25 avril), on comprend que les Jeunes-Turcs fussent désormais sans tendresse pour l'hellénisme : à leurs yeux, le Grec n'était pas seulement l'ennemi du dehors, qui ameutait l'opinion de l'Europe libérale contre la Turquie nouvelle : c'était encore l'ennemi du dedans, l'adversaire politique, le suppôt de *l'Union libérale*, dont ils avaient tout à craindre pour la durée de leur propre pouvoir. Quand ils endossaient les réclamations de l'islam crétois, ils songeaient à l'intégrité de l'empire, aux devoirs du Khalifat, mais aussi à leurs propres rancunes et, plus encore, au grand besoin qu'ils avaient désormais de l'indulgence de l'Islam : la persécution de la Crète allait devenir leur holocauste quotidien au sentiment islamique, qu'ils voulaient à tout prix se réconcilier.

Car ils avaient osé, cette fois, porter la main sur le Khalife, détrôner Abd-ul-Hamid, le reléguer à Salonique, installer à sa place son frère Mahomet V, un bon vieillard, mais un fantôme, pour lequel ils oubliaient eux-mêmes d'avoir le moindre respect; moins que jamais, ils pouvaient se donner l'apparence de trahir l'Islam... Avec leurs musulmans albanais, qui gardaient le regret du régime hamidien, c'était déjà la brouille : il fallait d'autant plus ménager les sentiments et les susceptibilités de tous les autres, des Arabes surtout; on disait que l'homme de confiance d'Abd-ul-Hamid, celui qui, depuis les massacres arméniens de 1896, avait été son secrétaire et son confident de toutes les heures, Izzet-pacha, organisait au Caire, où il s'était réfugié, une propagande et un complot panislamiques pour la résurrection d'un Khalifat arabe[1].

---

1. *Constantinople, le 15 juin 1909.* — Un groupe de Turcs réactionnaires, qui ont dû quitter Constantinople à la suite des derniers événements et dont le fameux Izzet-pacha, ex-chambellan d'Abd-ul-Hamid et organisateur des massacres arméniens, semble être le principal inspirateur, poursuit dans quelques journaux égyptiens et en particulier dans le *Moayyad*, sa campagne contre le régime jeune-turc. Il espère discréditer le gouvernement ottoman dans les pays arabes en attirant l'attention du monde musulman sur la diminution que font subir au Khalifat les institutions constitutionnelles. Le *Moayyad* en particulier oppose au Khalifat de naguère, — pouvoir spirituel exercé en pleine liberté par un chef temporel absolu, — le Khalifat d'aujourd'hui, dont le prestige serait gravement compromis entre les mains d'un Sultan étroitement limité dans sa souveraineté temporelle.

Cette propagande panislamiste paraît d'autant plus dangereuse au parti jeune-turc que l'influence de la presse égyptienne, rédigée en arabe, s'étend sur tout le monde musulman, du Maroc aux Indes néerlandaises. Aussi le député de Bagdad, Ismaïl-Hakki, montre-t-il dans le *Tanine* la nécessité de déjouer ces intrigues en créant à Constantinople une presse arabe capable de leur faire échec : les ouléinas devraient prendre la tête de ce mouvement et montrer au monde de l'Islam qu'il n'existe au point de vue théologique aucune raison pour contester le Khalifat à Mehmed V ; les plus notables d'entre eux se sont d'ailleurs déjà prononcés de la façon la plus nette à ce sujet.

III. — LA CRISE

Au début de juin 1909, les puissances annoncent qu'en juillet leur dernier contingent évacuera la Crète. La Porte demande qu'un poste international demeure sur le petit îlot de la Sude où le pavillon ottoman flotte en dernier symbole de la souveraineté ottomane. Les puissances refusent : « elles étudient le régime définitif à installer après l'évacuation ». Les journaux turcs déclarent alors que, sitôt les Européens en mer, la baie de la Sude sera occupée par la flotte ottomane et, si les gens d'Athènes font le moindre geste, une armée turque sera concentrée à la frontière : un amiral anglais vient de réorganiser la flotte; Guillaume II daigne rendre aux Jeunes-Turcs l'instructeur de l'armée hamidienne, von der Goltz-pacha, l'organisateur des victoires de Thessalie.

L'*Association pour la Défense des Droits de la Patrie ottomane* enrôle les musulmans d'Europe et d'Asie. Elle a des recruteurs zélés dans les musulmans crétois qui, depuis 1898, ont émigré vers les terres du Khalife : chaque année en a amené quelque demi-millier; ils ont conquis à Smyrne, à Stamboul, dans la plupart des villes côtières, une popularité que leur méritent leurs souffrances pour la religion, leur intelligence et leur faconde, leur entente de toutes les affaires. Ils sont l'état-major de cette Ligue de la Patrie ottomane : dans toutes ses réunions, c'est de la Crète que l'on parle ; on exige qu'un « régime définitif » remette la Crète sous le pacte de Khalépa ; on interpelle le gouvernement à la Chambre « sur ce qu'il a fait pour défendre les droits de l'empire ; aucun Ottoman n'admettra la séparation de la Crète d'avec la Turquie » (19 juin 1909).

Il semble qu'un instant les quatre puissances protectrices hésitent, les unes tenant pour l'évacuation immédiate, les autres proposant de temporiser. Aux applaudissements de la Chambre ottomane, le ministre des Affaires étrangères, Rifaat-pacha, s'engage à « recourir à la force, si les droits de la Turquie étaient menacés [1] ». Néanmoins, la Porte espère encore « en l'ouverture de pourparlers, au cours desquels la question de l'autonomie crétoise sera discutée ». Mais Londres refuse les pourparlers : depuis la chute de Kiamil-pacha, Londres est sans tendresse pour la Jeune Turquie. Et Londres l'emporte dans les conciliabules des puissances : elles décident que les contingents seront tous retirés à la date du 27 juillet ; « quatre stationnaires veilleront au respect du drapeau turc et des couleurs des puissances protectrices, que l'on continuera à hisser chaque matin au mât de pavillon sur quatre

---

[1]. Voir plus loin le rôle des puissances.

points de l'île; en outre, à la date du 27 juillet, les puissances adresseront à la population crétoise une proclamation l'invitant à garder le calme; des conseils identiques seront adressés par voie diplomatique à la Turquie et à la Grèce ».

Les puissances ajournent donc l'examen du « régime définitif »; elles espèrent dans la vertu des bons conseils, qu'elles donneront à Athènes et Stamboul, et « dans la sagesse des Crétois » pour maintenir, vaille que vaille, le *statu quo*, c'est-à-dire le régime de fait qui existe en Crète depuis le 7 octobre 1908, — donc l'autonomie plénière, l'indépendance de fait, sans plus même la présence d'un Haut-Commissaire (15 juin-15 juillet).

La sagesse eût évidemment conseillé aux Crétois d'endurer cette nouvelle étape vers l'union : dans tout l'Empire turc, une violente hostilité contre l'hellénisme se faisait jour ; des rixes dans les ports d'Asie Mineure et de Thrace, à Aivali, Xanthi, etc., avaient failli dégénérer en massacres ; le Patriarche signalait les persécutions, dont son Église et ses ouailles étaient victimes, au généralissime Mahmoud-Chevket, qui, tenant en main toutes les juridictions de l'état de siège, gouvernait en fait Constantinople et l'empire ; le retour de von der Goltz rendait à l'armée turque son enthousiasme d'autrefois; la désorganisation et le dénûment de l'armée grecque étaient proclamés par les officiers d'Athènes qui commençaient de tenir leurs meetings de protestation ; le moindre incident exaspèrerait cette armée et, contre les politiciens incapables, contre la dynastie déconsidérée, amènerait le *pronunciamiento*...

Mais les Crétois ne consultaient que leurs désirs.

Ils avaient un billet de l'Europe arrivé à échéance; ils en exigeaient le paiement immédiat, avant que cette cauteleuse Europe ne souscrivît aux Turcs un autre « règlement définitif » : « union », disaient les Crétois; « autonomie sous la souveraineté et la garde ottomanes », répondaient les Turcs; entre les deux, voici que l'Europe semblait hésiter.

Mille autres raisons légitimaient leur hâte aux yeux des Crétois. Leurs politiciens se sentaient à l'étroit dans les petites querelles de leur Assemblée, dans les petites affaires de leur Commission exécutive : ils voulaient d'un théâtre plus vaste où déployer leurs réelles qualités d'hommes d'État. Les fanatiques et les accapareurs de biens escomptaient dans l'union la dernière revanche sur l'Islam et la belle opération financière, qui suivrait l'exode en masse des musulmans : l'achat de leurs biens à vil prix. Le peuple entier était las de poursuivre depuis dix ans le recouvrement de cette créance sur l'Europe; il s'était, depuis dix ans, endetté et usé à cette poursuite; il en voulait brusquer le solde pour s'adonner enfin à des besognes mieux payantes; il avait mis son point d'honneur à forcer la main des puissances et il n'en voulait pas démordre.

Mais surtout, il n'était pas un Crétois qui n'attendît de cette bienheureuse union des profits de toute sorte, une rénovation économique de l'île entière [1].

Dix ans d'autonomie avaient déjà transformé le commerce crétois; depuis 1901 surtout, il s'était

---

1. Cf. J.-A. Reinach, *La Question crétoise vue de Crète*, Paris, Geuthner, 1910.

augmenté d'année en année[1], sauf les années de mauvaise récolte. Mais rien n'avait été fait pour doter l'île d'un outillage de ports, de rails et de routes. Les petites cales d'autrefois s'envasaient; elles ne pouvaient même plus servir aux voiliers : « Grâce au comblement des trois ports principaux, — ne cessaient de répéter en leurs rapports annuels les consuls anglais[2], — les vaisseaux de commerce sont obligés de rester en rade et de décharger sur chalands : l'amélioration des anciens ports et la construction de nouveaux sont d'une impérieuse nécessité, non seulement pour le commerce étranger, mais surtout pour l'agriculture indigène, la mer étant la route la plus économique pour le transport des produits insulaires. »

L'île vivait de ses olivettes et de son vignoble, de ses olivettes surtout qu'elle avait replantées depuis la dernière guerre civile : les avances de la Banque de Crète avaient permis de remplacer les dizaines de milliers d'arbres coupés ou brûlés alors par les musulmans chez les chrétiens, et réciproquement. L'île, ne produisant pas le blé nécessaire à sa consommation, demandait son pain à la Russie et à l'Égypte : elle le payait en huiles et grignons exportés, en fromages, en cuirs et en peaux. Sans l'exportation, elle ne pouvait pas vivre, et sans routes ni ports, elle ne pouvait pas exporter. Elle n'avait pas un kilomètre de rail; elle avait quelques kilomètres à peine de routes carrossables : « La richesse de

---

1. Cf. *La Crète économique et politique* dans *L'Hellénisme* de février 1909.
2. *Diplomatic and Consular Reports*, n°⁸ 4603, 4138, 4056, 3828, 3705, 3494, 3282, 3097, 2932.

l'île en produits de toutes sortes, — disaient encore les consuls anglais, — est universellement connue. Un climat excellent, un sol fertile et bien arrosé lui donnent des récoltes qui trouveraient de beaux prix sur le marché européen. Mais l'agriculture est handicapée par le manque de routes; le moindre transport mange le profit. »

Routes et ports, les mêmes consuls reconnaissaient que le budget crétois était tout à fait incapable de supporter la charge de pareilles entreprises. L'emprunt de onze millions, promis par les puissances et si longtemps négocié, n'avait jamais été fait. Sur les ressources ordinaires, trois millions et demi de francs, depuis dix ans, avaient été dépensés en réparations urgentes de pistes pavées ou de ponts, en télégraphes. Mais pour un plan d'ensemble, tout avait manqué : l'argent, les ingénieurs et la main-d'œuvre. La plus rigoureuse économie avait pourtant réduit les frais de toute l'administration et soldé le budget en excédents :

Exercice 1908-1909.

Recettes, en drachmes................		5 687 325
Dépenses, —		5 624 388
Excédent, —		62 937

Dépenses :

Département de la justice............	Dr.	721 786
— de l'intérieur..............		2 889 212
— de l'instruction publique......		976 862
— des finances		1 036 498

Recettes :

Impôts directs.................	Dr.	1 908 000
Impôts indirects		2 162 000
Timbre et postes		794 000
Monopoles.................		270 000
Revenus publics.............		553 325

A fin août 1908, la dette publique atteignait dr. 5 099 061, à savoir :

1° L'emprunt consenti par les quatre puissances protectrices et versé par périodes (1898, 1901, 1902). . . . . Dr.	4 000 000
2° Reliquat dû à la Dette publique ottomane . . .	1 099 061
Total jusqu'en août. . . . . . Dr.	5 099 061

Une surtaxe 3 p. 100 sur les importations avait été accordée en 1896, pour une période de 10 ans, par les grandes puissances : le produit devait être affecté à titre de secours aux habitants qui avaient eu à souffrir des insurrections de 1896 et 1897 :

RECETTES de 1898 à 1908. . . . . Dr. 4 156 158

DÉPENSES.

Traitements et frais généraux . . . . Dr.	288 152
Indemnités aux sujets étrangers	1 000 000
Sommes disponibles à la Caisse de bienfaisance, à la Banque de Crète, aux Caisses de l'État. . . .	2 868 006
	4 156 158

Sur ce budget de 5 ou 6 millions, un sixième passait à l'instruction publique. En 1900, les deux tiers des Crétois étaient encore illettrés; en 1909, tous les villages étaient pourvus d'écoles, et les grandes villes, de gymnases. Mais comme on était encore loin de cette culture hellénique et européenne, dont les Crétois sentaient un besoin de plus en plus vif, à mesure qu'un plus grand nombre émigraient temporairement aux États-Unis!

Le même mouvement d'émigration, qui, depuis dix ans, dépeuplait la Morée, s'était aussi établi en Crète. Les mêmes envois de subsides annuels arrivaient d'Amérique pour équilibrer la balance des exportations et des importations qui, de 1901 à 1908, avait toujours été au détriment de l'île : en ces sept années, 106 millions d'importations contre 76 millions d'exportations seulement. C'est l'argent d'Amérique qui permettait aux familles des émigrés de vivre moins à la dure, surtout d'acheter les terres des musulmans qui, eux, émigraient vers les provinces du Khalife, sans esprit de retour. Mais, revenus au pays, nombre d' « Américains » s'indignaient des conditions défavorables, — de la « sauvagerie », disaient-ils, — où l' « hybride et transitoire » autonomie maintenait leurs héritages et leurs frères. Après deux ou trois années de séjour dans la populeuse Amérique, ils sentaient mieux encore que, dispersée sur 8 700 kilomètres carrés (notre département de l'Aveyron), leur population de 300 ou 330 000 âmes (la population de notre département de l'Orne) ne pouvait pas supporter les frais généraux d'un État moderne : vouloir construire un État séparé, un État civilisé, sur un budget de 5 600 000 francs, de 1 200 000 dollars, leur semblait une dérision.

Beaucoup de ces « Américains », dégoûtés de la vie « sauvage », découragés par l'attente de cette union qui, toujours promise, ne venait jamais, reprenaient le chemin de New-York et ne revenaient plus : de 1900 à 1909, on comptait que 10 ou 11 000 Crétois avaient définitivement quitté l'île, 3 000 musulmans, 7 ou 8 000 chrétiens... Ainsi l'autonomie prolongée enlevait à la Crète ses jeunes hommes les plus énergiques et les plus intelligents, et ceux qui restaient se persuadaient chaque jour davantage que, l'autonomie vouant l'île à la pauvreté et la pauvreté les vouant eux-mêmes à la barbarie, l'union seulement les élèverait à l'état d'hommes, de civilisés, d'Hellènes...

On leur conseillait d'attendre encore dans l'intérêt

de l'hellénisme. Mais quel profit l'hellénisme pouvait-il retirer de cette attente indéfinie?... Plus on laisserait le temps couler sur l'indépendance bulgare, et moins l'union gréco-crétoise pourrait en être présentée aux amis et aux adversaires de l'hellénisme comme la juste contrepartie; si l'union était remise de quelques années, les Bulgares et leurs patrons exigeraient une nouvelle compensation en Macédoine... Après trente ans d'usage, on voyait les fruits de la « sagesse » d'Athènes! En 1878, quand les Bulgares obtenaient leur principauté, Athènes avait cru sage de ménager le Turc et de retarder l'union; plus sage encore, en 1885, quand les Bulgares annexaient la Roumélie; toujours plus sage, en 1908, quand ils obtenaient leur pleine indépendance. Faudrait-il qu'ils occupassent Stamboul et Salonique pour que la sagesse athénienne se départît de cette décevante réserve?

En juin-juillet 1909, la Bulgarie ne cachait pas « son intention d'intervenir en Macédoine au cas où l'affaire crétoise dégénérerait en conflit turco-grec ». Les prétentions panislamiques des Jeunes-Turcs n'inquiétaient pas seulement les Crétois et les Grecs : les Bulgares et le slavisme macédonien se sentaient tout pareillement menacés; déjà, certains journaux bulgares invitaient tous les chrétiens des Balkans « à oublier leurs anciennes querelles et à joindre leurs efforts contre le panislamisme renaissant ». Au début de juillet 1909, le correspondant de l'*Agence Havas* lui écrivait d'Athènes :

> Ces articles des journaux bulgares ont été traduits par les journaux grecs. Ils ont été favorablement commentés, malgré le souvenir des tristes expériences de Tricoupis,

dont les offres furent dénoncées par Stamboulof à la Porte, et de Delyanni dont les efforts pour arriver à une entente gréco-bulgare en 1896-1897 ont été vains. Beaucoup de gens sérieux à Athènes préconisent un rapprochement avec Sofia pour la raison suivante : si les Grecs et les Crétois sont anxieux de voir se réaliser sans plus tarder l'union de l'île avec le royaume, c'est qu'ils savent que, cette union ayant lieu plus tard, fût-ce dans quelques mois d'ici, l'érection de la Bulgarie en royaume sera oubliée et les Bulgares demanderont des compensations ; ne vaut-il pas mieux faire dès aujourd'hui la part du feu, sacrifier de bon gré ce qu'on risque de perdre quand même et obtenir, de la Turquie prise entre deux feux, des choses que les dissentiments des deux États chrétiens lui donnent la force de refuser, tant à l'un qu'à l'autre ?

Plus les Grecs de Turquie sont persécutés par les Turcs, plus l'idée d'une entente avec la Bulgarie, fût-ce au prix d'importants sacrifices, se propage dans l'opinion grecque.

Je dis « l'opinion », car le gouvernement ne renonce pas à cette politique de sagesse et de confiance envers les puissances, qui agace une partie de la presse grecque. Les « sages » pensent que la Bulgarie, comme lors des affaires de Crète de 1889 et 1896, continuera à jouer double jeu.

La défiance contre le Bulgare étant, depuis trente ans, le commencement de la « sagesse » athénienne, les hommes d'État grecs repoussaient cette réconciliation balkanique, dont les Crétois voulaient tirer leur union immédiate.

Deux courants d'idées se partageaient désormais l'hellénisme : l'idée nouvelle, que l'on peut dire « crétoise », d'une entente contre le Turc avec les autres chrétientés des Balkans, et la vieille idée, plus spécifiquement grecque, de l'entente ou de la patience avec le Turc contre les ambitions des Bulgares.

De juillet 1909 à octobre 1910, ces deux courants vont se disputer Athènes : le gouvernement tiendra longtemps encore pour la seconde idée; mais l'opinion penchera de plus en plus vers la première, et la foule y viendra de jour en jour à mesure que les tracasseries turques arrêteront le cours des affaires publiques et privées. Le 13 octobre 1910, l'idée crétoise l'emportera : le président de la Commission exécutive crétoise, M. Vénizélos, élu député au parlement grec, deviendra le premier ministre du royaume. Alors, d'octobre 1910 à octobre 1912, M. Vénizélos travaillera deux années à imposer l'idée crétoise à ses collègues du parlement, au roi lui-même; il finira par les conduire les uns et les autres, bon gré mal gré, vers l'entente gréco-bulgare, — mais à travers quelles souffrances et quelles angoisses pour la Grèce et pour tout l'hellénisme!

*
* *

De juillet 1909 à octobre 1910, les Jeunes-Turcs, flatteurs de l'Islam, exaspèrent l'opinion, humilient la fierté, abusent de la faiblesse, compromettent les intérêts vitaux, l'existence même du royaume grec. A trois ou quatre reprises, ils veulent rendre la Grèce responsable des incartades et, tour à tour, de la résignation des Crétois.

A la fin de juillet 1909, les derniers contingents européens ayant évacué l'île, les Crétois arborent le drapeau grec et parlent d'envoyer leurs députés à la Chambre grecque, leurs procès en cassation devant l'Aréopage.

L' « indignation panislamique » éclate dans tout l'Empire ottoman : *meetings* antigrecs dans les villes; agitation secrète en Anatolie et en Syrie, comme à la veille des massacres arméniens; « situation des plus graves », gémissent les diplomates. A la Chambre ottomane, la séance du 29 juillet, disent les Jeunes-Turcs eux-mêmes, est un « meeting de protestation contre la cession éventuelle de la Crète; le ton des orateurs, l'unanimité de leurs protestations, l'atmosphère de la salle, tout a contribué à donner l'impression d'une réunion publique, et non point d'une assemblée législative ».

Tous les groupes de la Chambre ont chargé leurs leaders de tenir le même langage; tous ont affirmé leur volonté de n'aliéner aucune parcelle du territoire ottoman : ils parlent sous la menace de l'état de siège qui n'épargne pas les députés mêmes; Arméniens, Israélites, Bulgares, Arabes et Syriens, — et les Grecs aussi, — tous ces fidèles sujets de la Porte se disent animés de la même ardeur patriotique et de la même résolution. Des centaines de télégrammes arrivent de toutes les parties de l'Empire : il y a unanimité, en Turquie, sur la question crétoise. La Porte mobilise à la frontière thessalienne. Elle envoie sa flotte à Karpathos, presque dans les eaux de Crète. Elle fait tenir au gouvernement grec une note irritée (6 août) : elle y rappelle les sentiments d'amitié manifestés par le précédent ministère grec; elle invite le présent gouvernement à les « confirmer par une action prompte pour annihiler les effets de sa politique antiturque »; des officiers grecs agissent dans les provinces de l'Empire ottoman, préparent des désordres et troublent les bonnes relations entre les deux États; il faut « que ces officiers soient rappelés, que le gouvernement grec se déclare hostile à tout mouvement crétois en faveur de l'annexion et qu'il emploie son influence à faire cesser l'agitation ».

Le 9 août, Athènes répond du ton le plus courtois, le plus conciliant « que la Grèce fut toujours guidée par la volonté d'entretenir les relations les plus franches et les plus amicales avec la Turquie et de resserrer les liens pouvant et devant unir les deux pays »; Athènes « rappelle l'enthousiasme avec lequel l'élément grec en Turquie travailla au triomphe de la Constitution ottomane et la joie avec laquelle la Grèce entière salua l'avènement du régime nouveau, qui devait régénérer et fortifier l'Empire...; fidèle à sa politique de concorde, la Grèce a fait et veut faire tout ce qui dépend d'elle pour l'apaisement et pour la paix; la Crète étant un dépôt aux mains des puissances, le gouvernement royal ne peut que leur abandonner la solution du différend. »

Une seconde note arrive de Stamboul, encore plus menaçante. Les puissances se décident à intervenir; leurs marins débarquent en Crète et abattent le drapeau grec (18 août 1909).

La malheureuse Grèce n'en est pas moins obligée de répondre à la Porte par des excuses : elle renouvelle « l'engagement de laisser toute l'affaire crétoise aux puissances et d'accepter leurs décisions »; elle désavoue et punira tous ceux de ses agents qui ont « cru pouvoir se mêler des affaires de sujets ottomans »; elle promet que « cela ne se produira plus ». La Chambre ottomane entrant en vacances

(21 août), la Porte daigne accepter ces excuses, « quoique la réponse grecque ne donne pas des assurances aussi précises que la Turquie l'aurait désiré »... L'armée grecque ne peut plus digérer tant d'affronts : elle est exaspérée contre les politiciens, les princes et le roi. Le *pronunciamiento*, qui couvait depuis deux mois déjà, éclate : les officiers conjurés emmènent leurs troupes camper hors d'Athènes (29 août); le régime parlementaire, la dynastie elle-même sont mis en cause; le roi doit amnistier les rebelles, promettre une « épuration » de tous les fonctionnaires incapables, signer les décrets qui mettent en disponibilité ses propres fils; le prince-héritier prend le chemin de l'étranger, où il restera de longs mois avant de pouvoir revenir.

Depuis six mois déjà, depuis le début de la crise crétoise, la vie politique du royaume était arrêtée. Deux et trois changements de ministères, une convocation et une prorogation du parlement n'avaient pas amélioré les chances d'administration régulière. Maintenant la Ligue militaire réclame et met en train, non seulement une réforme intégrale de l'administration, une refonte complète de l'armée et de la marine, mais un changement de constitution : les succès des Jeunes-Turcs, la force de l'armée turque, la politique du Comité *Union et Progrès* sont les modèles que les officiers grecs se proposent. Alors (4 septembre), on mande de Constantinople à l'*Orient Correspondenz de Vienne :*

La Turquie prépare une note aux puissances pour préciser ses *desiderata* à propos de la Crète. Ses vœux seraient, entre autres : 1º la nomination par la Porte d'un gouverneur soit européen, soit ottoman; 2º la remise de la baie de la

Sude à l'escadre ottomane pour un établissement permanent et une station navale...

C'est une provocation directe aux Crétois : on leur propose de revenir de vingt ans en arrière. S'ils répondaient par des persécutions contre les musulmans de l'île, qui donc aurait le droit de s'en étonner? Tout au contraire, le gouvernement provisoire rappelle à son peuple et le peuple respecte scrupuleusement les conditions qu'a mises l'Europe à la libération définitive : la première est la sécurité de l'islam crétois.

Il y a des assassinats dans l'île, puisque les Crétois, sans distinction de religion, se poignardent volontiers. Il y a des rixes et d'interminables procès, puisque — disait déjà Polybe — c'est la coutume en Crète, ὅπερ ἔθος ἐστὶ Κρησίν. Les Jeunes-Turcs prennent occasion d'une rixe où deux musulmans ont succombé pour formuler de nouvelles exigences ; en ce mois de septembre 1909, ils sont en intimité avec Pétersbourg : de la mission turque qui va saluer le Tsar à Livadia [1], M. Isvolski essaie d'obtenir la liberté des Détroits. Une nouvelle note de la Porte propose à l'Europe

que la Crète forme une province autonome payant tribut à l'Empire ottoman et soit placée sous la souveraineté immédiate du Sultan ;

que la baie de la Sude demeure une station navale pour la Turquie ;

---

[1]. *Constantinople, le 11 octobre 1909.* — Le *Tanine* apprend, au sujet de l'entrevue de Livadia, que dans la question crétoise la Russie est évidemment résolue à ne pas aggraver la situation de la famille royale de Grèce, mais d'éviter toutefois de porter préjudice aux intérêts de la Turquie. La Russie est, pour cette raison, disposée à traîner la question crétoise en longueur. La

que le gouverneur soit nommé par le Sultan, sur la proposition des puissances, et que ce soit un fonctionnaire suisse ou belge ;

que le nouveau statut constitutionnel de Crète soit soumis à la ratification de la nouvelle Assemblée nationale à élire ;

que l'Ile ne puisse entretenir, hors de la gendarmerie organisée militairement, aucune force armée ;

que le clergé musulman relève du Cheikh-ul-islam et le clergé chrétien, du Patriarche de Constantinople.

Les puissances protectrices écartent ce projet qui ramènerait la Crète à l'insurrection. Alors la Porte demande la réunion d'une conférence européenne pour un « règlement définitif » à trouver par les puissances (24 septembre), et la Russie semble encourager les Turcs... tant qu'elle espère le libre passage des Détroits pour la flotte qui doit porter le Tsar à Naples (septembre-octobre). Mais les autres puissances refusent la conversation. Alors la Porte s'adresse à Berlin et, rabattant de ses prétentions, elle offre pour la Crète l'autonomie rouméliote d'autrefois (27 octobre)... Un second *pronunciamiento*, une révolte navale cette fois [1], met la

Turquie n'est pas absolument opposée à cette manière d'agir. Elle a donné à entendre à M. Isvolski qu'elle ne pouvait pas accorder autre chose que l'autonomie. Dans la question des chemins de fer du bassin de la mer Noire, la Russie a fait comprendre qu'elle pourrait abandonner une partie de ses privilèges, moyennant quelques concessions sur le terrain économique.

1. *Athènes, le 29 octobre 1909.* — Un officier de marine, nommé Typaldos, accompagné de quelques sous-officiers et de 300 marins, s'est emparé de l'arsenal de Salamine, qui se trouve à l'entrée de la baie d'Eleusis, en face du Pirée.

La Ligue militaire publie un communiqué disant que le capitaine de vaisseau Typaldos, membre de la Ligue, violant le serment commun, a exigé que la Ligue obtînt du gouvernement un projet de loi tendant à épurer l'administration de la marine. Sans attendre que le ministre de la Marine soumette à la Chambre dynastie grecque au bord de la chute et la flotte grecque en péril... L'Europe entière songe enfin à écarter de la Grèce la révolution : Guillaume II lui-même doit se souvenir qu'il est le beau-frère du prince-héritier[1]. Les prétentions turques sont repoussées. Le gouvernement d'Athènes a quelques jours de répit.

Mais la Chambre ottomane reprend séance (14 septembre) ; le Comité *Union et Progrès* se sent menacé par les rancunes de l'Islam et par la reconstitution de l'*Union libérale* : Grecs, Albanais, Arabes, Macédoniens même se liguent contre la « turquification » systématique et contre la centralisation excessive dont rêvent les Jeunes-Turcs. Pour faire absoudre sa politique intérieure, le Comité doit montrer toujours plus de ferveur dans la défense de l'Islam. Une nouvelle note de la Porte (11 novembre) réclame la suppression du « régime hybride », sous lequel vit la Crète. De nouveau, les puissances refusent[2].

---

ledit projet, le capitaine Typaldos a déclaré catégoriquement qu'il voulait être nommé ministre, afin de travailler plus efficacement et énergiquement à l'amélioration de la marine.

1. *Berlin, le 5 novembre 1909.* — Le prince et la princesse royale de Grèce, avec tous leurs enfants, sont arrivés à Potsdam, où ils sont les hôtes de l'Empereur au Nouveau Palais.
Berlin, le 9 novembre 1909. — Quoique n'ayant pas à se prononcer dans la question crétoise, pour le moment, l'Allemagne paraît partager l'opinion des puissances protectrices qui considèrent qu'il est préférable dans la question actuelle de différer à plus tard la solution du problème crétois.

2. *Constantinople, le 11 novembre 1909.* — Dans une note circulaire, la Porte signale une fois de plus le régime hybride sous lequel vit la Crète, et les empiétements qui s'y commettent chaque jour sur les droits de la Turquie. Elle dénonce les timbres-poste à l'effigie du roi de Grèce, les pourvois en Cour de cassation à Athènes, le serment prêté au roi Georges par la

Le Comité ne se tient pas pour battu : sa majorité vacille dans le parlement; son crédit baisse, même dans l'armée; les Albanais lui apparaissent comme les fauteurs possibles d'un nouveau Treize Avril. Avant que la Grèce ait achevé la réforme de son administration, la reconstitution de son armée et de sa marine, les Jeunes-Turcs veulent abuser de l'anarchie où la Ligue militaire jette le royaume : d'avance, ils légitiment ce que d'autres tenteront contre eux au jour où quelque révolte arabe ou albanaise les mettra eux-mêmes en pareil désarroi. Les « armements grecs » deviennent le thème des prêches panislamiques. Le journal du Comité, le *Tanine*, adjure les peuples ottomans de « ne pas souffrir que la flotte turque soit inférieure à la flotte grecque ». C'est l'heure où le mécontentement des Arabes cause à Stamboul une crise ministérielle : les Arabes se plaignent que la navigation du Tigre et de l'Euphrate, entièrement concédée aux Anglais, livre au giaour Bagdad et tout le pays de l'ancien Khalifat!

Commission exécutive et par les autorités, la présence d'officiers grecs à la tête de la milice. Elle se plaint en outre de l'attitude peu amicale de la Grèce, des projets d'armements, qui ne peuvent menacer que la Turquie, « seul État limitrophe de la Grèce ». La circulaire conclut : « Nous tenons à conserver intacts nos droits de souveraineté sur l'île et nous repousserons énergiquement toute participation ouverte ou déguisée d'une tierce puissance dans l'administration de la Crète. » Les puissances répondent le 9 décembre qu' « elles ne croient pas le moment opportun pour des négociations tendant à établir le régime définitif de l'île : les circonstances n'ont pas changé depuis l'évacuation des troupes internationales; si des infractions au *statu quo* se produisaient, les puissances y pourvoiraient conformément au point de vue qu'elles exposèrent dans leurs notes du mois de juillet dernier, concernant les droits suprêmes du Sultan ».

Hilmi-pacha, le grand vizir énergique et résolument constitutionnel, est remplacé (30 décembre) par Hakki-pacha, l'ambassadeur à Rome, qui, sans prestige personnel, n'a pour lui la confiance ni des réformateurs et des puissances occidentales, ni des conservateurs de Stamboul et des puissances germaniques. Hakki ne peut se faire un parti que dans le populaire; il ne dure que par la grâce du Comité; il flatte donc le chauvinisme turc et le fanatisme musulman : « Est-il vrai, lui demande-t-on à son départ de Rome, que Votre Altesse songe à une liquidation crétoise? — C'est exact; je suis prêt à céder la Crète pour le prix qu'elle nous a coûté : deux siècles de guerres. » Désormais la Porte va guetter plus soigneusement encore toutes les occasions d'obliger les puissances au « règlement définitif »; les Turcs se voient déjà possesseurs d'une grande flotte; Abd-ul-Hamid avait demandé son chemin de fer sacré de la Mecque aux subsides de l'islam universel; les Jeunes-Turcs aujourd'hui quêtent dans le monde islamique pour leur flotte sacrée [1]

1. *Constantinople, le 8 janvier 1910.* — Une louable émulation règne ici pour doter la Turquie d'une bonne flotte. Les souscriptions s'organisent de tous côtés. Hier, c'est le Sénat qui s'en est occupé : Rechid Akif-pacha proposa l'abandon d'un mois de traitement de tous les fonctionnaires touchant plus de 1 000 piastres (230 francs environ), les gendarmes, les veuves et les orphelins exceptés. Le président fit remarquer que cette motion ne pouvait pas faire l'objet d'une loi, mais qu'on pouvait la proposer sous forme de vœu. Finalement on décida que chaque sénateur abandonnerait un mois de traitement cette année et un mois l'année prochaine. Cette proposition fut acceptée par la majorité, bien que le président eût fait remarquer que la souscription n'était pas obligatoire. Un des sénateurs, Ghalib-bey, déclara qu'il abandonnerait un mois de son traitement chaque année tant qu'il serait en vie. Un autre, l'ouléma Kiazim-effendi, fit de même;

Vainement leurs amis d'Europe et leurs conseillers européens essaient de les détourner de cette folie financière[1] : ils ont besoin de toutes leurs ressources pour les deux défenses intérieure et extérieure de leur Sultanat, pour leur administration et pour leur armée ; la flotte ne leur est utile que pour une offensive contre la Crète ; en tout pays, une flotte est un gouffre de dépenses ; en Turquie, c'est des centaines de millions, des milliards qu'il faudra tant pour les navires, leurs équipages et leur armement que pour les bassins, cales, arsenaux, bureaux et personnel à terre ; tout argent donné à la flotte est autant de pris sur l'armée et les travaux publics, sur les deux budgets indispensables à l'intégrité de l'Empire...

La flotte, répondent les Jeunes-Turcs, est l'arme qui permettra de garder la Crète ; c'est l'indispensable instrument du Khalifat... En 1908, pour assurer leur Khalifat, les Jeunes-Turcs ont gardé Abd-ul-Hamid sur le trône : ils en ont été récompensés par la contre-révolution du Treize Avril et par l'instabilité perpétuelle où leur Sultanat est resté depuis.

---

mais le maréchal Fuad-pacha, le héros d'Elena, eut un plus beau geste : il déclara qu'il abandonnerait chaque mois le quart de son traitement.

Le parti *Union et Progrès* aurait décidé de demander que les députés abandonnassent aussi un mois de leur traitement.

Les frères Saridja Zadé Chakir et Djémal-bey, négociants en charbons, ont donné 80 000 francs et ont promis de verser 230 francs par mois. A Smyrne, on a décidé de recueillir assez d'argent pour commander la construction d'un grand cuirassé. La population de Bigha a souscrit 2 500 francs en deux heures et les employés de la localité ont abandonné un mois de leurs appointements. En outre, il a été convenu que ce caza verserait chaque année une somme de 34 000 francs.

1. Cf. Victor Bérard, *Revue de Paris* du 15 juillet 1910, p 447-448.

En 1909-1910, pour garder la Crète, ils ne veulent pas voir quels embarras mortels leur vaudra leur nouvel instrument khalifal, quelles méfiances une flotte turque éveillera chez toutes les puissances méditerranéennes, chez les Anglais et les Français surtout. L'Angleterre détient des terres ottomanes, Chypre et l'Égypte, où la rébellion bat son plein : la flotte du Khalife y viendra sans doute montrer le pavillon de l'Islam... Et l'Angleterre a dans ses Indes 65 millions de musulmans... La France est inquiète de la propagande panislamique en son Algérie, de la présence d'officiers turcs au Maroc, de l'agitation de ses Jeunes-Tunisiens; *mohadjirs* (émigrés) algériens et tunisiens vont se livrer à d'imprudentes manifestations quand, au mois d'août 1910, arriveront à Stamboul les cuirassés achetés en Allemagne :

> Le peuple ottoman, racontera le *Jeune-Turc* (rédigé en français), a donné en cette circonstance la mesure de son ardent patriotisme. Nous sommes heureux de constater la grande part prise à cette manifestation par les Algériens et les Tunisiens qui résident ou sont de passage à Constantinople.
> Ils ont tenu à donner une nouvelle preuve de leurs sentiments inébranlables d'ottomanisme, en organisant une grande manifestation. Ils avaient affrété une mouche qu'ils avaient pavoisée aux couleurs ottomanes. Deux inscriptions en arabe et en turc, bien en vedette, portaient : « Salut et hommage des mohadjirs algériens et tunisiens aux deux héros Haïreddine Barberousse et Thorgoud Réis. » Barberousse est cet illustre amiral qui, au commencement du xvᵉ siècle, a délivré l'Algérie et la Tunisie du joug des Espagnols.
> On remarquait à bord de la mouche Mehmed-pacha, fils aîné de l'émir Abd-el-Kader, avec son fils Kiamir-bey, le cheik Ismaïl-Sfaïhi, ex-cadi de Tunis, et son fils, Cheïkh Sala Chérif, docteur Ahmed Chérif, Habid Poyraz-bey, Mohammed Poyraz-

bey, M. S. Djémil-bey, docteur Tahir-bey, Omar-effendi, directeur de l'Itadié d'Antalia ; docteur Sahib-bey, professeur de physiologie à l'école de médecine de Damas ; Ibrahim-effendi et M. Steïfeddine T. Gasztowtt

Les Algériens et les Tunisiens ont été reçus à bord du *Messoudié* où divers discours ont été prononcés. A l'arrivée du cuirassé, la mouche a contourné le navire et après avoir longuement acclamé le souverain, *les mohadjirs ont été faire un pèlerinage au tombeau de Haïreddine Barberousse à Bechik-tache. Habid-bey Poyraz a prononcé un discours disant que les Tunisiens et les Algériens sont et resteront toujours des Ottomans.* Une prière a été dite par Cheikh Sala. Ainsi a pris fin cette belle journée.

Huit jours après, la foule insultera les gens de l'ambassadeur italien. Flotte turque et entente turco-autrichienne apparaîtront comme les deux termes unis d'une nouvelle politique...

N'importe : les Jeunes-Turcs veulent une flotte, et les dépenses navales achèvent de déséquilibrer leur budget, qui déjà se solde par un déficit de 10 millions de livres : 230 millions de francs.

* * *

Dès janvier 1910, le changement annuel de titulaires au gouvernement crétois fournit le prétexte que cherchait le nouveau grand vizir : comme ses prédécesseurs, ce gouvernement prête serment au roi de Grèce et l'Assemblée crétoise décide d'appliquer le code hellénique dans cette île qui ne vit qu'à la grecque. Aussitôt « la Sublime Porte proteste contre cette violation des droits souverains de S. M. I. le Sultan ; l'attitude illégale des autorités provisoires de Crète constitue un défi, à l'égard non seulement du gouvernement impérial, mais aussi des puissances protectrices ».

A l'Angleterre qui leur demande « sa » navigation des Fleuves et à la Russie qui leur parle toujours de « sa » liberté des Détroits, les Jeunes-Turcs réclament de nouveau le « règlement définitif ». Les puissances refusent encore (20 janvier). La Porte insiste : elle veut « une prompte solution, sur la base d'une large autonomie combinée avec le maintien des droits souverains de la Turquie ». Le moment lui paraît opportun : la Grèce est en liquéfaction politique, presque en liquidation commerciale.

A Athènes, depuis les *pronunciamientos* d'août et d'octobre 1909, les crises se sont succédé; la dynastie et la Chambre sont impuissantes. En janvier 1910, la Ligue militaire appelle de Crète le sauveur, M. Vénizélos : c'est ce Crétois qui sert de médiateur entre ces Grecs irréconciliables. Il conseille la convocation d'une Assemblée nationale qui revisera toute la machine constitutionnelle et administrative. Deux mois durant, entre civils et militaires, entre Chambre et Ligue, cette question de l'Assemblée et de la revision est débattue. A la fin de mars seulement, la Chambre est renvoyée, et la Ligue dissoute : les élections pour l'Assemblée auront lieu en août; de mars en août, la Grèce pourra se reposer de ses querelles politiques...

Mais ses soucis commerciaux redoublent. On télégraphie d'Athènes le 12 février 1910 : « La crise commerciale s'aggrave : depuis une quinzaine de jours, 208 commerçants d'Athènes et du Pirée ont demandé leur mise en liquidation judiciaire. »

Mauvaises récoltes, mévente des vins; baisse du fret; élévation des assurances maritimes; diminution des envois d'argent par les « Américains » et les « Égyptiens », — par les Grecs installés ou temporairement émigrés en Égypte et en Amérique; — surcharge d'impôts : à toutes ces causes de mauvaises affaires, le boycottage dans les ports et les bazars ottomans est venu s'ajouter. Par le boycottage, les Turcs ruinent le commerce maritime du royaume, et ce commerce est la moitié de sa vie économique. Depuis dix ans, les Grecs, remplaçant leurs voiliers par des vapeurs[1], ont conquis la première place dans le cabotage levantin et la seconde dans le cabotage de la Méditerranée. Leur port du Pirée s'outille pour devenir un rival de Marseille et de Gênes : il a quinze compagnies de navigation grecques, vingt-cinq ou trente agences étrangères; dix-huit nations représentées par leurs consuls; deux grands docks construits; trois autres en construction; des *Ateliers et Chantiers helléniques*; sept ateliers de réparation; nombre d'usines pour le traitement des matières premières; 20 000 habitants en 1880, 80 000 en 1909.

Mais pour rivaliser avec Marseille et Gênes, il faudrait au Pirée que les rails lui amenassent les convois de l'hinterland balkanique et européen.

---

1. Cf. *Diplomatic and Consular Reports*, n° 4228 : Les statistiques officielles pour 1907-1908 donnent :

Ports	Vapeurs.	Tonnage net.
Pirée	136	106 526
Syra	70	65 355
Argostoli	37	49 986
Andros	28	45 168
Ithaque	15	23 806
Total du royaume	300	296 354

Le Pirée compte supplanter un jour tous les autres embarcadères de passagers européens vers l'Égypte, vers le Canal, vers les Indes, vers l'Extrême-Orient : il veut être le dernier quai de l'Europe en face de l'Asie. Déjà, la ligne Pirée-Larissa, qui traverse toute la Grèce continentale, est achevée ; il suffirait de quelques millions de francs et de deux années de travail pour la raccorder, par-dessus la frontière thessalienne, aux rails de Salonique : d'Ostende au Pirée, de Hambourg au Pirée, de Pétersbourg au Pirée, toutes les diagonales nord-sud du continent européen amèneraient alors un trafic décuplé... Il ne manque que l'autorisation des Turcs à ce raccordement : depuis dix années, ils la promettent; mais chaque fois que se rouvre la querelle au sujet de la Crète, ils la refusent.

Aussi, dans les *pronunciamientos*, les commerçants et les « corporations » d'Athènes sont les alliés des officiers : la Ligue militaire, quand, de force, elle veut tourner tout l'effort du gouvernement vers la réfection de l'armure nationale, a pour elle les gens d'affaires; ils en arrivent, eux aussi, à ne plus espérer que d'une coalition balkanique, la réorganisation ou le partage de la Turquie d'Europe, qui leur donnera ce chemin de fer Salonique-Pirée dont ils attendent le seul remède à la crise économique...

Or à peine annonce-t-on d'Athènes qu'une Assemblée nationale sera élue au mois d'août, réunie en octobre, que, huit mois d'avance, la Porte proteste contre l'admission en cette Assemblée grecque de députés crétois, et la Chambre ottomane, qui vote cent quinze millions pour le programme naval, autorise le gouvernement à garantir tout achat de navires de guerre par le Comité de souscription nationale : on menace Athènes d'une invasion en Thessalie, au cas où des députés crétois seraient admis à siéger.

Cette admission étant, huit mois d'avance, interdite par les puissances protectrices, le *Tanine*, le journal du Comité, déclare que, seule, « la réoccupation de l'île par les troupes ottomanes peut éviter la guerre turco-grecque » (6 février) et la Porte demande aux puissances que l'on remette la Crète au rang de Samos, sous un prince ottoman de religion orthodoxe (10 février), juste au moment où les droits de Samos sont violés par l'installation illégale du prince-gouverneur.

En ce printemps de 1910, les Jeunes-Turcs ont l'illusion qu'ils ont retrouvé les conditions balkaniques et européennes qui, au printemps de 1897, permirent à Abd-ul-Hamid sa guerre de Thessalie Sa facile victoire sur les Grecs lui avait donné, à lui, dix années de soumission ottomane et de crédit panislamique, à une époque où l'on croyait son pouvoir ruiné, son prestige anéanti ; car en mars 1897, le régime hamidien semblait à bout : on annonçait pour le début d'avril 1897 la révolution qui ne vint qu'en juillet 1908 ; c'est la guerre de Thessalie qui avait sauvé le Khalife...

En ce printemps de 1910, les Jeunes-Turcs sont harassés par l'opposition de l'islam arabe et par les rébellions de l'islam albanais. Leur armée fait campagne contre les bandes et les *koulas* (châteaux forts) de la Haute-Albanie. Les nationalités musulmanes d'Asie proclament leur ambition de rejeter « la tyrannie turque » et d'obtenir, pour leurs races et pour leurs langues, la parité complète de droits dans tout l'Empire ; on parle d'une révolte militaire à Bagdad... Les visites, à Stamboul, des rois de Bulgarie et de Serbie font croire que, dans un conflit avec la Grèce, on pourrait, en 1910 comme en 1897, compter sur la neutralité des royaumes slaves.

La Porte reprend donc avec les musulmans crétois les intrigues qui ont amené l'insurrection de 1897 et, par suite, la guerre de Thessalie :

Athènes, le 15 avril 1910. — Les journaux crétois s'occupent de la question du serment à l'Assemblée nouvellement élue. Les députés musulmans, l'année dernière, avaient évité de prêter serment au roi Georges en n'assistant pas à la séance. Aujourd'hui, les instructions reçues de Constantinople les incitent à se présenter à la séance afin de créer un incident.

Constantinople, le 21 avril 1910. — Rifaat-pacha, ministre des Affaires étrangères, a adressé aux ambassadeurs de Turquie accrédités auprès des puissances protectrices une circulaire dans laquelle il attire particulièrement leur attention sur la question du serment que l'on veut faire prêter aux députés musulmans de Crète. La Porte y voit une atteinte au *statu quo* garanti par les puissances et veut les en informer à temps pour qu'elles puissent l'empêcher.

A la fin d'avril 1910, l'Assemblée crétoise se réunit. Le chef du gouvernement provisoire lit le décret d'ouverture :

*Au nom du roi des Hellènes, Georges I*er,
La Commission exécutive, vu les décisions de l'Assemblée des Hellènes siégeant en Crète, décrète et ordonne l'ouverture de la session...

L'intitulé *au nom du roi des Hellènes, Georges I*er, est semblable à celui de tous les décrets rendus depuis deux ans et de quinze ou vingt décrets rendus pendant l'occupation européenne. Mais à cette ouverture de la session de 1910, les députés musulmans protestent. Les députés chrétiens écoutent en silence, puis prêtent le serment que, depuis deux ans, la Crète entière a prêté deux ou trois fois déjà : « Au nom de la Sainte-Trinité, nous jurons foi à la patrie et au roi constitutionnel, obéissance à la Constitution et aux lois de l'État... » Les députés musulmans s'abstiennent et personne ne leur en fait un grief. Mais l'un d'eux dépose une seconde protestation qui, celle-là, est mise en pièces par un énergumène — il s'en trouve dans toutes les assemblées et ce Crétois a l'excuse de compter parmi ses grands-pères un pallikare écorché vivant par les Turcs — : l'Assemblée entière censure le geste, déclare que les députés musulmans seront toujours libres d'exprimer leur opinion et demande la remise et le dépôt de la protestation [1].

---

[1]. Il n'est pas douteux que cette scène ait été d'avance combinée sur les instructions de Constantinople, tout comme au temps d'Abd-ul-Hamid étaient combinés les massacres de chrétiens. On écrit de la Canée au *Temps*, le 16 mai 1910 :

« Le règlement de la Chambre crétoise ne permet pas la déposition d'un acte quelconque avant la constitution du bureau; pourtant on avait reçu leur première protestation. Quel sens avait dans ces conditions la déposition, à moins de cinq minutes d'intervalle, d'une seconde protestation d'une portée moins générale que la première? Notez qu'on n'avait pas même demandé aux musulmans de prêter serment.

» Le décret proclamant les élections était publié au nom du roi des Hellènes; cela n'a pas empêché les musulmans de prendre part aux élections, alors qu'ayant des collèges spéciaux, ils auraient pu s'abstenir sans danger de voir des chrétiens élus comme leurs représentants. Tout ceci conduit à la conclusion que l'incident était prévu, et qu'on avait spéculé sur la nervosité des députés chrétiens.

» De même, pour le texte de la seconde protestation : « Nous,

En Crète, l'incident pourrait être clos. Mais en Turquie, les Crétois émigrés et la Ligue de la Patrie ottomane en profitent pour exciter la populace des villes et les casernes contre les *farmane-sounlar* (francs-maçons) du Comité. La situation des Jeunes-Turcs est si précaire que les plus sages sont obligés de hurler avec la foule. Les meilleurs, les plus ardemment patriotes sentent bien que la Crète est l'instrument dont veulent se servir contre eux celles des puissances qui n'ont pas cessé de rêver le partage de l'Empire et celles des nationalités sujettes qui ont la prétention de rejeter les Turcs au second plan et d'obtenir pour elles-mêmes la suprématie. Mais la continuation de la révolte albanaise brochant là-dessus, le Comité ne voit plus dans les affaires crétoises que le dernier moyen de se concilier l'islam ottoman.

Durant six longues semaines, le jeu des notes et contre-notes recommence entre les puissances et les Crétois, entre la Porte et les ambassades (13 mai-26 juin) : l'Assemblée crétoise veut exclure les députés et congédier les fonctionnaires musulmans. Dans

» soussignés, délégués musulmans à la troisième Assemblée des
» Crétois, nous avons l'honneur de porter à votre connaissance que,
» nous basant *uniquement sur les droits souverains de l'Empire ottoman*
» et n'ayant participé à aucun autre point hors l'autonomie *octroyée*
» *par le gouvernement ottoman*, protestons contre la proposition qui
» nous est faite de prêter serment au nom du roi des Hellènes. »
» J'ai souligné les parties destinées plus particulièrement à donner ombrage aux chrétiens. En effet, les droits du sultan, que l'Europe qualifie de *suprêmes*, sont dits *souverains*; de plus, l'autonomie qui fut accordée par les puissances est portée comme accordée par le sultan, et par le sultan seul... Si un pareil texte avait été lu à l'Assemblée, il aurait provoqué des orages, et tout porte à croire que c'est dans ce but qu'on lui avait donné une forme aussi cassante. »

tout l'Empire turc, recommencent les *meetings* d'indignation et de menaces; à Constantinople, les préparatifs navals; à la frontière de Thessalie, les préparatifs militaires :

Constantinople, le 23 mai. — La flotte ottomane est sortie hier. Talaat-bey, ministre de l'Intérieur, a dit à ce propos : « Nous ne songeons nullement à faire un coup de force. L'escadre fera trois jours d'exercices de tir dans la mer de Marmara, puis une croisière comme l'année dernière; elle se rendra à Smyrne, Rhodes, etc. » Mais le *Tanine*, organe du comité Union et Progrès, écrit : « Notre flotte ferait mieux d'aller dans les eaux de Crète et de mouiller dans la baie de la Sude pour envoyer un ultimatum aux insurgés crétois. Puisque les puissances ne peuvent pas soutenir les intérêts ottomans, la Turquie les défendra : si les puissances le veulent, elles peuvent faire un second Navarin. »

Les musulmans crétois crient au secours; à Rhodes, à Smyrne, au parlement ottoman, leurs émigrés prêchent la Guerre Sainte contre les Grecs du dedans et du dehors :

Constantinople, le 24 mai. — Le mufti de Candie, qui a fui à Smyrne, a demandé télégraphiquement au Sultan de veiller aux droits de la Turquie; au nom de l'Union musulmane de Crète, il a adressé un appel aux Albanais, dans lequel il les invite à accourir au secours de leurs coreligionnaires crétois. Il a adressé un semblable appel dans toutes les provinces turques.

Constantinople, le 29 mai. — A la Chambre ottomane, le président lit la requête de seize députés musulmans à la Chambre crétoise : ils font ressortir que leur vie est en danger et que l'élément musulman dans les circonstances actuelles ne peut rester en Crète. Une motion d'interpellation est déposée par plus de deux cents députés. Le cheik Essad-effendi, député de Saint-Jean d'Acre, déclare : « Si en moins d'une semaine le cabinet ne résout pas la question crétoise, tous les musulmans se réuniront, même ceux du Soudan et de l'Algérie, pour demander l'étendard du Prophète et se faire justice eux-mêmes. Lors des événements de Crète, sous Abd-ul-Hamid, les Arabes de Médine jurèrent sur le Tombeau du Prophète de former une société pour défendre les droits du monde musulman. Abd-ul-Hamid réussit alors à les en dissuader. Mais dans l'occasion présente il serait facile de réunir tous les éléments du monde islamique. »

Le député Mehmed Ali (Crétois) dit que le cabinet peut trouver facilement un prétexte de guerre contre la Grèce : sous Abd-ul-Hamid, l'armée turque atteignit Lamia en vingt jours; l'armée du régime actuel irait à Athènes en une semaine.

Constantinople, le 5 juin. — L'effervescence, évidemment très attisée contre la Grèce, prend une énorme extension. L'ouléma de Nenemen, âgé de soixante-dix ans, invite les hodjas et les oulémas à se joindre aux trois mille volontaires dont il sera le porte-drapeau, pour aller montrer aux traîtres crétois la grandeur du Cheri et la gloire des Turcs : renonçant à sa famille et à sa fortune, il marchera, le linceul au cou, le Coran sur la poitrine et l'épée à la main.

Le moindre incident de frontière amènerait une guerre turco-grecque qui, débutant par l'entrée des Turcs en Thessalie, finirait sans doute par l'entrée des Bulgares à Andrinople, des Russes dans les Détroits, des Autrichiens à Salonique. Les moins pessimistes des Jeunes-Turcs entrevoient cette fin. Peu leur importe : « La Turquie, dit le *Tanine*, pourra être ruinée; mais elle en entraînera d'autres dans le sanglant précipice où elle tombera. » Une seule pensée a envahi tous les cerveaux turcs : faire à l'hellénisme et aux Grecs le plus de mal qu'il se pourra; même au prix de la Turquie d'Europe, extirper le Grec des Iles et de la Turquie d'Asie;

exécuter en 1910, sous le régime constitutionnel, ce que quatre cents ans d'absolutisme n'avaient pas osé tenter, ce que le seul Abd-ul-Hamid rêva un instant contre les Arméniens, — « le grand moyen », la suppression d'une race indigène de cinq millions d'hommes dans le territoire que ses ancêtres occupent depuis trois mille ans. Déjà le boycottage ruine les bazars grecs de l'empire, les commissionnaires et les bateliers grecs, les compagnies de navigation grecques :

Constantinople, le 30 mai. — Le boycottage des marchandises et des bateaux grecs dans les ports de la mer Noire tend à prendre une extension inquiétante.

Salonique, le 10 juin. — Un comité de boycottage s'est constitué contre tous les navires grecs. Il est interdit aux débardeurs, sous menace de mort, de décharger les navires grecs et d'y transporter des passagers.

Constantinople, le 10 juin. — Le boycottage a pris à Smyrne une forme extrêmement violente. Des Crétois musulmans ont parcouru les rues, obligeant les propriétaires de magasins grecs à fermer boutique. Le drogman du consulat grec n'a échappé à de mauvais traitements que grâce à l'intervention des autorités.

Salonique, le 20 juin. — Des affiches ont été posées par le comité de boycottage : « Nous avons prévenu le monde que nous crèverions les yeux et couperions les mains à tous ceux qui oseraient vouloir prendre une parcelle de territoire ottoman. Ainsi nous ferons. Nous avons déjà décidé de boycotter tous les navires battant pavillon hellène et tous les produits venant de Grèce; mais cela ne suffit pas. Rompons toutes relations avec tous les Grecs ottomans, nos boulangers, nos bouchers, nos épiciers, etc., dont les aspirations sont tournées vers la Grèce. »

Constantinople, le 24 juin. — Sous le couvert du patriotisme, c'est la guerre économique ayant pour objet d'éliminer le Grec du marché. Le *Tanine* écrit : « Avant de tirer l'épée, la nation ottomane ferme sa bourse aux Hellènes. Il n'y a pas de sentiment plus légitime, plus logique. Malgré les dommages de cette guerre économique, les profits futurs seront considérables, parce que le pavillon hellénique et les marchandises grecques seront contraints d'abandonner la place et la concurrence. » Des commerçants turcs engagent, moyennant salaire, des individus de la populace pour faire la garde devant la boutique de leurs concurrents hellènes, empêcher les clients d'entrer et les emmener par force chez eux. A Smyrne, un débit de tabac a été détruit par les boycotteurs. Dans d'autres villes, les magasins subissent de véritables assauts. Ce que l'on entreprend, ce n'est pas le boycottage pur et simple, le refus d'embarquer et de débarquer les marchandises sous pavillon hellène et l'abstention des Ottomans de faire leurs emplettes chez des Hellènes ; c'est le renvoi, la disparition de l'Hellène et de tout ce qui est hellénique de l'Empire ottoman.

Salonique, le 24 juin 1910. — La surexcitation de la populace musulmane, provoquée par les violents discours que prononcèrent dans les mosquées des hodjas fanatiques et de soi-disant patriotes, devient inquiétante. On ne parle que de massacrer les Grecs et de brûler les consulats des quatre puissances protectrices de la Crète, dont l'attitude est une insulte à tout bon musulman.

Le Comité central *Union et Progrès* reçoit de tous les points de l'Empire des demandes de renseignements sur la question crétoise ; de nombreux volontaires se disent prêts à marcher contre la Grèce ; les Albanais de Monastir veulent qu'à tout prix on occupe la Thessalie.

Les femmes musulmanes ont voulu apporter aussi une preuve de leur loyalisme. Elles avaient décidé d'organiser un meeting de protestation contre l'annexion de la Crète à la Grèce. Les jeunes filles et les veuves devaient jurer de ne pas accepter pour mari tout homme qui, pour une raison quelconque, n'a pas défendu cette indigne annexion les armes à la main. Le vali de Salonique fit remercier ces femmes patriotes de leurs sentiments de solidarité, mais leur refusa l'autorisation du meeting.

Il est impossible de chiffrer, même à une centaine de millions près, les pertes que cette guerre économique cause aux Grecs de l'Empire ottoman. Pour le royaume, les deux statistiques du commerce général et de l'émigration peuvent fournir des indices.

Jusqu'en 1908, le commerce général avait crû d'année en année; en 1909, il tombe de 12 p. 100 :

	Importations.	Exportations.	Total.
	En millions de francs.		
1897	116,3	81,7	198
1901	138,7	93,7	232,4
1905	141,7	88,6	230,3
1907	143,4	120,1	263,5
1908	152,6	109,2	261,8
1909	135,9	101,4	237,3

Depuis 1900, l'émigration est devenue un mal endémique dans toutes les provinces, dans la Morée surtout; en 1906, elle tourne au fléau; en 1910, au désastre :

	1900	1902	1904	1906	1908	1910
Émigrants	3 773	8 115	12 625	23 127	23 808	39 135

Ces jeunes gens ne partaient, au début, que pour quelques mois, deux ou trois années tout au plus; ils n'allaient en Amérique que pour se libérer de leurs dettes ou se procurer le capital d'un achat de terres, d'un fonds de commerce au pays. La bonne moitié, maintenant, ne revient plus; au contraire, ils appellent là-bas parents et famille. La population du royaume s'était accrue abondamment de 1861 à 1896; il n'en est plus ainsi de 1896 à 1907 :

	1861	1870	1879	1889	1896	1907
Milliers d'habitants.	1 096	1 457	1 679	2 187	2 433	2 631

De 1879 à 1889, les 500 000 âmes de différence étaient dues pour une bonne part à l'annexion de la Thessalie et de la Basse Épire. Mais de 1889 à 1896, en *sept* ans, la seule natalité avait fait gagner près de 250 000 âmes. De 1896 à 1907, en *onze* années, l'exode a réduit le gain à 200 000. Et le gain n'est constaté que dans les villes : les provinces, la Morée presque entière, se dépeuplent. L'Amérique pour la Grèce d'aujourd'hui devient ce qu'avait été l'Empire romain pour la Grèce antique : les Grecs courent à ces villes du plus lointain Occident, où ils font tous les petits métiers qu'ils avaient fait jadis sur les terres de Rome, aux temps où, dans les convois des légions, ils s'en allaient jusqu'au Mur de Calédonie...

Cet exode vaut au royaume de gros subsides annuels : les émigrés envoient de l'or, beaucoup d'or au pays ; il se trouve parmi eux des « bienfaiteurs », — on dit en grec : des évergètes, — qui, par donation ou testament, dotent leurs villes ou la capitale de monuments, de fondations scolaires, religieuses et charitables, dessèchent les marais de Corfou, amènent des sources à Patras. Mais cet exode, s'il se continuait, aggraverait encore l'infériorité numérique de l'hellénisme en face des Bulgares prolifiques et envahissants. C'est là un nouveau danger que fait courir à la race entière la prolongation de la crise crétoise. Il est des points de l'Empire ottoman où ce danger est particulièrement grave. Depuis que les Jeunes Turcs ont décidé d'astreindre leurs sujets chrétiens au service militaire, les Grecs des îles de l'Archipel préfèrent l'exil à la caserne : par milliers, ils émigrent en Égypte et en Amérique ; sur les 17 000 conscrits chrétiens du *vilayet* des Iles, 14 000 seulement ont pu être enrôlés; « dans une génération, dit la *Correspondance d'Orient* du 15 septembre 1910, l'élément grec subira une grande diminution ». Et l'émigration a une autre influence encore sur la politique d'Athènes.

Nombre de ces « Américains » reviennent temporairement ou définitivement au pays. Ils y rapportent les idées du jour, les conceptions politiques du monde civilisé, lequel monde, pour eux, n'est plus la vieille, petite, retardataire Europe; c'est à l'adolescente, courante et géante Amérique qu'ils demandent des leçons; là-bas, sans rien perdre de leurs sentiments ni de leur langage d'Hellènes, ils ont pu devenir citoyens des États-Unis, en compagnie d'Anglais, d'Allemands, d'Italiens, de Bulgares, de Turcs même qui, sans rien perdre non plus de leur être propre, deviennent cependant de pareils Américains. Grande leçon, pensent et disent ces Grecs « dernier modèle » : l'Europe du XIXe siècle avait inculqué aux Hellènes ses sentiments et ses théories de nationalité close; l'Amérique du XXe leur enseigne sa pratique du fédéralisme ouvert, des races syndiquées. A New-York, Grecs et Bulgares, sur le pied d'égalité, sont libres citoyens de la même Amérique : pourquoi n'essaieraient-ils pas, à Salonique, à Constantinople, de construire ensemble une libre Balkanie où ils auraient chacun son rôle et tous leurs bénéfices, dans un syndicat du Bulgare laboureur, du Serbe pasteur, de l'Hellène commerçant, de l'Albanais gendarme et même du Turc soldat?

Grecs et Bulgares commencent de découvrir, en outre, que leurs intérêts économiques pourraient être solidaires, et leurs genres de vie, complémentaires en quelque façon. Le Bulgare produit le blé que le Grec consomme; la marine grecque trouve un fret de plus en plus abondant en Bulgarie :

Il y a une dizaine d'années, — écrivait en mars 1911 la revue *L'Hellénisme*, — la Bulgarie ne méritait pas une mention spéciale dans les tableaux du commerce grec. Elle était comprise dans le chapitre *Autres pays* où sont groupés tous les pays dont les échanges avec la Grèce oscillent entre quelques milliers et quelques dizaines de milliers de francs par an. La Grèce ne faisait pas meilleure figure dans les statistiques bulgares.

Puis tout à coup, changement à vue. Les importations bulgares, céréales et farines principalement, montent avec une rapidité extraordinaire. La Bulgarie entre en ligne avec 5 135 718 francs en 1905, 12 428 210 en 1906, 11 386 502 en 1907, au milieu des protestations de la minoterie grecque. L'augmentation des droits d'entrée sur les farines étrangères, conséquence de cette agitation, arrête l'essor du commerce bulgare en Grèce, mais ne lui enlève pas ses positions. Sur les tableaux de 1908 (les derniers publiés), la Bulgarie vient septième avec 9 245 808 francs, suivant de près la France dont les importations demeurent, depuis 1904, stationnaires.

Les importations grecques en Bulgarie, au contraire, restent toujours à des chiffres ridiculement bas : 133 106 francs en 1905; 52 469 en 1906; 127 248 en 1907; 90 549 en 1908. Mais la marine grecque prend une part de plus en plus importante dans le transport des marchandises bulgares ou à destination des ports bulgares. On pourra en juger par le tableau du mouvement en janvier 1911 du port de Bourgas :

Pavillons.	Entrées.
Grec	18 navires.
Anglais	12 —
Autrichien	8 —
Bulgare	5 —
Russe	3 —
Belge	2 —
Italien	2 —

Ces dix-huit vapeurs grecs ont débarqué 1 840 tonnes de marchandises venant presque en totalité de Turquie et d'Angleterre (il y a à peine 2 538 kilogrammes de marchandises grecques) et embarqué 7 292 tonnes pour Rotterdam et le Pirée. En 1910, l'ensemble des marchandises expédiées de Bourgas en Grèce s'est élevé à 12 318 tonnes. Ce furent presque exclusivement des céréales (12 187.890 kilogrammes).

IV. — M. VÉNIZÉLOS

Pendant les mois de mai et de juin 1910, les puissances protectrices sont ramenées à la discussion du « règlement définitif » : les Crétois empêchent les députés musulmans de siéger et veulent congédier tous les fonctionnaires musulmans.

Les funérailles d'Édouard VII fournissent aux souverains et aux diplomates une occasion de rencontre et d'entretien. Londres et Paris s'accordent aussitôt pour le règlement des incidents actuels : on donnera un sévère avertissement aux Crétois ; s'ils ne cèdent pas aux conseils, on emploiera la force et l'on rétablira le Haut-Commissaire, M. Zaïmis ; au cas où M. Zaïmis n'accepterait pas, on nommerait un autre commissaire, « après avoir consulté la Porte » (5 juin 1910).

A ces propositions franco-anglaises, la Grèce objecte qu'en vertu de la note du mois d'août 1906, c'est elle, et non la Porte, qui doit être consultée sur la désignation du Haut-Commissaire, et les Crétois demandent le règlement non pas des difficultés temporaires, mais du statut définitif de l'île, et la Porte exige aussi ce « règlement définitif ». Et voilà les puissances bien empêchées !

Le gouvernement français pense qu'il suffirait de réunir une conférence d'ambassadeurs ; « La conférence ! » depuis le mois d'octobre 1908, toute la politique levantine de la France tient en ce mot, que raillent les notes officieuses de Berlin :

Berlin, le 17 juin 1910. — Une note officieuse déclare que l'Allemagne n'a aucune raison de sortir de sa réserve pour apporter un concours actif dans l'imbroglio crétois : « La situation en Crète est le résultat de la sagesse diplomatique des quatre puissances protectrices, qui ont pour excuse de n'avoir pas pu prévoir la transformation du régime hamidien en un régime constitutionnel. Mais on peut leur reprocher de ne pas avoir profité de la question de Bosnie-Herzégovine pour en finir avoir le problème crétois dans le sens de l'hellénisme. »

En octobre 1908, deux politiques s'étaient offertes à notre gouvernement et avaient été longuement débattues dans notre presse : « politique des accords » et « politique de la conférence ».

Réconcilier les Turcs avec leurs voisins immédiats pour interposer l'amitié bulgare, serbe et grecque entre Constantinople et les puissances du « voisinage » ; acquérir aux Bulgares et aux Crétois la légalisation par les Jeunes-Turcs de l'indépendance et de l'union ; acquérir à la Turquie une juste indemnité en argent sonnant pour l'un et l'autre sacrifices et, du même coup, lui permettre des exigences bien plus fortes pour l'indemnité bosniaque ; acquérir enfin à tous les peuples balkaniques l'oubli réciproque de cinquante ans d'atrocités et l'entente cordiale contre les diplomaties de proie qui ne voyaient dans les affaires levantines que terres à partage et gouvernements à rançon : tel était le but qu'aurait dû se proposer une politique humaine, honnête, et doublement française par le souci de nos traditions nationales et par la défense de nos intérêts les plus évidents. Et la méthode, c'était une série d'accords négociés entre la Jeune Turquie et les chrétientés balkaniques sous la secrète, mais efficace médiation des puissances occidentales, de la France en particulier... Les Allemands avouaient en 1910 qu'ils avaient attendu de nous cette politique et qu'ils s'y fussent ralliés.

En octobre 1908, nous pouvions dire aux Jeunes-Turcs toute la vérité, leur montrer dans l'union crétoise, comme dans l'indépendance bulgare, la conséquence fatale du régime hamidien. Depuis 1898, pourquoi les puissances avaient-elles par leurs actes et leurs paroles donné aux Crétois la conviction que l'autonomie n'était que la dernière étape vers l'affranchissement complet ? c'est que trente années d'expérience (1878-1908) leur avaient prouvé, à elles comme aux Crétois, la duplicité de la Porte, les efforts du Khalife pour troubler tout état légal en Crète, ses excitations aux massacres, bref l'incompatibilité d'un régime turc et d'une Crète pacifiée. Le seul Abd-ul-Hamid était l'auteur responsable de ces crimes. Mais Abd-ul-Hamid étant alors toute la Turquie, à qui la faute si les Crétois — et les puissances avec eux — étaient arrivés à la conviction qu'Islam et légalité étaient en Crète termes contradictoires ? En juillet 1908, les Jeunes-Turcs avaient conservé Abd-ul-Hamid sur le trône : il était, pour eux aussi, le Khalife sacro-saint ; ils tenaient à « l'utiliser », lui aussi, l'admirant comme le meilleur, le seul diplomate de leur empire, l'indispensable négociateur entre l'Europe et la Turquie, jeune ou vieille... — Fort bien ; mais on ne pouvait pas faire cohabiter dans le même empire Abd-ul-Hamid et les Crétois.

Voilà ce qu'en octobre 1908 il eût fallu remontrer aux Jeunes-Turcs, en leur offrant un compromis qui sauvât l'honneur de la Porte, les intérêts de l'islam crétois, le présent et l'avenir du nouveau régime.

Or, entre les puissances protectrices et les Jeunes-Turcs, c'était à nous, Français, de prendre le rôle de médiateurs, de truchemans tout au moins. Nous seuls pouvions le jouer : ni l'Italie, à cause des soupçons que donnaient depuis longtemps aux Turcs ses agissements en Tripolitaine, ni l'Angleterre, occupante de Chypre et de l'Égypte, ni Pétersbourg, en raison de l'hostilité séculaire, ne pouvaient facilement gagner la confiance de la Porte. Nous étions, nous, les amis, presque les cofondateurs de la Jeune Turquie. Elle témoignait à nos conseils une déférence que notre dévouement aurait dû justifier : quittant Paris, pour aller prendre la direction des affaires ottomanes, le Comité *Union et Progrès* demandait à nos hommes d'État que, dans la personne d'un nouvel ambassadeur à Constantinople, ils lui donnassent « un témoin sympathique et un conseiller toujours écouté » ; de toutes les puissances, aucune n'était aussi intéressée que nous au salut de l'Empire turc.

Mais en août 1908, nous avions négligé de donner aux Jeunes-Turcs l'ambassadeur qu'ils nous demandaient. En octobre 1908, à ce tournant décisif de l'histoire levantine, une seule considération faisait prévaloir chez nous la « politique de la conférence ». Et cette considération n'avait rien à voir avec les intérêts primordiaux de la nation : elle ne touchait qu'à des combinaisons de personnes, aux relations de nos hommes d'État avec le ministre russe d'alors, M. Isvolski.

Tout étourdi encore du tumulte qu'avait produit en Russie l'annexion bosniaque, attaqué ou raillé par la presse, par la Douma et par les coteries de cour, M. Isvolski, alors ministre des Affaires étrangères, arrivait à Paris et demandait qu'on lui vînt en aide : il se disait indispensable à la durée et à la cohésion de la Triple-Entente, dont l'avenir pourrait être compromis par sa chute; il lui fallait, pour rentrer en grâce et en crédit, une revanche sur les succès de son triomphant compère et rival, M. d'Aehrenthal; il ne voyait de salut personnel que dans l'obtention de « sa » liberté des Détroits; ayant en poche l'assentiment de Vienne et de Rome, escomptant le même assentiment de notre alliance, de l'amitié anglaise et de la bonne camaraderie allemande, il pensait qu'une conférence européenne aurait tôt fait d'enregistrer cette liberté des Détroits. Et voilà pourquoi, délaissant l'honnête et généreuse politique des accords, ayant la naïveté de croire que l'Europe obligerait les Turcs à livrer au contrôle des Russes l'entrée de leur Corne d'Or, nous nous tournions et, malgré les répugnances de Londres, nous orientions la Triple-Entente vers la poursuite de cette conférence.

D'octobre 1908 à juillet 1909, nos gouvernants et leurs officieux nous ont-ils assez promis, assez vanté cette conférence de laquelle, à peine ouverte, allaient jaillir la fédération balkanique, la paix européenne, la concorde universelle et au fond de laquelle, sans trop oser le dire même entre nous, nous espérions trouver quelque redressement de l'Acte d'Algésiras, notre liberté d'action militaire au Maroc!...

En juin 1910, c'est elle que nos diplomates venaient offrir de nouveau, comme le remède souverain à toutes les difficultés! Ils tenaient à cette conférence, dont les dissensions et l'échec final eussent été dangereux à la paix de l'Europe, dont le succès aurait pu être plus dangereux encore à l'intégrité ottomane ou à la liberté crétoise! Son moindre défaut aurait été son inutilité, si elle eût abouti, comme la Conférence de Berlin de 1880, comme celle de Constantinople en 1881, à des définitions de principes ou de frontières dont personne n'eût osé risquer la réalisation, ou si, comme la Conférence crétoise de Rome en 1904, comme presque toutes les conférences, elle n'eût abouti que longtemps après que les événements en auraient rendu les décrets superflus.

En juin 1910, notre proposition est fort mal accueillie. Des quatre puissances protectrices, la France est la seule qui songe, pour l'heure présente, à un « règlement définitif ». L'Angleterre n'y est pas préparée : ses embarras en Chypre augmentent chaque jour; en Égypte, l'assassinat du premier ministre, Boutros-pacha, fait édicter les lois de répression et de police les plus sévères. Londres continue de dire que « l'union de la Crète à la Grèce reste possible et désirable *dans un avenir indéterminé* »; mais l'opinion anglaise pense que « demander la fin du provisoire, c'est faire le jeu des Crétois ou celui des Turcs, pour aboutir fatalement soit à de nouvelles insurrections crétoises, suivies de massacres, soit à l'entrée des Turcs dans la Triplice »; et l'entrée des Turcs dans la Triplice, c'est la mainmise de l'Allemagne sur le Khalifat, c'est l'intrigue panislamiste dans l'*estate* anglais, la rebellion en Égypte, l'agitation musulmane aux Indes.

Notre gouvernement a demandé l'étude du « règlement définitif » dans une conférence d'ambassadeurs ; réponse anglaise :

Londres, le 15 juin 1910. — Le *Foreign Office* estime qu'à une telle conférence la Turquie et probablement aussi la Grèce demanderaient à prendre part. Or cette participation transformerait la conférence d'ambassadeurs en une conférence européenne à laquelle on serait appelé à demander le concours de l'Allemagne et de l'Autriche. Comme un refus des puissances germaniques est possible, on préfère à Londres demeurer dans l'expectative et chercher une solution empirique.

Pour adoucir le refus, pour répondre aux journalistes de la Triplice qui dénoncent cette fêlure de l'Entente cordiale, Londres accepte que la proposition française soit mentionnée dans la réponse que les quatre puissances adressent le 26 juin à la note turque du 13 mai (il a fallu quarante-quatre jours aux diplomates pour se mettre d'accord, tandis que la guerre turco-grecque menaçait de leur éclater dans les jambes) : « Si la Turquie désire un statut définitif en Crète, c'est à elle de convoquer une conférence où toutes les puissances signataires du traité de Berlin accepteront de siéger. »

Les Turcs ont l'air de prendre au sérieux cette défaite et de vouloir en appeler à Berlin. Aussitôt

(3 juillet), l'Angleterre informe la Porte « qu'elle n'estime pas le moment venu de régler définitivement la question crétoise ».

Autre puissance protectrice : l'Italie. Dans les affaires méditerranéennes, on sait que les préférences de Londres déterminent presque toujours la politique de Rome; mais l'Italie officielle a d'autres raisons de ne vouloir, elle aussi, que du *statu quo*.

En cette année 1910, elle fête le cinquantenaire des Mille : on n'imagine pas qu'elle puisse, dans la Sicile crétoise, faciliter aux Turcs le rétablissement même nominal de l'ancien régime! M. di San Giuliano, le nouveau ministre des Affaires étrangères, a beau déclarer à la Chambre italienne : « Jadis le Piémont avait tout à gagner dans les conflits internationaux; aujourd'hui, entrée dans le concert des grandes nations, l'Italie a assumé vis-à-vis de l'Europe et du monde l'engagement solennel d'être un élément de civilisation et de paix »; il se trouverait encore des voix garibaldiennes pour protester contre toute participation de Rome à un crime de lèse-nationalité.

Mais en cette même année 1910, les Italiens s'efforcent de conquérir leur place dans les bazars de l'Empire turc; ils demandent leur part de commandes dans l'armement terrestre et naval de la Jeune Turquie; ils veulent gagner aussi la bienveillance de la Porte à leurs écoles et à leurs fondations hospitalières. On n'imagine donc pas davantage l'Italie risquant une démarche en faveur de l'hellénisme.

Rome sait que les Jeunes-Turcs l'ont à l'œil :

échappés ou revenus des bagnes tripolitains, ils ont peu de confiance dans les paroles de désintéressement qu'elle leur prodigue.

Les provinces ottomanes de l'Afrique septentrionale, — dit à la tribune le ministre italien des Affaires étrangères, — sont pour nous un facteur de premier ordre dans l'équilibre de la Méditerranée. Aussi la règle invariable de notre politique étrangère a été de contribuer à maintenir en cette Afrique l'intégrité de l'Empire ottoman...
L'intégrité des provinces ottomanes en Afrique n'a jamais été plus respectée qu'aujourd'hui; elle est garantie par les traités généraux et par les accords particuliers. Elle est actuellement mieux garantie encore par le nouveau régime de l'Empire ottoman, qui ne tolérerait aucun acte ayant un caractère menaçant pour ses possessions africaines.

Ce langage, loin de rassurer les Jeunes-Turcs, les inquiète : ils n'aiment pas à entendre dire que telles ou telles de leurs provinces ont pour tels ou tels de leurs voisins une valeur spéciale, et quand on leur parle d' « accords particuliers », ils pensent aux marchandages dont M. Tittoni a dû faire l'aveu en octobre 1908 et dont MM. d'Aehrenthal et Isvolski ont été, de 1906 à 1908, les partenaires.

Au nom du « droit de voisinage », ces trois amis qui proclament leur ferme dévouement à l'intégrité ottomane, ont échangé des vues, des promesses, des signatures peut-être, pour les jours tout prochains, pensaient-ils, où le régime hamidien, ayant rendu cette intégrité impossible, rendrait le partage inévitable; chacun de ces trois « voisins » a délimité sa sphère d'influence.

Le Serbe aux Autrichiens, le Bulgare aux Russes, c'est à l'Italie qu'à partir de 1906 le Grec a été confié : aussitôt entre Rome et Athènes, les visites royales se sont multipliées, et les échanges de vues, de signatures peut-être, touchant cette intégrité albanaise que l'on déclare indispensable aussi au bonheur de la Grèce et de l'Italie, mais que l'on prévoit caduque, presque ruinée déjà.

En octobre-novembre 1908, Rome avait semblé prendre la tête des puissances protectrices : c'est à Rome que le roi de Grèce était allé demander l'exécution des promesses dont Paris et Londres l'avaient gratifié. Tout pareillement, en avril-mai 1909, l'Italie était redevenue le centre des négociations crétoises : de Naples, où le roi Édouard rencontrait et entretenait longuement Victor-Emmanuel II et son ministre des Affaires étrangères, la reine d'Angleterre et l'impératrice-douairière de Russie allaient à Athènes porter leurs encouragements à leur frère, le roi Georges (30 avril-10 mai); à Brindisi, débarquait Guillaume II rentrant de Corfou où, pendant un séjour de quelques semaines, il avait eu pour le même roi Georges et pour son ministre Théotokis les plus aimables paroles [1]. Dans leur entrevue de Brindisi (12 mai), à laquelle assistait encore le

---

1. Voir *Le Temps*, *Bulletin de l'Étranger* du 4 juin : « Chose curieuse : c'est, depuis quinze jours, de deux puissances non protectrices qu'on a paru attendre une initiative. Cela s'explique par le séjour de Guillaume à Corfou, et les conversations qu'il a eues avec le roi de Grèce et ses ministres. Guillaume II n'a pas pu rester insensible à ce qu'ont de respectable et de juste les aspirations gréco-crétoise, et il a promis à Georges Ier de plaider sa cause. Cette promesse a transpiré; car nous ne vivons pas dans un temps où les secrets se gardent. Et, pendant quelques jours, on a pu voir dans les journaux de Vienne et de Berlin des articles obligeants pour la Grèce. La Crète n'était plus « l'île intéressante » dont M. de Bülow parlait naguère ironiquement. »

ministre des Affaires étrangères italien, Guillaume II et Victor-Emmanuel traitaient de l'affaire crétoise. Il semblait que Rome dût recevoir bientôt le mandat de parler amicalement aux Turcs, non seulement au nom des puissances protectrices, mais pour le compte aussi de la Triplice, de l'Europe entière : peut-être les événements du Treize Avril avaient-ils donné à tous les souverains l'impression que l'agonie ottomane commençait et qu'il fallait se concerter « en vue de toutes les complications possibles ».

Mais bientôt et brusquement tout avait changé : peut-être à la suite de ses conversations à Vienne (15 mai 1909), peut-être après lecture des rapports de son ambassadeur à Constantinople, Guillaume II s'était laissé convaincre qu'une condescendance habile envers les Jeunes-Turcs pouvait rendre à l'influence allemande les mêmes profits que durant les beaux jours d'Abd-ul-Hamid [1].

Dès lors, Rome avait évité toute démarche qui pût valoir à son commerce le même boycottage dont le commerce autrichien avait si durement pâti durant la crise bosniaque et dont le commerce grec pâtissait aujourd'hui. Les Jeunes-Turcs triomphants ne cachaient plus leur méfiance de cette Italie hospitalière où venaient se réfugier leurs Albanais en

---

[1]. *Berlin, le 20 mai.* — Plusieurs notes officieuses ont affirmé que l'Allemagne laissait dans l'affaire crétoise toute initiative aux puissances protectrices. On a prétendu aussi que l'Allemagne poussait l'Italie, que Guillaume II s'était entretenu de la Crète avec M. Théotokis à Corfou et même qu'il aurait dit à Vienne qu'il en avait parlé avec M. Tittoni et que les affaires des Grecs marchaient bien. On affirme que le gouvernement impérial observe toujours la même réserve.

révolte et les vaincus du Treize Avril [1]... Ils affectaient la plus vive inquiétude au sujet de la Tripolitaine : contre tout empiètement de nos postes tunisiens, ils nous demandaient un règlement et un bornage de frontières. Ils eussent écouté sans indulgence un plaidoyer italien en faveur de la Crète : ils n'avaient aucune raison de ménager Rome, dont ils ne tireraient jamais le moindre emprunt; aux boutiques et aux navires italiens, ils auraient étendu les rigueurs du boycottage. Et l'Italie, meurtrie encore du désastre de Messine, tournée vers les réclamations des Italiens d'Autriche, ne voulait pas d'affaires au Levant. M. di San Giuliano, à la Chambre italienne (27 juin 1910), répétait presque mot pour mot les déclarations de sir Edward Grey :

> La base de la politique italienne est le maintien du *statu quo* territorial et de l'intégrité ottomane et balkanique. Partant, l'Italie subordonne l'entière direction *actuelle* de sa politique crétoise à la nécessité de maintenir intacts les droits du Sultan, ce qui n'entrave aucunement le fonctionnement des libres institutions de la Crète. On ne peut pas tolérer que la paix, bien suprême de tous les peuples, soit mise en danger par l'attitude des Crétois. Il faut que les Crétois se persuadent de la nécessité absolue de ne pas commettre de provocations ultérieures contre la Turquie, s'ils veulent éviter que les puissances protectrices soient obligées, contre leur gré, de prendre des mesures conduisant à un régime moins favorable.

Dernière puissance protectrice : la Russie.

Les Jeunes-Turcs pensaient que, sous des apparences changeantes, la Russie depuis un siècle avait

---

1. *Athènes, le 10 juin.* — Le député ottoman Ismaïl Kemal-bey, chef de l'Union libérale, a quitté Athènes, se rendant en Italie.

toujours eu les mêmes désirs au Levant : qu'elle revendiquât jadis le service de l'orthodoxie ou récemment les droits du panslavisme, elle rêvait toujours le partage de l'Empire turc en un grand nombre de morceaux, dont elle aurait les siens, les bons, dont les autres puissances prendraient les leurs, dont le reste ne serait laissé aux indigènes, musulmans ou chrétiens, que découpé menu en un grand nombre d'États, tous incapables d'un rôle indépendant, tous forcés de recourir au protecteur moscovite.

Il est certain que, jadis, l'orthodoxie faisait un bloc de toutes les chrétientés balkaniques : au cours du XIXe siècle, Pétersbourg par ses prédications et ses menées avait coupé ce bloc en deux, slavisme d'un côté, hellénisme de l'autre. Puis, dans le slavisme, alors qu'elle aurait pu tailler un bel et grand État yougo-slave, de l'Adriatique à la mer Noire et du Danube à l'Archipel, elle avait découpé un royaume de Belgrade et deux principautés de Cettigné et de Sofia; puis elle en avait fait trois royaumes avec trois dynasties rivales. Dans l'hellénisme, une pareille opération pourrait donner bientôt un royaume d'Athènes, une principauté de Candie, une minuscule principauté de Samos, puis une poussière d'autres principautés grandes ou petites, de républiques ou de villes franches dans les Iles et sur les rivages de l'Anatolie... En 1898, c'était Pétersbourg qui avait voulu que la Crète fût donnée au prince Georges. En juin 1910, le *Novoïé Vrémia* insistait pour que la Crète devînt un État indépendant sous la protection des puissances.

La proposition n'ayant aucun succès, M. Isvolski

essayait du moins de tirer son bénéfice de la situation présente : depuis trois ans, il avait eu quelques échecs retentissants en terres balkaniques, et quand il avait voulu témoigner de son humeur à Vienne, il avait reçu de Berlin des rappels à l'ordre tellement durs qu'il avait même fallu empocher le dernier sans en souffler mot (fin d'avril 1910). En 1907-1908, M. Isvolski avait promis à son souverain et à son peuple le chemin de fer slave Danube-Adriatique en compensation du chemin de fer autrichien du Sandjak; en 1909-1910, il continuait de promettre la liberté des Détroits en compensation de l'annexion bosniaque.

D'octobre 1908 à octobre 1909, il avait négocié cette liberté des Détroits avec l'Europe, puis avec la Porte. En octobre 1909, comme le Tsar devait rendre visite au roi d'Italie, il avait essayé d'obtenir qu'une escadre russe franchît le Bosphore : une mission ottomane était venue à Livadia présenter un refus courtois. En mai 1910, M. Isvolski cherchait à remettre en train la discussion : si l'on pouvait amener les Turcs à donner souvent le libre passage à des vaisseaux russes, l'usage en quelques années créerait le droit; or, comment la Porte refuserait-elle ces passages réguliers, si de nouveau la Russie avait en Crète un corps d'occupation à ravitailler, à relever, à maintenir au contact d'Odessa?

Pétersbourg, le 20 juin 1910. — En réponse à la proposition anglaise, le gouvernement russe a soumis quelques réflexions sans leur donner le caractère de contre-proposition formelle : « Il y a peu d'espoir, dit-il, que les Crétois se soumettent volontairement aux exigences des quatre puissances protectrices. Dans l'impossibilité de trouver promptement et sans le concours de toutes les puissances signataires du traité de Berlin une solution définitive, le gouvernement russe pense que les quatre puissances pourraient renvoyer immédiatement en Crète des contingents suffisants à installer un régime provisoire sous leur direction. »

La Russie, qui, au long du XIX⁰ siècle, avait fomenté et entretenu toutes les insurrections crétoises, sauf la dernière; la Russie, qui, par la bouche du prince Gortschakof, déclarait en novembre 1867 : « Si les puissances veulent sortir des expédients et des palliatifs, qui jusqu'ici n'ont fait que grever l'avenir des difficultés du présent, nous ne voyons qu'une issue possible, c'est l'annexion de l'île au royaume de Grèce; par un acte de faiblesse, que l'événement prouve avoir été un faux calcul, les cabinets ont refusé d'adjoindre l'île au royaume hellénique; réparant aujourd'hui cette faute, ils feraient disparaître une des causes les plus imminentes des collisions qu'ils ont à cœur d'empêcher »; la Russie demandait en 1910 « le retour à l'ancien état de choses[1] ».

---

[1]. *21 juin 1910.* — Le *Novoïé Vrémia* écrit, dans un article intitulé *Retour à l'ancien état de choses*, qu'il consacre à la note du ministre des Affaires étrangères sur la Crète : « Le gouvernement russe a choisi la bonne voie. Un incident quelconque peut amener la Turquie et la Grèce à des actes qu'elles pourraient regretter l'une et l'autre. La proposition russe supprime le point litigieux. Elle rend sans objet et par suite improbable une collision entre la Grèce et la Turquie. Les puissances doivent accepter cette proposition qui rend possible un règlement pacifique du sort de la Crète dans l'avenir. La réalisation de ce projet fera dépenser à la Russie des millions, mais on peut les considérer comme une prime d'assurance pour le maintien de la paix dans les Balkans. »

A cette proposition russe, c'est l'Allemagne [1], — l'Allemagne non consultée, n'étant pas une des quatre puissances protectrices, — qui, la première, donne son adhésion. Mais Paris et Londres sont moins enthousiastes. Le gouvernement anglais estime qu' « un envoi de troupes est imprudent et inutile »; l'escadre internationale suffira à rétablir l'ordre; si par hasard l'Assemblée crétoise refuse de recevoir les députés musulmans et si des désordres graves s'ensuivent, on pourra songer à une occupation de l'île.

Après six semaines de bavardages et de dissentiments, les quatre puissances arrivent à une décision unanime, et c'est la même, toujours la même qu'en 1909, en 1908, en 1905, en 1901, en 1898 : on enverra des bateaux de guerre pour obliger les Crétois à « respecter le *statu quo* », que d'ailleurs l'on s'abstient de définir.

Le *Journal des Débats* du 29 juin résumait ainsi cet « expédient crétois » :

La négociation crétoise vient d'aboutir. Aucune des quatre puissances protectrices n'a réussi à faire prévaloir ses propositions. M. Pichon avait reconnu la nécessité d'envisager le règlement définitif dans l'intérêt de toutes les parties; mais il hésitait devant l'emploi des moyens appropriés aux circonstances. Sir Edward Grey ne reculait pas devant l'énergie des moyens; mais il s'en tenait aux solutions provisoires et répugnait à la discussion d'un règlement défi-

---

1. *Pétersbourg, le 20 juin.* — Le correspondant du *Times* à Saint-Pétersbourg se dit informé que l'Allemagne a avisé la Russie qu'elle approuvait entièrement la proposition de M. Isvolski; elle en a connu le sens par les journaux des nations protectrices, dont les gouvernements seuls reçurent la note russe, à laquelle ils n'ont pas encore eu le temps de répondre.

nitif. Le marquis di San Giuliano était disposé à sortir franchement du provisoire, mais sa bonne volonté ne reposait pas sur une conviction assez forte pour s'imposer. M. Isvolski a suggéré la réoccupation des ports crétois par des contingents internationaux jusqu'au règlement définitif ; mais il n'a sans doute pas insisté avec une grande force pour l'adoption de cette combinaison, car c'est une autre qui l'a finalement emporté.

La note remise avant-hier à la Sublime-Porte vise deux points principaux. Elle rassure tout d'abord le gouvernement ottoman en annonçant l'envoi de nombreux bateaux de guerre dans la baie de la Sude avec mission de sauvegarder « les droits de souveraineté du Sultan », ce qui veut dire que le gouvernement crétois devra faire admettre à l'Assemblée les députés musulmans, sans qu'ils soient obligés de prêter serment au roi de Grèce, et faire payer leurs appointements aux fonctionnaires qui ont refusé de prêter ce serment.

Quant au second point, le statut définitif de l'île, les quatre puissances se dérobent : elles ne refusent pas de discuter ; seulement elles prient la Turquie d'inviter à la discussion les deux autres puissances signataires du traité de Berlin.

Un témoin, qui ne saurait être taxé d'injustice ni de sévérité à l'égard de nos gouvernants, le chroniqueur du *Temps*, écrivait dès le milieu de mai 1910 :

Devant l'incendie menaçant, le pompier européen est lamentable. Si l'on veut saisir sur le vif les procédés de ce qu'Albert Sorel appelait « le jeu de l'oie diplomatique », on n'a qu'à suivre depuis dix ans l'histoire de la Crète. Imprévision, versatilité, inintelligence, lâcheté, duplicité, voilà les traits caractéristiques du concert...

Grâce à la sagesse de la Grèce et à celle de la Turquie, le dernier incident se réglera peut-être pacifiquement. Mais les « grandes impuissances » — le mot est du comte Cassini — se tromperaient si elles attribuaient ce résultat à leur dernier petit papier. Dire oui le lundi et non le mardi, donner, puis retenir ou retirer, *fuir la responsabilité et la décision, aller de l'imprudence à la peur et de l'ignorance au parti pris*, c'est un jeu qui peut durer des années, mais qui conduit toujours aux catastrophes.

Et ce témoin, qui sait fort exactement les choses dont le grand public n'est pas instruit, concluait le 11 juin :

La France aurait pu prendre à Constantinople une situation morale hors de pair... Il eût suffi pour cela de comprendre que *les affaires et la politique ne sauraient être liées à présent de la solidarité équivoque d'autrefois* et que la Turquie constitutionnelle ne peut ni ne doit, s'asservissant aux méthodes hamidiennes, acheter de sacrifices économiques les complaisances des diplomates.

Le jugement pouvait sembler dur : il n'était que trop motivé néanmoins. Si nos gouvernants d'alors admettaient la nécessité d'un « règlement définitif », ils devaient savoir qu'ils auraient à surmonter les répugnances de Londres et à écarter les combinaisons de M. Isvolski : avec l'aide de Rome, ils feraient prévaloir les droits de la Crète, mais à deux conditions.

La première était, comme disent les *Débats*, d' « employer les moyens appropriés aux circonstances ».

Depuis deux ans, la « politique de la conférence » avait fait ses preuves : il était grand temps de revenir à la « politique des accords ». L'exemple même d'Algésiras aurait dû nous convaincre qu'en pareilles matières, une conférence ne peut être qu'une chambre de ratification et d'enregistrement. Avant d'aller à Algésiras, nos diplomates avaient eu soin de délimiter en des accords franco-allemands les questions à débattre, d'esquisser en leurs traits principaux les solutions que l'on pourrait admettre. Quand on parlait d'une conférence, les puissances germaniques répondaient en une note officieuse :

Berlin, 2 juillet. — En l'état où sont les choses, une conférence ne serait guère à sa place, car toute décision qu'elle prendrait quant au sort de la Crète ne ferait qu'augmenter les difficultés dans les Balkans. Ce n'est que lorsque l'on aura obtenu une solution positive de la question crétoise qu'il faudra convoquer les puissances signataires du traité de Berlin.

Seule, la politique des accords pouvait donner « une solution positive ».

Premier accord. Les puissances protectrices devaient commencer par négocier et s'accorder entre elles : malgré les répugnances de Londres, il était trop évident qu'après les douze années de « régime transitoire », après les paroles solennellement données et vingt fois renouvelées tant à la Crète qu'à la Grèce, il ne pouvait plus être question que de « réaliser les aspirations nationales ».

Second accord, entre les puissances protectrices et les Crétois : l'union ayant pour effet d'obliger les musulmans à l'exil, les Crétois devaient donner aux puissances le moyen de protéger ou, mieux, de racheter les biens que les musulmans laisseraient dans l'île : une commission internationale devait estimer ces biens et contracter un emprunt pour les racheter.

Troisième accord, entre les puissances protectrices et la Porte : ayant reçu la Crète en dépôt et ne pouvant plus rendre ce dépôt lui-même, les puissances devaient offrir aux Turcs la valeur équivalente;

c'était un prix à débattre et qui devait être fixé sans lésinerie.

Quatrième accord, entre les puissances protectrices et la Grèce : le royaume hellénique, recevant la Crète de la main des puissances, devait rembourser, sous forme d'un emprunt garanti par elles, les sommes qu'elles auraient eu à verser tant à la Porte pour l'île elle-même qu'aux musulmans crétois pour leurs biens.

De ces quatre accords, aucun ne pouvait aboutir sans le bon vouloir et même la collaboration de la Porte. La seconde condition de réussite eût donc été pour nous de convaincre la Porte qu'en tout ceci, l'amitié la plus désintéressée dictait notre conduite : à nos amis les Jeunes-Turcs, que leur budget en déficit de 10 millions de livres (230 millions de francs) obligeait de recourir à notre crédit, nos gouvernants avaient bien le droit de dire que jamais nous ne risquerions notre épargne en un pays où l'état de siège, le boycottage officiellement organisé et les appels à la Guerre Sainte deviendraient les seuls procédés de gouvernement.

En juin 1909, cette politique des accords eût été facile; les Grecs et les Turcs semblaient s'y prêter d'eux-mêmes; le journal *Le Temps* publiait le 14 juin 1909 la note que voici :

— Nous recevons l'information suivante, d'une personne à qui sa situation permet d'être très bien renseignée.
Le gouvernement turc ne serait pas résolu à maintenir par tous les moyens, même au prix d'une guerre, la domination ottomane sur les Crétois, malgré leur volonté d'être réunis au royaume hellénique. Il serait disposé à transiger moyennant une indemnité pécuniaire; il l'aurait fait savoir

par une voie discrète au cabinet d'Athènes. La Turquie demanderait 35 millions ; mais la Grèce jusqu'ici n'en offrirait que 15. Les négociations devront rester secrètes le plus longtemps possible pour permettre aux Turcs de sauver en partie la face.

Par malheur, notre ambassade de Constantinople en juin 1909 avait été sans ambassadeur, dans l'interrègne entre MM. Constans et Bompard. En 1910, les passions s'étant surexcitées, notre tâche était plus difficile... Mais tâche méritoire et grandement honorable !... Seulement, nous ne pouvions pas l'entreprendre, tant que nous continuions de faire passer les bénéfices de quelques financiers avant les intérêts de la nation, tant que, suivant l'expression du *Temps*, nous maintenions « entre les affaires et la politique la solidarité équivoque d'autrefois » : nous voulions obliger notre ambassadeur à mener de front une politique crétoise et — pour ne prendre qu'un exemple — l'affaire du chemin de fer Homs-Bagdad[1] !

*
* *

Le 26 juin 1910, les puissances protectrices annoncent enfin qu'elles se sont mises d'accord : leurs flottes, avec menace de réoccuper l'île, vont obliger les Crétois à réintégrer députés et fonctionnaires musulmans. Les Crétois discutent deux semaines la soumission ou la résistance. Ils cèdent enfin, sur les conseils pressants d'Athènes. La Porte charge alors

1. En tout ceci, je ne fais que reproduire les conclusions de l'article que j'ai publié dans la *Revue de Paris* du 15 juillet 1910 : *En Crète*.

ses ambassadeurs de « protester contre l'immixtion du roi des Hellènes et du gouvernement grec dans les affaires de la Turquie, par les conseils qu'ils ont adressés aux Crétois de céder aux désirs des puissances » (9 juillet).

Comme toujours, cette algarade de la Porte coïncide avec un besoin qu'ont les Jeunes-Turcs de se concilier l'Islam : ils viennent de découvrir à Stamboul un complot de gens de mosquée pour le renversement du régime et un autre complot de députés, de généraux et de princesses pour le renversement du ministère...

Mais, cette démonstration faite, la Porte durant près de deux mois (juillet-août) semble résignée au *statu quo* : la Chambre ottomane est en vacances depuis le 28 juin. On continue seulement de tolérer et même d'encourager dans tout l'empire le boycottage, malgré les protestations de la Grèce et des puissances : car le commerce européen, qui emploie les navires grecs, n'est pas moins touché que le commerce du royaume ; à Smyrne, même les Européens au service des Grecs sont molestés. Les plus sages des Jeunes-Turcs[1] commencent de reconnaître « l'odieux » de la situation où l'on réduit la Grèce :

> Depuis le début de cette mauvaise querelle, c'est pour la Grèce que sont tous les dommages, c'est elle qui connaît toutes les craintes. Discute-t-on ? si elle veut parler, même pour prononcer une parole conciliatrice, on lui ordonne de se taire. Les Turcs sont-ils furieux contre les Crétois? Ils boycottent les marchandises et les navires hellènes. Cela serait comique

---

1. Cf. *Correspondance d'Orient* du 15 juillet 1910.

si ce n'était odieux. La *Correspondance d'Orient* a été l'une des revues les plus sévères pour les fautes du gouvernement d'Athènes, voici une année passée. Je n'en suis que plus à l'aise pour parler franchement aujourd'hui où les Grecs sont les victimes d'un état de choses qu'on ne saurait leur imputer.

Dans toute l'affaire crétoise, la Grèce est demeurée correcte, et les circonstances ne lui facilitaient pas cette attitude. On n'en a pas moins décidé en Turquie le boycottage des marchandises helléniques quand on a compris que le gouvernement grec ne voulait pas la guerre...

On ne voit pas en quoi les députés musulmans de Crète ont des chances plus nombreuses d'être admis à l'Assemblée de la Canée parce que les passagers des navires grecs doivent porter leurs colis sur leur dos entre une double haie de hamals gouailleurs; les amis de la Turquie sont contristés de voir Kérim-Agha, chef de la corporation des mahonniers, trancher du dictateur et se faire ministre du Commerce, des Travaux publics et des Affaires étrangères.

Le 30 juin, le gouvernement turc a déclaré que le boycottage était terminé, après s'être entendu avec les chefs de hamals, mahonniers, portefaix et bateliers, qui pour un peu seraient venus siéger au Conseil des ministres. Mais le *Tanine* donna une glose de ce texte officiel destinée à faire comprendre que le boycottage devait être seulement passif et limité aux Hellènes, — ce qui suppose qu'il était jusque-là assez violent et assez peu soucieux des gens qu'il atteignait.

Et la Porte continue à exciter sous main les musulmans crétois [1]. Elle leur promet de protester avec vigueur et même d'intervenir par les armes, si la

---

1. *La Canée, le 18 août 1910.* — L'hostilité entre chrétiens et musulmans augmente journellement. Les musulmans se sont livrés à plusieurs actes de violence à Rethymno et à la Sude.

A Candie, les musulmans ont incendié la propriété d'un chrétien et ont brûlé celui-ci. A la Canée, en manière de représailles, trois tentatives de meurtres ont été commises contre des musulmans.

Crète envoie des députés ou si les Grecs élisent des Crétois à l'Assemblée nationale du royaume : ces élections sont fixées à la fin d'août; pour être prête à tout, la Porte achète des cuirassés en Allemagne, commande de petits navires en Angleterre et en France, mobilise en Albanie.

Mais jusqu'aux élections grecques, elle semble patienter encore. Elle entreprend, après la rude campagne contre les Albanais, le désarmement des Macédoniens et des Druzes du Hauran, contre lesquels il faut détacher une armée. Elle règle pareillement les affaires de Samos par l'envoi de la flotte. Avant d'entreprendre le « règlement définitif » de la question crétoise, elle juge expédient d'obtenir la tolérance de quelques amis : le grand vizir s'en va à Sinaïa et à Vienne négocier, dit-on, une alliance avec l'Autriche et la Roumanie (août-septembre 1910).

Quand arrivent les élections grecques (20 août), les Crétois s'abstiennent sagement d'envoyer des députés à Athènes; les électeurs du royaume élisent des Crétois, mais ce n'est pas en leur qualité de Crétois, dit-on : ils ont tous, et quelques-uns de père en fils, l'indigénat hellénique; M. Vénizélos, par exemple, président du gouvernement crétois, a toujours été sujet ottoman, étant né en Crète, en même temps que sujet hellène, étant fils d'Hellène immatriculé. Les Jeunes-Turcs semblent d'abord se féliciter de cette découverte : optant pour son mandat à la Chambre grecque, M. Vénizélos quittera la présidence du gouvernement crétois, ce qui ne semble pas un mince avantage, car l'habileté de cet homme est connue et son départ rendra là-bas, peut-être, les intrigues de la Porte plus faciles. Mais quand les cuirassés, achetés en Allemagne et amenés aux Dardanelles, ont été pris en charge par les équipages turcs (10 août), la Porte proteste contre toute élection de Crétois à la Chambre grecque : pour la dixième ou douzième fois depuis un an, les puissances répondent qu'elles « veilleront à ce que les droits du Sultan soient respectés ». Le boycottage redouble[1] ; la Porte annonce l'intention d'acheter des sous-marins, et l'on parle de « l'imminence d'un conflit gréco-turc. »

Mais on parle aussi de conciliabules gréco-bulgares. A Constantinople même, les chefs des deux Églises patriarchiste et exarchiste entrent en pourparlers : le Patriarche, depuis deux ans, est en conflit avec le grand vizir, et voici le tour de l'Exarque...

La Porte un instant se tait, puis lance une nouvelle protestation : on enrôle, dit-elle, des sous-officiers grecs pour la gendarmerie crétoise. Les puissances répondent qu'il n'en a jamais été question. Alors la Porte reprend l'affaire des élections... Vérifications faites, M. Vénizélos, seul des Crétois élus, a droit à la nationalité hellénique : il donne sa démission en Crète et arrive au Pirée en médiateur, en triomphateur plutôt des anciens partis (20 sep-

---

1. *Constantinople, le 7 septembre.* — Le ministre de Grèce a remis à la Porte une demande d'indemnité de 200 millions pour dommages causés par le boycottage qui dure maintenant depuis des mois.

Salonique, le 15 septembre. — Le Comité central du boycottage, qui siège à Salonique, a décrété la plus grande rigueur dans le boycottage antigrec et la suppression de toutes les atténuations. Même en cas d'intervention diplomatique, il ne sera plus permis de laisser sortir ni de transporter les marchandises arrivant sur des navires grecs. Tous les ports turcs en ont été informés.

tembre), en collaborateur, dit-il, de tous ceux qui veulent « relever la Grèce matériellement et moralement ».

Or dès cette fin de septembre 1910, on peut sentir que quelque chose est changé en Balkanie. Les fêtes de Cettigné, pour l'érection du Monténégro en royaume, ont mis en présence et en relations directes toutes les dynasties (fin d'août 1910). Les visites et séjours du tsar Ferdinand en Serbie témoignent du désir d'entente, d'alliance même, que font naître à Sofia et à Belgrade les complications macédoniennes. Les Serbes sont inquiets du rapprochement austro-turc. Les Bulgares voient affluer, comme aux plus mauvaises années du régime hamidien, les fugitifs de Macédoine : à Sofia, on dit ouvertement qu'en cas de conflit gréco-turc, la Bulgarie ne garderait pas la neutralité de 1897, mais enverrait ses armées sur les routes d'Andrinople et de Salonique.

La malheureuse Grèce commence de respirer. Elle ose acheter des cuirassés et faire de grandes manœuvres. Elle ose même confier ses destinées au Crétois, en qui la Race voit son futur sauveur : l'Assemblée nationale s'étant réunie, la confiance du roi et de la nation appelle M. Vénizélos au poste de Premier (19 octobre 1910).

Il veut reviser la Constitution, pour brider l'ingérence des politiciens dans l'administration et diminuer le favoritisme dans la vie du royaume; c'est la tâche de l'Assemblée nationale : il compte en finir rapidement avec elle.

Il veut réformer l'administration de fond en comble et réorganiser les forces militaires, se mettre en état « d'assurer la paix en Orient et d'établir des rapports de bonne harmonie entre tous les peuples balkaniques » : sitôt dissoute l'Assemblée revisionniste, on convoquera une Chambre ordinaire, « le programme réformateur ne pouvant pas être soumis à l'Assemblée, qui n'a qu'une mission toute spéciale et que sa division en groupes trop nombreux condamne à l'impuissance ». Dans cette Chambre future, M. Vénizélos veut qu'une majorité solide et docile lui donne pleins pouvoirs « pour l'application sincère et sévère des lois en vigueur », qui, seule, permettra « le pas décisif dans la voie des réformes et la régénération du pays ».

Depuis la mort de Charilaos Tricoupis (1896), la Grèce, pour la première fois, retrouvait un homme d'État, et l'hellénisme, un chef. Les douze années de son expérience crétoise (1898-1910) avaient enseigné l'audace à M. Vénizélos, en même temps que toutes les habiletés du jeu parlementaire. Quinze ans d'anarchie politicienne (1895-1910), dix-huit mois de *pronunciamientos* et de *Ligue militaire* avaient fait sentir à tout le royaume le besoin d'un gouvernement énergique et légal. M. Vénizélos était l'homme de la situation; mais jamais la situation de l'hellénisme n'avait été aussi favorable aux desseins d'un grand patriote.

Et les Jeunes-Turcs, continuant leurs irritantes et malfaisantes taquineries au sujet de la Crète, allaient, comme de parti pris, travailler à la popularité et au maintien de ce « régénérateur », en même temps que leur inquisitoriale politique en Macédoine continuait de travailler au rapprochement gréco-bulgare.

L'arrivée de M. Vénizélos au pouvoir coïncidait avec un épisode du « désarmement macédonien » qui unissait contre l'autorité turque de Monastir *comitadjis* grecs et *comitadjis* bulgares. Depuis le début de 1910, ils commençaient de s'entendre ; en ce mois d'octobre 1910, les dernières répugnances cédaient : « C'est dans les prisons de Monastir, dira plus tard l'un des chefs macédoniens, que l'entente gréco-bulgare fut scellée. »

Il fallut cette crise macédonienne pour asseoir M. Vénizélos à peine installé. Il n'était pas au ministère depuis huit jours que, trouvant dans l'Assemblée une coalition des anciens partis contre sa personne et contre sa politique, il exigeait du roi la dissolution et promettait à la foule que « les manœuvres réactionnaires des partis seraient réduites à néant par la collaboration du roi et du peuple pour l'exécution des réformes libératrices ».

Contre les politiciens, M. Vénizélos se proclamait l'homme de la nation et de la dynastie : l'Assemblée intimidée lui accordait sa confiance par 208 voix contre 31 opposants et 27 abstentions ; mais l'énergique Crétois estimait encore que 70 voix, données par complaisance, ne lui assuraient une majorité qu'éphémère ; il lui fallait une majorité permanente et compacte —, donc la dissolution... Cette Assemblée revisionniste, réclamée depuis un an, promise durant six mois, élue depuis six semaines, était renvoyée devant les électeurs qui avaient six semaines, sans plus, pour en désigner une autre.

Durant ces six semaines, le Crétois parcourait le royaume et gagnait tous les suffrages. Mais si les Jeunes-Turcs eussent été d'accord avec lui, ils n'eussent pas autrement choisi l'heure de chercher à la Grèce une nouvelle querelle : quelques jours avant le scrutin, comme l'Assemblée crétoise reprenait ses séances et renouvelait son vote pour l'union, la Porte exigeait une fois de plus, le « règlement définitif » (25 novembre)...

Dans la nouvelle Assemblée, M. Vénizélos eut 249 partisans sur 279 membres. Cette confiance de la nation presque unanime lui donna l'absolue déférence de la dynastie : le roi Georges rentrait en son palais d'Athènes (23 décembre 1910), après dix-sept mois de retraite en sa montagneuse villa de Décélie où, depuis le *pronunciamiento* d'août 1909, il affectait de vivre. Le père était ramené dans sa capitale par ce même Crétois qui, durant des années, avait été en Crète le plus ferme opposant du fils, car c'est M. Vénizélos qui, plus que tous les autres, avait obligé le prince Georges, Haut-Commissaire de l'Europe, à quitter l'île.

Nous avons pensé avant tout à l'armée et à la marine, déclarait à l'*Agence Havas* le nouveau chef du gouvernement. Nous avons demandé à la France une mission militaire : nous sommes bien résolus à lui accorder tout l'appui dont elle aura besoin pour réorganiser notre armée ; nous voulons une armée solidement constituée, fortement disciplinée, capable de défendre l'honneur et les intérêts du pays... De même, nous avons demandé à l'Angleterre une mission navale. Nos forces de terre et de mer seront proportionnées à nos ressources ; sans augmenter les dépenses, nous tâcherons de mieux employer les crédits.

Mais pour une armée, il faut des hommes : l'émigration enlève chaque année une moitié des conscrits; le mauvais état de l'agriculture est l'une des causes de l'émigration ; les tarifs prohibitifs, qui rendent le prix de la vie exorbitant, en sont une autre, — sans compter que ces tarifs, établis pour les minotiers du Pirée et fermant le royaume aux farines bulgares, sont le dernier obstacle à la communauté d'intérêts entre Athènes et Sofia. Dessécher les marais; rendre à la charrue des milliers d'hectares inondés et pestilentiels; délivrer le pays du paludisme par le monopole de la quinine, qui en Italie a donné de si beaux résultats; irriguer les plaines désolées; reboiser les monts; organiser une Banque agricole et un Crédit foncier : le Crétois se voyait en situation de faire pour la Grèce ce qu'il avait projeté, mais ce que, faute d'argent, il n'avait pu entreprendre en sa pauvre île, durant les douze années où l'incurie des puissances avait maintenu la Crète sous les ruines de l'exploitation musulmane.

Après les hommes, l'argent... M. Vénizélos comptait exiger des impôts et de la douane tout ce qu'ils devaient rendre : par un contrôle sévère, mais égal pour tous, il voulait supprimer la contrebande et les faveurs politiciennes, sans rien changer d'abord au régime fiscal ou douanier, car « si nous savons ce que l'impôt actuel produit, on peut toujours se tromper sur le rendement d'impôts remaniés ou d'impôts nouveaux »; il lui suffisait d'établir partout le règne de la loi et la pratique des stricts règlements; il annonçait un énergique emploi de la gendarmerie et de la police.

De ces réformes, non dans les textes de lois, mais dans la vie courante du royaume, de ce changement de mœurs, plus encore que de règlements, dépendait le salut de la patrie : la nation et la dynastie étaient pleinement d'accord avec M. Vénizélos ; mais, comme lui, elles croyaient à la nécessité d'une revision constitutionnelle ; à tort ou à raison, on attribuait tous les maux du passé à l'omnipotence des politiciens, à la néfaste ingérence des partis dans l'administration. Les « Américains » réclamaient depuis longtemps un Conseil suprême qui, par-dessus la Chambre, réprimât ou arbitrât les abus et les conflits : l'exemple du Nouveau Monde, ici encore, était proposé aux gens d'Athènes ; c'est d'après le modèle de l'autoritaire démocratie des États-Unis que les « Américains » voulaient transformer la monarchie hellénique.

M. Vénizélos accepta quelques-unes de leurs idées. Il voulut rendre la royauté moins dépendante de la Chambre, et les députés, de leurs électeurs, mais interdire à la royauté comme à la Chambre tout empiétement dans le domaine administratif et, surtout, dans les affaires de justice ; il voulut donner aux juges l'inamovibilité sous la surveillance d'un Haut-Conseil et donner à l'administration l'appui et le contrôle d'un Conseil d'État à la française. Tel fut l'essentiel de sa constitution revisée [1].

---

1. *Art. 34*. — Le Roi confère, conformément à la loi, les grades de l'armée et de la marine, nomme et destitue les fonctionnaires publics, *mais ne peut nommer à un emploi non prévu par la loi.*

Art. 35. — Le Roi sanctionne et promulgue les lois votées par la Chambre ; *mais toute loi qui n'aurait pas été promulguée deux mois après la clôture de la session est nulle.*

. . . .

Art. 67. — Les députés représentent la nation et non pas seulement la circonscription électorale qui les a élus.

. . . .

Art. 71. — Les fonctionnaires rétribués, les militaires en acti-

En moins de six mois, cette revision était votée, malgré les intrigues de la gent politicienne (janvier-juin 1911). En même temps, on réorganisait l'armée et la flotte, non plus seulement sous la surveillance, mais sous le commandement effectif des officiers étrangers. La *Ligue militaire* avait fait abolir le poste d'inspecteur-général de l'armée et destituer le prince-héritier qui l'occupait : pour ramener la concorde entre la nation et son futur souverain, M. Vénizélos rétablissait le poste et l'ancien titulaire.

Le 15 juin 1911, la besogne s'achevait en un succès : l'Assemblée apportait au roi la constitution nouvelle ; son président se félicitait « que tout eût été fait dans une parfaite entente entre la couronne et les élus de la nation » et que le peuple fût décidé à chercher « dans un fonctionnement normal des institutions la renaissance du pays » ; le roi se félicitait de l'entente retrouvée entre la couronne et la représentation nationale ; il voyait « en ce jour heureux le départ d'une nouvelle étape vers le progrès et la force de l'hellénisme ». Il aurait voulu conférer à l'ouvrier de cette résurrection nationale le grand cordon du Sauveur... M. Vénizélos refusait de contresigner un décret par lequel il se fût décoré lui-même : cet habile serviteur de la nation et de la dynastie se contentait de la puissance dictatoriale dont il allait jouir désormais.

Il n'est pas douteux qu'à son habileté et à son énergie, il fallait reporter le meilleur de la réussite.

---

vité, les maires, les notaires, les conservateurs d'hypothèques et les huissiers ne peuvent être élus députés, s'ils n'ont démissionné quinze jours avant l'élection.

Mais les Turcs aussi avaient durant ces six mois continué de faire tout ce qui pouvait obliger l'hellénisme à oublier ses dissensions et à suivre le chef.

* *
*

Un premier incident avait été créé en novembre-décembre 1910 par la maladresse des puissances. L'Assemblée crétoise, reprenant ses séances, prêtait serment, une fois encore, au roi des Hellènes. Aux protestations de la Porte, les puissances répondaient cette fois, que « les droits *souverains* de la Turquie continuaient d'être reconnus ».

Jusqu'ici, on n'avait jamais parlé que de droits *suzerains* ou *suprêmes* : aussitôt, les députés chrétiens protestaient contre la formule nouvelle et exprimaient aux puissances « la douleur profonde de leur peuple ». Droits suzerains, droits souverains : deux mois durant, ces quatre mots fournissaient aux Crétois et aux Jeunes-Turcs le prétexte de remettre en question le *statu quo* et de réclamer le « règlement définitif ».

Plus que jamais, les Jeunes-Turcs avaient besoin de se montrer les champions irréductibles du Khalifat : entre eux et la majorité de l'islam ottoman, la guerre déclarée avait succédé à la brouille. En ce début de 1911, trente mille hommes partaient de Constantinople contre les Arabes du Yémen; dix mille étaient en expédition contre les Druzes du Hauran, et l'on mobilisait quarante mille hommes en Macédoine pour reprendre la campagne qui chaque été, depuis trois ans, recommençait en Albanie.

Or, les Jeunes-Turcs dans leurs journaux se vantaient d'avoir obtenu de l'Europe une tolérance secrète pour la réapparition de forces turques dans les eaux crétoises : tout un mois, la Crète vivait dans l'anxiété (janvier 1911), ne sachant si les trente mille hommes destinés au Yémen ne feraient pas d'abord escale et campagne chez eux; les musulmans crétois offraient à la Porte un million de francs (ils les avaient reçus, dit-on, de la Porte elle-même) pour qu'elle envoyât deux croiseurs devant Candie...

La situation des Grecs ottomans empirait. Le boycottage, qui n'avait jamais cessé, malgré les promesses officielles, était appliqué plus sévèrement dans tous les grands ports. Le comité de Smyrne, avec la permission des autorités, affichait la proclamation suivante :

> Osmanlis! A la suite des décisions de l'assemblée générale des Comités de Boycottage, que nous publions dans toutes les langues afin que personne n'en ignore, nous déclarons que le boycottage sera exécuté de la manière la plus rigoureuse contre ceux qui feront commerce avec les Grecs, contre ceux qui sont associés aux Grecs, contre les établissements qui ont des Grecs à leur service, contre quiconque travaille ouvertement ou secrètement à l'expansion du commerce grec, contre ceux qui fréquentent les cafés et les établissements grecs, etc.
>
> Nous nous empressons de porter à la connaissance des Osmanlis que ceux d'entre eux qui ne se conformeraient pas à nos instructions auront à subir de grandes pertes.

Aux environs de Smyrne, on brûlait les oliviers, on détruisait les vignobles des Grecs; on refusait aux domiciliés hellènes, même à des prix élevés, les objets de consommation les plus nécessaires; les

Turcs qui répondaient aux saluts des Grecs étaient mis en quarantaine; le *vali* se déclarait impuissant contre les ordres venus du comité de boycottage de Salonique.

A Salonique, en effet, sous la présidence de Kérim-Agha, le chef des bateliers, un *Comité central de Boycottage* s'était installé à la porte et sur le modèle du Comité central *Union et Progrès* : l'un régissait à la turque les affaires politiques, et l'autre, les affaires économiques de tout l'empire.

Le jour même où sortait de la Corne d'Or l'expédition du Yémen, une nouvelle circulaire de la Porte appelait « l'attention des puissances protectrices sur la situation crétoise, en particulier sur la violation des droits des musulmans » (fin janvier) et, la Grèce se permettant de préparer de grandes manœuvres en Thessalie, douze batteries turques à tir rapide étaient dépêchées vers sa frontière, tandis que le ministre de Turquie « attirait l'attention du gouvernement hellénique sur les incidents de frontières ».

Un mois entier (février 1911), ces notes ou ces gestes de menaces se renouvellent à chaque nouvel envoi de troupes vers le Yémen. Mais la Grèce semble maintenant assurée du lendemain : elle réplique du même ton et la Porte doit promettre une enquête sur les meurtres de sentinelles... C'est qu'en cette fin de février 1911, les Italiens commencent leurs réclamations au sujet de la Tripolitaine, et le Comité *Union et Progrès*, après deux années de pouvoir absolu, ne rencontre plus que révolte chez ses peuples et opposition intransigeante dans son parlement.

Peu à peu, à mesure que l'ordre reparaît en

Grèce et la complète anarchie dans tout l'Empire turc, c'est la Porte qui exprime le désir d'un voisinage plus cordial; un accord est signé pour prévenir le retour des incidents de frontière. Mais les bandes grecques et bulgares faisant cause commune en Macédoine et l'Yémen exigeant de nouveaux efforts, une circulaire turque remet en discussion une nouvelle affaire crétoise : le maintien ou plutôt le rétablissement du Haut-Commissariat, supprimé depuis 1908 et « dont la suppression définitive serait une atteinte inadmissible aux droits de la souveraineté ottomane » (3 avril).

Pour la première fois, Athènes riposte par une note très ferme et réclame l'intervention des puissances contre le boycottage. La Porte annonce alors son intention d'user de ses « droits souverains » pour envoyer aux musulmans crétois des *cadis*.

La Constitution de 1899 reconnaissait aux musulmans de l'île le droit d'avoir des tribunaux religieux : *cadis* et *muftis*, juges inférieurs et juges d'appel, devaient être choisis par le Haut-Commissaire parmi les candidats qui auraient obtenu un diplôme du Cheikh-ul-Islam, témoignant de leurs études et de leur capacité. En 1899-1900, les *cadis* avaient refusé de prêter serment à la Constitution et au Haut-Commissaire : ils n'avaient pas été installés. Les *muftis* avaient prêté serment : depuis onze ans, ils suffisaient à régler tous les différends religieux de leurs coreligionnaires... En avril 1911, la Porte allègue l'absence du Haut-Commissaire pour s'arroger le droit de nommer les *cadis*; le parlement turc vote un crédit de 60 000 francs pour les payer.

Les Crétois répliquent avec raison que la Porte

entend violer non seulement le *statu quo* établi depuis 1908, mais encore la constitution de 1899, garantie par les puissances... Une note russe, qui survient, touchant la nécessité de pacifier la Macédoine, force la Porte à rabattre de cette prétention (28 mai).

Chacun de ces incidents turco-grecs a fait avancer le rapprochement gréco-bulgare : en avril, les étudiants bulgares sont venus en délégation et ont été reçus à Athènes « comme des frères »; en mai, les princes bulgares, qui visitent Constantinople, vont offrir leurs hommages au Patriarche...

La Constitution revisée, M. Vénizélos et l'Assemblée s'étaient mis aux réformes et, jour par jour, point par point, remplissaient leur programme : au bout de sept mois (janvier-août 1911), on comptait qu'en 137 séances, on avait discuté et voté 171 projets de lois.

Pareille hâte n'allait pas sans froisser bien des intérêts; dans l'armée surtout, l'incompatibilité parlementaire des officiers et le commandement effectif des étrangers faisaient nombre de mécontents; on essayait de semer la brouille entre le ministre et le roi, en ressassant dans les journaux les vieilles querelles du prince Georges et de M. Vénizélos en Crète...

Juste à point, la Porte reprend ses taquineries crétoises.

En 1906, l'Europe avait confié pour cinq ans (1906-1911) les pouvoirs de Haut-Commissaire au délégué du roi de Grèce, M. Zaïmis; en 1908 la révolution crétoise l'avait congédié et il n'avait plus reparu dans l'île; en août 1911, la Porte rappelle aux puissances « l'expiration prochaine des pouvoirs du Haut-Commissaire » et leur demande, une fois encore, de « hâter le règlement définitif »; l'envoi d'une escadre turque est décidé; la Porte offre à l'Angleterre de céder à tous les désirs anglais touchant le dernier tronçon du chemin de fer de Bagdad, pourvu que Londres cède aux désirs turcs touchant la Crète. Mais l'ambassadeur anglais répond au nom des quatre puissances protectrices que, le mandat de M. Zaïmis expirant le 26 septembre, le Haut-Commissariat sera supprimé et le *statu quo* maintenu.

En termes violents, les journaux turcs attaquent les puissances et incitent le Khalife à profiter des querelles entre Paris et Berlin pour appeler tous les musulmans du monde à la reconquête de leur liberté.

En cet été de 1911, depuis la conquête de Fez que les Français avaient faite d'un cœur si léger, Paris et Berlin semblaient à la veille de la guerre : au début de juillet, Guillaume II envoyait son croiseur *Panther* devant Agadir... En 1906, Abd-ul-Hamid avait su mettre à profit la querelle de Tanger et les interminables discussions d'Algésiras : il avait détaché des troupes sur la frontière sinaïtique de l'Égypte, occupé un port authentiquement égyptien, Tabah, rappelé aux Anglais et à l'Islam que le Khalife gardait toutes ses prétentions, tous ses droits sur le royaume musulman du Caire[1]... En 1911, les Jeunes-Turcs pensent à imiter cet exemple en

---

1. On trouvera le récit de cet incident dans mon ouvrage *Le Sultan, l'Islam et les Puissances*. Paris, Armand Colin, 1907.

Crète. Mais, tergiversant toujours, la Porte laisse passer l'occasion : l'accord franco-allemand est annoncé (20 septembre), et voici que l'Italie réclame en Tripolitaine la même place que Berlin accorde aux Français dans le Maroc : un ultimatum à Constantinople (28 septembre) est suivi d'un débarquement à Tripoli, et les canonnières italiennes apparaissent dans les eaux albanaises, devant les fortifications ruinées de Prévéza, à la limite des eaux grecques (1er octobre).

La Porte forme donc un autre projet : puisque les Crétois se disent prêts à tout risquer pour obtenir enfin l'union, pourquoi ne pas brusquer l'attaque en surprise contre la Grèce, ne pas chercher la compensation Thessalie pour Tripolitaine? déjà, les réservistes de Macédoine sont mobilisés sur la frontière thessalienne.

Mais soudain la Porte découvre cette entente gréco-bulgare, à quoi, depuis une grande année, elle refusait de croire : Belgrade et Sofia mobilisent en même temps qu'Athènes, et leurs journaux annoncent que l'entrée des Turcs en Thessalie aura pour immédiat effet l'entrée des Bulgares et des Serbes en Macédoine. Les Jeunes-Turcs, d'ailleurs, commencent à douter que rien puisse jamais leur ramener l'Islam. Cette flotte, sur laquelle ils ont fondé de si grands espoirs, qu'ils ont envoyée dans la Méditerranée levantine promener le pavillon du Khalife, en attendant l'heure d'aborder en Crète : sitôt que les Italiens entrent en jeu, la Porte n'a plus de hâte que de la rappeler et de l'enfermer derrière les forteresses et les mines des Détroits.

A Constantinople même, la plupart des vieux gouvernants conseillent de conclure la paix sans combattre, de tout concéder aux ennemis du dehors et aux rebelles, chrétiens et musulmans. du dedans, d'abandonner la Tripolitaine et d'abandonner la Crète. Et l'armée, si longtemps inféodée au Comité *Union et Progrès*, exige un complet changement de politique intérieure.

La Porte hésite; un jour, elle donne à la Grèce les assurances les plus amicales; le lendemain, elle dénonce à l'Europe la Chambre crétoise qui vient de se rouvrir au nom du roi de Grèce : « Les difficultés actuelles, disait-elle, ne sauraient empêcher le Sultan de défendre ses droits de souveraineté. »

La Grèce et la Bulgarie étudient, à n'en pas douter, les conditions d'une entente formelle, dont les journaux de M. Vénizélos osent maintenant parler au peuple grec : les brutalités turques en Macédoine et en Épire, les attentats contre les notables chrétiens, l'assassinat de l'évêque patriarchiste de Grévena, les perpétuelles rencontres des bandes et de l'armée turque permettent au Crétois de réclamer tout haut cette entente gréco-bulgare, comme « le seul moyen de garantir la vie des chrétiens ottomans ».

Et la Porte continue d'hésiter, offrant un jour aux États balkaniques une confédération générale pour la défense de leurs intérêts communs (22 octobre), mais reprenant le lendemain ses aigres protestations contre les « séditieux » de Crète. Les États balkaniques hésitent, pareillement. La canonnade de Prévéza leur avait donné des espoirs que, brusquement, l'Italie déçoit en proclamant son ferme propos de ne porter aucune atteinte au *statu quo* de la Turquie d'Europe ni de la Crète. Maintenant, l'armée italienne semble rencontrer en Tripolitaine une résistance qu'on n'avait pas prévue. Athènes demande donc aux Crétois de prendre patience, aussi longtemps encore que le succès des Italiens restera douteux, et Sofia, morigénée par les envoyés de Pétersbourg, donne les mêmes conseils aux Macédoniens. Mais ni Crétois ni Macédoniens ne veulent entendre.

Les Crétois surtout continuent contre la Grèce de M. Vénizélos la même politique de résistance et d'entêtement hasardeux que M. Vénizélos, chef du gouvernement crétois, avait menée dix ans contre la Grèce des politiciens : ils exigent l'union immédiate; ils veulent envoyer leurs députés à l'Assemblée grecque. M. Vénizélos est obligé, à son tour, de promettre aux puissances que ces députés crétois ne seront pas admis; peut-être négocie-t-il avec la Porte un arrangement qui reculerait de dix années encore l'union complète, mais confierait l'administration de l'île aux fonctionnaires du roi de Grèce; à ce prix, la Porte s'engagerait à faire cesser le boycottage.

Tout au long de ce printemps et de cet été de 1911, le boycottage, après un arrêt de quelques semaines, a repris de plus belle; les ports et le commerce de l'Empire ottoman vivent sous la dictature de Kérim-Agha. La Chambre de Commerce française de Constantinople démontre, avec chiffres à l'appui, les pertes énormes que cette guerre commerciale fait subir à tout l'empire, aux indigènes et aux étrangers. La Chambre de Commerce anglaise imprime à son tour, dans son *Bulletin* de mars 1911 :

Le boycottage, dirigé contre les bateaux grecs et les marchandises grecques, a été préjudiciable non seulement au Trésor ottoman et au commerce, mais encore et surtout aux classes laborieuses. Un grand nombre de navires grecs, faisant un service régulier, ont cessé de toucher à Constantinople ; en droits de phares et de ports, les pertes du Trésor peuvent se chiffrer par 20 000 livres turques (460 000 francs). Il est difficile d'évaluer les pertes subies par le commerce. Mais les premières victimes sont les pauvres et ignorants *mahonadjis*. Entraînés par leurs chefs, ils jouent cette tragi-comédie depuis plus de sept mois : 200 à 260 chauffeurs se trouvent sans travail régulier.

Les navires grecs sont réputés pour le bon marché de leurs frets : les autres compagnies, qui desservent les ports turcs, ont immédiatement élevé les prix des places de pont ; les passagers de troisième classe, qui sont en grande partie des Ottomans, doivent être comptés parmi les victimes de la politique insensée qu'imposa une poignée de soi-disant patriotes. Pour ne citer qu'un exemple, la place de pont pour Trébizonde, qui oscillait entre 50 et 60 piastres (entre 10 et 12 francs), a été immédiatement portée à 190 piastres.

A la ruine de ses armateurs et à la détresse de l'hellénisme ottoman[1], s'ajoute pour le gouvernement d'Athènes une autre source de préoccupations :

Les Grecs de Turquie, — expliquait l'*Écho d'Orient*. — ne pouvant trouver aucun appui près de leurs consuls, se rendent aux consulats d'Autriche et sollicitent l'honneur d'être sujets de S. M. l'Empereur François-Joseph. On les reçoit à bras ouverts ; on les inscrit sur les livres de naturalisation ; désormais, ils sont intangibles. L'Autriche a si bien compris l'importance de ce mouvement qu'elle le favorise par tous les moyens : elle a de véritables agences de recrutement. L'Italie, jalouse, a suivi l'exemple, et, là encore, fait concur-

---

[1]. Sur le boycottage et ses méthodes, lire le chapitre de M. René Pinon dans son livre *L'Europe et la Jeune Turquie*, Paris, Perrin et C¹ᵉ, 1911.

rence à l'Autriche. Ces deux puissances fortifient ainsi leur position en Macédoine, en Épire et en Albanie, en gagnant la sympathie des chrétiens. Lorsqu'elles auront, dans ces provinces, vingt ou trente mille nationaux, elles auront vingt ou trente mille prétextes pour intervenir dans les affaires de la Turquie : aura-t-elle gagné au change?

Si la Turquie ne gagne rien au change, l'hellénisme pourrait y perdre beaucoup. Aussi la Grèce de M. Vénizélos, comme jadis la Grèce des politiciens, voudrait-elle imposer aux Crétois un nouveau bail de patience pour servir les destinées de la Race, sauver la Macédoine de la prise autrichienne, l'Albanie et l'Épire de la prise italienne... Mais les Crétois, aujourd'hui comme autrefois, entendent rompre toute possibilité d'accord turco-grec et, quand les consuls des puissances leur interdisent d'envoyer leurs députés à Athènes (fin novembre), ils menacent d'élire des Crétois résidant déjà dans le royaume.

Après un mois de négociations inutiles, le gouvernement crétois est renversé; une Assemblée révolutionnaire désigne les élus à l'Assemblée grecque. Les consuls des puissances entreprennent de retenir ces élus en Crète, en les empêchant de s'embarquer; les élus s'enfuient de l'île en contrebande. Les croiseurs des puissances leur donnent la chasse et les ramènent de force à quai; tous refusent leur parole d'honneur de renoncer au voyage et demeurent prisonniers à bord des croiseurs. Pour tirer d'embarras les puissances, M. Vénizélos doit dissoudre brusquement l'Assemblée grecque, avant le vote du budget et de la grande loi militaire : une fois encore, les destinées de la Grèce sont compromises, sa « régénération » menacée, par cet imbroglio crétois qui, depuis quatorze ans, encombre sa vie nationale.

En hâte, l'Assemblée grecque a du moins voté les crédits pour la marine et pour l'armée : quarante-deux millions, en sus du budget annuel, permettent au gouvernement de faire tous les achats d'armes et de provisions ; dès le milieu de janvier 1912, les appels de réservistes et les arrivages de l'étranger ont mis l'armée sur le pied de guerre ; au début de février, on dispose de 135 000 hommes. Envoyant alors à Sofia Constantin, son prince-héritier, pour fêter la majorité de Boris, l'héritier bulgare, la Grèce peut parler d'égale à égale avec cette Bulgarie que, depuis dix ans déjà, la Macédoine a obligée aux mêmes armements et au même effort militaire... L'héritier de Grèce représente son peuple à une fête des Bulgares! un Constantin porte les félicitations de l'hellénisme à ces « Mathusalems de la barbarie »!... Un mois après, les princes bulgares viennent séjourner en terres grecques (9 mars)...

Les Crétois, semble-t-il, n'attendaient que cette occasion : Athènes ne pouvait plus leur objecter maintenant le danger bulgare, les risques macédoniens : puisque le Turc était occupé ailleurs par l'agression italienne et puisque les Italiens, bombardant Beyrouth (25 février), voulaient étendre leurs opérations hors de la Turquie d'Afrique, pourquoi ne pas violenter la perpétuelle incertitude des puissances?

L'anarchie et la misère, avec elle, régnaient dans l'île depuis six mois, multipliant, comme toujours, les meurtres confessionnels et politiques. En une note sévère, les représentants de l'Europe exigeaient que « l'on découvrît et punît les assassins des musulmans et que l'ordre fût maintenu » (17 février); les chancelleries menaçaient, « si les Crétois ne pouvaient pas se gouverner, d'agir dans un sens défavorable à leurs aspirations » (26 février). En un long *memorandum*, les Crétois rappelaient aux puissances quatorze ans de promesses toujours renouvelées, jamais tenues; ils déclaraient ne vouloir sauver de tout ce fatras diplomatique que cette note du 28 octobre 1908, où l'Europe promettait « d'envisager avec bienveillance l'union de la Crète à la Grèce » : après trois ans et demi d'une attente douloureuse et ruineuse, le peuple crétois, « sans méconnaître les bienfaits des puissances, croyait avoir le droit de disposer de lui-même et de chercher dans l'union la tranquillité et le repos » (8 mars).

Les amis que M. Vénizélos garde en Crète essaient vainement de servir sa politique et de faire patienter le peuple : les révolutionnaires-unionistes décident que la Crète enverra ses représentants à la Chambre que la Grèce est en train d'élire pour remplacer l'Assemblée dissoute.

Le 26 mars, les élections grecques donnent à M. Vénizélos 147 partisans sur les 181 membres de la Chambre nouvelle. Ce nouvel investissement de la dictature lui permettrait d'achever en quelques semaines son « œuvre de relèvement national », si les Crétois lui en laissaient le loisir. Mais, une fois encore, ils entendent que tout cède à leurs besoins. A la fin d'avril, leurs députés arrivent à Athènes et comptent, avec l'appui de la foule, forcer l'entrée de la Chambre : pris entre le sentiment populaire et les ordres de l'Europe, M. Vénizélos est résolu à ne pas admettre ces intrus; il retarde d'un mois la séance d'ouverture; mais au bout d'un mois, les députés crétois sont toujours là, décidés à siéger coûte que coûte, quand bien même leur insistance ameuterait la nation, quand la Turquie profiterait du prétexte pour pousser en Thessalie les troupes que, depuis un mois, elle masse à la frontière.

Huit jours de négociations entre M. Vénizélos et ses congénères n'ayant pu vaincre l'obstination crétoise, le gouvernement fait expulser de la première séance les représentants de la Crète. Mais on n'ose pas risquer un renouveau de ce défi à tous les sentiments de l'hellénisme : la Chambre grecque est ajournée de quatre mois (1er juin-1er octobre) et M. Vénizélos prie l'Europe de « chercher une solution qui régularise cette situation aussi dangereuse pour la Grèce que pour la Crète » et qui permette aux Grecs « de retrouver la vie normale de leur parlement et d'achever leur œuvre de réformes »...

Quatre mois d'attente inutile, sans que les puissances daignent répondre...

A la fin de septembre, les représentants de la Crète reparaissent à Athènes : ils viennent prendre séance.

Ils sont soutenus cette fois par l'hellénisme entier : la continuation des atrocités macédoniennes et épirotes et l'occupation des îles d'Anatolie par les Italiens surexcitent l'opinion; les rues d'Athènes sont remplies de manifestants qui réclament la guerre; les Crétois l'ont déjà commencée, en envoyant trois cents héros délivrer Samos. Mais, sentant qu'ils touchent au but, ils daignent maintenant avoir quelque patience; ils promettent d'attendre la permission de M. Vénizélos pour se présenter à la Chambre : le 14 octobre, cette permission leur est donnée... D'accord avec ses alliés de Sofia, de Belgrade et de Cettigné, la Grèce venait d'envoyer à Stamboul son ultimatum. Les Crétois entraient à la Chambre grecque le jour même où les armées balkaniques entraient en Macédoine.

III

LE SULTANAT ET LA MACÉDOINE

LE SULTANAT ET LA MACÉDOINE

I. — LE RÉGIME HAMIDIEN

Depuis 1890, la Macédoine était pour la Bulgarie ce que la Crète était pour la Grèce, une cause perpétuelle de souffrances et de troubles, une gêne pour le gouvernement, une charge pour la fortune du public et des particuliers, un danger pour la nation et pour la dynastie : le Sultanat, l'empire militaire des Turcs, rendait la vie des Macédoniens aussi douloureuse que le Khalifat, celle des Crétois.

De 1878 à 1908, Abd-ul-Hamid avait eu du Sultanat une conception assez différente de celle que les Jeunes-Turcs purent avoir de 1908 à 1912. Mais, partis d'idées opposées, ils étaient arrivés, les uns et l'autre, à des pratiques toutes semblables.

Ce n'était pas une nouveauté dans l'histoire de l'Empire ottoman : depuis la conquête turque, le Sultanat avait pu changer quatre ou cinq fois ses méthodes et ses instruments; mais, féodal, bureaucratique, constitutionnel, hamidien ou jeune-turc, il semblait qu'en Macédoine il ne pût toujours être qu'un régime d'atrocités.

La Vieille Turquie avait jadis organisé son Sultanat de la façon la plus simple et la plus logique.

Pour tenir et pour agrandir son empire militaire, le Sultan avait eu deux armées, l'une d'attaque et de marche, l'autre d'occupation et de défense. Autour du Sultan, dans ses capitales de Stamboul, de Brousse et d'Andrinople, et autour de ses généraux, dans les sous-capitales de l'empire et dans les places-frontières, les janissaires, puis le *nizam djedid* (armée nouvelle) avaient été une armée de métier, toujours prête à partir en campagne. Dans le pays, les *spahis* et les *timarioles*, détenteurs viagers de « bénéfices », avaient été une milice terrienne, qui, en temps de guerre, devait des journées de service, un contingent et des fournitures, et qui, en temps de paix, tenait et exploitait la conquête en payant redevances au maître[1].

Jusqu'au premier quart du xixe siècle, jusqu'à la réforme de Mahmoud, le Sultanat fut donc un empire féodal, sans autre administration, pour l'entretien de cette double armée, qu'une intendance rudimentaire; sans papiers ni registres compliqués, sans tenue de comptes, le Sultan et ses troupes vivaient au jour le jour, prenant ce qu'il leur fallait ou ce qui leur plaisait, partout où ils pouvaient prendre sans trop de peines ni de dangers. Il n'y avait de limites à leur bon plaisir que celles de leurs propres forces. Ils ne reconnaissaient d'obstacles à leurs fantaisies que les prescriptions du *Cheri* et les résistances des sujets.

Le *Cheri*, la loi religieuse, fixant avec précision les redevances annuelles que tout musulman doit à

---

1. Cf. Victor Bérard, *La Révolution turque*, Paris, Armand Colin, 1909.

l'État, ou plutôt au chef de l'Église, au Khalife, le Turc ne pouvait rien demander aux Croyants en sus de la dîme et des impôts sacrés. Les sujets étaient donc divisés en deux catégories : les musulmans taxés suivant la règle coranique, proportionnellement à la bourse, et les chrétiens n'ayant droit qu'à la vie et au nécessaire le plus strict pour la soutenir.

Mais, en pratique, tous les sujets, aussi bien les chrétiens que les musulmans, opposaient à l'exploitation turque une résistance souvent victorieuse, et il en était que la nature, l'isolement ou l'éloignement de leur habitat mettait hors d'atteinte; les insulaires, derrière leur fossé de mer, et les montagnards, sur leurs perchoirs défendus, gardaient leur pleine ou leur demi-indépendance; le Sultan ne s'était pas astreint à les réduire : moyennant rançons périodiques, tribut annuel ou simple hommage, il les laissait vivre à leur guise, moins incorporés qu'englobés dans le Sultanat. Les seuls gens des plaines et des villes étaient réellement soumis et demeuraient sous la main du conquérant.

Pays de plaines et de montagnes, la Macédoine n'avait aucune uniformité : c'était une marqueterie de communautés et de cantons qui, par leur statut politique, traduisaient leur situation topographique; la carte des sujétions, des autonomies et des indépendances pouvait se reporter sur la carte des vallées, des montagnes et des régions inaccessibles.

Dans tout l'empire le *yassak*, la consigne du Sultan était censée régner en maîtresse; il n'y avait en vérité aucune règle générale : c'était la diversité et le changement presque quotidien; telle région, telle communauté, aujourd'hui vassale, était rebelle le lendemain, esclave ou privilégiée le jour d'après, et cela parmi les sujets chrétiens plus encore que parmi les musulmans.

Car les musulmans pouvaient se contenter du régime fiscal que leur assurait le *Cheri*, de la justice partiale et des avantages sociaux que leur ménageait le Khalifat : leur condition, somme toute, était fort acceptable en soi, — et tellement préférable à celle des *raïas*! Le chrétien, lui, n'avait le choix qu'entre une abjecte et épuisante servitude ou la révolte déclarée, à moins qu'il ne cherchât un moyen terme dans le renoncement à sa condition même, à sa religion. Les conversions à l'Islam étaient nombreuses dans les villes et dans les plaines. Mais partout où le christianisme se maintenait, la révolte était plus commune que la sujétion : dans la Turquie d'Europe et la Turquie d'Asie, les chrétiens du Monténégro et de la Serbie, les chrétiens du Pinde, du Souli et du Magne, ceux du Taurus, de l'Ararat et du Liban gardaient en face du Sultan-Khalife la même indépendance que les chrétiens de Crète.

Aussi l'armée féodale d'occupation avait-elle à l'intérieur une besogne aussi active que l'armée d'attaque aux frontières.

Tant que la Porte garda en main et en état ces deux instruments de son pouvoir, le Sultan sembla puissant, et le Sultanat bien assis. Mais la fragilité de l'un et la faiblesse de l'autre apparurent quand, au XVIIe et surtout au XVIIIe siècle, l'incapacité et la vénalité de la Porte laissèrent les deux armées à la débandade ou à l'embourgeoisement.

L'armée de métier déserta la caserne; elle s'en alla vivre en ville, au bazar, faisant tous les métiers, excepté celui des armes : on était janissaire sous les Sélim et les Soliman pour se battre; on fut janissaire sous les Osman et les Mustapha, moins pour la solde que pour les exemptions de douane et d'impôts, les privilèges de justice et de commerce, le rançonnement du public et du trésor. La milice terrienne usurpa ses bénéfices : ces biens viagers, que le Sultan ne revendiquait plus à la mort du titulaire pour l'attribuer à un fidèle serviteur du Sultanat, devinrent des héritages aux mains d'une famille ou d'une bande; puis, chacun de ces héritages se changea en un petit État vassal ou souverain, chacun de ces bénéficiers s'attribua, de son caprice ou du consentement acheté de la Porte, quelque titre héréditaire d'*aga*, de *bey*, de *pacha*; tous ne vécurent désormais que pour leurs intérêts et profits personnels; ils ne servirent le Sultanat que si le Sultan était assez riche ou assez fort pour exiger ou payer leurs services.

Aux frontières, il en résulta les grandes défaites, les pertes d'immenses territoires qui marquèrent la fin du xviiie siècle; à l'intérieur, les grandes révoltes de *raïas*, les soulèvements de la Crète, de la Morée, de l'Épire, de la Serbie et la Valachie. L'Empire turc aurait sombré dès 1790, si la Révolution française, puis Napoléon n'étaient venus détourner les efforts de la Russie et de l'Autriche, et n'avaient donné aux Turcs trente années de répit (1790-1820). Mais en 1820, le danger reparaissait, et si grand, cette fois, qu'une rénovation complète du Sultanat était jugée indispensable par les Sultans eux-mêmes : Mahmoud et son successeur Abd-ul-Medjid entreprenaient, non pas une refonte, comme ils le voulaient dire, mais une remise en état; leurs réformes n'allaient pas à transformer cet empire militaire en une monarchie civile; ils ne voulaient que le maintenir et le renforcer, le pourvoir d'outils plus modernes et plus efficaces.

Le massacre des janissaires dans la capitale et dans les provinces débarrassa Mahmoud des restes de la vieille armée de métier et de la féodalité. Dans les casernes vidées, le Sultan put installer une autre armée permanente : à la mode de l'Europe nouvelle, il voulut d'une armée nationale sur le principe du service obligatoire. Il décida que tous les sujets y contribueraient, le musulman de sa personne, le chrétien de sa bourse. Le chrétien fut désormais tenu au rachat. Mais, parmi les musulmans, les seuls Turcs acceptèrent volontiers, presque tous les autres refusèrent cet impôt du sang que le Coran n'avait prévu que pour la Guerre Sainte; or les musulmans de Turquie, au XIXe siècle, n'entendaient plus par Guerre Sainte que la défense de leurs privilèges économiques et sociaux, la lutte civile contre le *raïa*.

C'est en vain que la Porte s'efforça de courber à la loi militaire tout l'islam ottoman; une fois encore, elle dut transiger, ne demander que ce qu'elles voulaient bien lui donner à celles des nationalités et communautés musulmanes que leur nombre ou les conditions géographiques de leur habitat mettaient à même de résister. Les Bédouins, dans leurs déserts, la majorité des Arabes, dans leurs plaines sans bornes, les Druzes, les Kurdes et les Albanais, dans leurs monts, ne consentirent qu'un service extraordinaire, par intermittences, en cas de danger islamique; plus ou moins encadrés alors d'officiers et de réguliers turcs, ils marchaient en *bachi-bouzouks*, en irréguliers, sur les flancs ou les derrières, en avant-garde parfois de l'armée sultanesque, et pour une campagne seulement, et pourvu que le butin payât, et le moins loin possible de leur propre pays ; l'Arabe n'entendait pas qu'on le fît servir au long du Danube, ni l'Albanais sur les bords de la mer Rouge.

En pratique, le nouveau Sultanat disposa donc, lui aussi, d'une double armée : troupes régulières pour la sécurité du souverain et pour la défense de l'empire, milices irrégulières pour la domination et la sécurité de l'Islam ; soldats turcs contre les chrétientés du dehors ; *bachi-bouzouks* musulmans contre les chrétientés du dedans. En Macédoine, l'Albanais fut un *bachi-bouzouk* de qualité supérieure : il suffisait d'un signe de la Porte ; dix, vingt, trente mille braves accouraient de la Haute ou de la Basse Albanie, pour mettre à la raison le *raïa* mutiné, massacrer le *raïa* mécontent, torturer et piller le *raïa* paisible ; de l'Adriatique à la mer Noire, du Danube à l'Archipel, on rencontra partout ces gaillards toujours dispos, qui ne demandaient qu'à servir le Maître et à vivre noblement aux dépens des sujets.

On laissait le *bachi-bouzouk* vivre sur le pays. Mais il fallait solder et entretenir l'armée régulière. Les réformes de Mahmoud et d'Abd-ul-Medjid, les fameuses *Tanzimat* qui devaient métamorphoser l'empire, ne furent que l'organisation d'une intendance à la mode européenne. Les Turcs de 1830 avaient devant les yeux le dernier modèle européen d'empire militaire : la France des Napoléons. Ils entreprirent de réformer leur Sultanat sur ce modèle : « Nous jugeons convenable, disait Abd-ul-Medjid en 1839, de chercher par des institutions nouvelles à procurer aux provinces le bienfait d'une bonne administration. » Il ne s'agissait pas de droits politiques, ni de constitution parlementaire. Le Sultan définissait les trois « points principaux » de sa réforme purement administrative : garantir aux sujets « une parfaite sécurité quant à la vie, à l'honneur et à la fortune » ; établir « un mode régulier d'asseoir et de prélever les impôts » ; établir « un mode également régulier pour la levée des soldats et la durée de leur service ».

Une administration régulière, assurant à tous les sujets un minimum de sécurité et de justice ; une exploitation, directe et centralisée, rendant au maître le maximum de soldats et d'impôts : tel était le but de ces « concessions impériales » ; Napoléon le Grand n'aurait pas tenu un autre langage ; ce que les Turcs voulaient des *Tanzimat*, c'était la transformation, l'unification de leur empire féodal en un empire napoléonien, sur « le principe de l'égalité des sujets » et sous le pouvoir absolu du Sultan.

Durant cinquante ans (1828-1878), la Porte essaya d'organiser ce nouveau Sultanat. Mais tous les sujets refusaient à l'envi ce régime d'uniforme égalité. Les musulmans réclamaient la prééminence et les profits dont les Croyants doivent jouir sur les terres du Khalife. Les chrétiens revendiquaient les droits et privilèges traditionnels de leurs Églises et de leurs communautés. Les musulmans avaient derrière eux l'appui de tout l'Islam, pour eux le sentiment islamique des Turcs eux-mêmes. Derrière les chrétiens, la Porte trouvait les puissances, les intrigues de leurs diplomates et l'intervention de leurs armées.

Cinquante ans, le Sultan s'efforça de remplir — suivant le mot d'Abd-ul-Medjid — « les devoirs impérieux de la royauté et de la souveraineté aussi bien que les saintes obligations du Khalifat », en garantissant « aux sujets de toutes les classes la jouissance complète des privilèges dont ils ont été investis de tous temps pour l'exercice de leur culte et l'administration de leurs biens ecclésiastiques. » Le problème ainsi posé était peut-être insoluble : comment concilier l'égalité de tous avec les privilèges de chacun ? la souveraineté du Sultan avec les interventions perpétuelles de l'Europe ? et les lois du Sultanat avec les dogmes du Khalifat ?

En pratique, le Sultanat réformé ne se maintint un demi-siècle que par la tolérance ou l'appui effectif de l'Europe, surtout par les bons offices des puissances occidentales. Du jour où la France vaincue fut obligée de penser d'abord à soi (1870-71), où l'alliance des trois Empereurs rendit l'Angleterre impuissante au Levant (1872-73), ce fut fait de l'Empire turc : les cinquante années de réforme aboutirent aux désastres de 1877-1878, au dépeçage de San-Stéfano et de Berlin.

Abd-ul-Hamid alors monta sur le trône : après une courte expérience de Sultanat constitutionnel et parlementaire, il installa pour trente ans le Sultanat hamidien (1878-1908).

Le principe en était aussi simple que celui du vieux Sultanat : Abd-ul-Hamid ne pensait qu'à préserver sa vie et son pouvoir absolu, à les défendre quotidiennement contre les deux monstres qui, de droite et de gauche, pouvaient l'assaillir, — l'Islam et l'Europe. Monstres terribles dont la crainte hantait les jours et les nuits du Sultan! Il ne songeait pas à les repousser de haute lutte : il s'efforça de les domestiquer. Il voulut acheter le dévouement de l'Islam par l'accomplissement des « saintes obligations » du Khalifat. Il voulut acheter la connivence de l'Europe par le pourboire quotidien aux deux influences qu'il y voyait dominer : la force allemande et la finance internationale.

Le régime hamidien fut en somme le condominium d'Abd-ul-Hamid, de l'Islam et de l'Europe sur le Sultanat, l'exploitation de l'Empire turc par ces trois associés.

Abd-ul-Hamid en eut l'usufruit le plus complet, la jouissance la plus abusive, quitte à faire aux deux autres leurs parts dans les bénéfices. Toutes les affaires et tous les revenus aboutirent au Palais; la Porte n'eut plus la disposition de rien; il n'y eut de trésor qu'au Palais, de fonctionnaires régulièrement payés qu'au Palais, d'armée entretenue que pour la garde du Palais, de souci gouvernemental que la sûreté et l'approvisionnement du Palais. Des revenus, le Maître, ayant fait trois parts fort inégales, en gardait la plus grosse pour ses besoins personnels, qui désormais remplaçaient tous les besoins de l'État; il abandonnait la plus faible à l'Islam, sous la forme de subventions directes ou indirectes à toutes les œuvres islamiques du dedans et du dehors; la troisième, qu'il fit souvent égale à la sienne propre, il la versait régulièrement à l'Europe en achats militaires, en traitements à des fonctionnaires étrangers, en largesses et menues faveurs à la gent de Bourse, de presse ou de chancellerie, en garanties d'intérêts aux entreprises de la finance, sans compter la corruption proprement dite de la gent parlementaire et politicienne en tous pays.

En apparence, les subventions d'Abd-ul-Hamid à l'Islam pouvaient n'être pas inutiles au maintien de l'Empire turc : le prestige du Khalife dans le monde entier et le dévouement, tout au moins la résignation des musulmans dans le Sultanat étaient pour la Turquie de quelque réel avantage. Mais, du Maroc au Japon, saura-t-on jamais ce que cette politique panislamique gaspilla d'efforts et d'argent? La moindre partie de l'un et des autres, appliquée aux besoins immédiats de la Turquie, eût payé en bénéfices plus réels et plus durables... Et cette politique mondiale avait de dangereuses contreparties : comme le prestige universel du Khalife ne pouvait s'établir qu'aux dépens des souverains, musulmans ou chrétiens, qui détenaient des terres d'Islam, il arriva très vite que, de la Chine au Maroc, la propagande panislamique les inquiéta tous, les uns après les autres ; elle valut à la Turquie leurs défiances ou leur animosité ; l'Angleterre, détentrice de l'Égypte et maîtresse de l'Inde, la France, conquérante de l'Afrique, se sentirent directement menacées ; perdant la confiance de ces fidèles amis d'autrefois, le Sultanat perdit, de ce seul chef, bien plus que tout ce que pouvait lui rendre le Khalifat ainsi rehaussé.

De même, les *bakchiches* à l'Allemagne et à la finance avaient d'apparentes rentrées pour l'empire. Les achats d'armes et la présence d'instructeurs étrangers semblaient lui garantir une forte et manœuvrante armée. En vérité, fusils, canons et munitions, achetés pour le bénéfice du fournisseur allemand, restaient dans les arsenaux fermés, souvent dans les entrepôts à quai, dans les caisses non déclouées : la crainte d'une sédition empêchait le Maître d'armer ses propres soldats. La promenade militaire de Thessalie en 1897 put faire illusion : elle n'avait démontré que la complète désorganisation de l'armée grecque, l'impéritie ou l'excessive prudence de ses princes; dès 1897, von der Goltz tirait de cette trop facile victoire la leçon de l'avenir; il conseillait à ses élèves de renoncer à leurs provinces d'Europe, de repasser en Asie; il voyait bien que le Sultanat hamidien pouvait avoir une soldatesque de parade, une garde d'honneur et de sûreté, — non pas une armée d'empire.

Jamais avant 1909, jamais sous le règne d'Abd-ul-Hamid, les instructeurs allemands ne purent faire manœuvrer leurs soldats en campagne, avec des effectifs qui, du plus loin, ressemblassent aux effectifs de guerre : durant près de vingt ans, les centaines et les milliers de millions, que la Turquie versa aux usines et aux officiers de Guillaume II, ne lui valurent, à elle, qu'un beau défilé, chaque vendredi, à la cérémonie du Sélamlik. Pendant ces vingt ans, il est vrai, Guillaume II vint à deux reprises saluer le Khalife et prendre l'islam universel à témoin de son impériale bienveillance; mais aux jours du danger, la Turquie a-t-elle constaté le moindre effet de cet engagement?...

En rails, en quais, en bâtisses de toutes sortes, les financiers et concessionnaires semblaient aussi contribuer au maintien et à la fortune du Sultanat. Mais dans toutes ces affaires, peut-on dire que l'avantage de l'empire ait été en juste proportion de ses sacrifices? ou que le choix du projet et de l'heure ait jamais été déterminé par les besoins des peuples? et que cet outillage pacifique ait eu, pour l'État, un meilleur rendement que l'outillage militaire?

Une seule pensée prévalut en ces combinaisons : Abd-ul-Hamid voulait s'attacher ou se prolonger le dévouement de telle Bourse, de telle banque, de telle ambassade, se procurer les complaisances, même temporaires, de tel groupe ou de tel personnage; si l'empire, au dernier règlement, trouvait son compte, c'était bénéfice surajouté; mais on n'hésita jamais à se lancer en une opération dont la nuisance à l'État apparaissait certaine et grave; du Bosphore au golfe Persique, un chemin de fer pouvait être de la plus grande utilité pour la cohésion de la Turquie asiatique; ce fut pour la satisfaction des convoitises allemandes, pour le ménagement des prétentions anglaises, russes et françaises, pour le seul profit des financiers que l'on traça le *Bagdad* allemand.

Ce régime hamidien ne pouvait aboutir, en dernière étape, qu'à la ruine du Sultanat, au double asservissement des Turcs par l'Islam et par l'Europe. Car plus on accordait à ces deux quémandeurs inlassables, plus croissaient leurs exigences; le fonds y passait, après le revenu. On en arrivait à ne plus vivre quotidiennement que par la finance et pour la finance internationale : chaque année augmentant les garanties à servir et diminuant les rentes à toucher, il fallait aliéner peu à peu le sol et le sous-sol, donner tout l'empire à emphytéose. On en arrivait, d'autre part, à ne plus gouverner que par l'Islam et pour l'Islam : toute politique intérieure et extérieure n'allant plus au salut de l'empire, on ne travaillait qu'à l'extension et à la gloire du Khalifat.

Dans la politique intérieure surtout, dans la gérance du domaine ottoman, les intérêts, l'existence même de la Turquie étaient sacrifiés aux rêves du Khalife. Les sujets musulmans y trouvaient la satisfaction, sinon de leurs besoins matériels, du moins de leurs préjugés et de leurs passions. Mais de jour en jour la condition des sujets chrétiens et des Turcs eux-mêmes devenait moins tolérable : les chrétiens supportaient toutes les charges économiques de cette gérance; les Turcs en supportaient tout le poids militaire. Le Palais ne payant plus les fonctionnaires de la Porte ou ne les payant plus qu'irrégulièrement, au rabais, après des mois et des années de retard, il fallait que cette gent de bureaux et de *konaks* vécût, « mangeât » : les « mangeries » de l'ancienne féodalité avaient été supprimées par les *Tanzimat* ; elle furent remplacées et dépassées par les mangeries de la bureaucratie et de l'armée hamidiennes.

J'ai longuement décrit ailleurs[1] cet *Art de Manger* à la turque. En négligeant les recettes accessoires qui, depuis le simple faux en écritures publiques, allaient jusqu'au vol avec effraction, j'ai montré comment l'Empire ottoman avait ses « Quatre Mangeries » principales dans la police, la justice, la route et l'impôt. Les abus de la force armée, soldats ou

---

1. Cf. Victor Bérard, *Pro Macedonia*, et *La Révolution turque*, Paris, Armand Colin, 1904 et 1909.

gendarmes, sous prétexte de police; les dénis et les prévarications, les accusations sans preuves, les condamnations, emprisonnements et confiscations sans motif, toutes les formes d'arbitraire sous couleur de procédure; la ruine du cultivateur par les abus de la dîme, l'exaction, le rançonnement et le vol officiel, sous couleur d'impôt; pour finir, l'oppression des villages par la corvée des routes : ce fut en système de gouvernement qu'Abd-ul-Hamid érigea ces pratiques, dont ses prédécesseurs toléraient l'existence, faute de pouvoir les déraciner, mais dont ils s'efforçaient, du moins, de limiter les dangereux effets ou de prendre leur juste part.

Par système, Abd-ul-Hamid laissa la mangerie se développer dans tout l'empire, envahir toutes les administrations. Elle lui profitait à lui-même, le dispensant de payer les traitements. Elle profitait à l'Islam, détenteur des fonctions : l'aristocratie et la bourgeoisie musulmanes, appelées aux grands et petits emplois, en vécurent désormais; elles y retrouvèrent un moyen d'exploitation et de domination sociale; la mangerie devint la forme la plus moderne et la plus commode de la Guerre Sainte contre les *raïas*, de la revanche islamique sur ces réformes ottomanes qui proclamaient l'égalité de tous les sujets. Aussi la foule musulmane, bien qu'elle en souffrît presque autant que le *raïa* lui-même, supporta, aima ce régime, qui la ruinait, sans doute, mais qui, d'abord, torturait le chrétien.

Les chrétiens de tout l'empire en étaient les victimes. Dans les villes, sous l'œil des consuls et des résidents européens, la mangerie devait se modérer, se cacher un peu; dans les campagnes, elle pouvait se donner carrière ; si le *raïa* protestait, esquissait un geste seulement de surprise ou de refus, le *bachi-bouzouk*, puis l'armée accouraient sur ce rebelle, et le massacre couronnait la politique du Sultan.

* * *

En Macédoine[1], cette politique du Sultan ne fut pas plus oppressive que dans le reste de l'empire. Mais les chrétiens de Macédoine furent moins disposés à s'y résigner. Quatre propagandes grecque, bulgare, serbe et roumaine les appelaient à la civilisation occidentale, à la dignité d'hommes, au sentiment de leurs droits ; en des centaines d'écoles, ils étaient élevés, non pas en *raïas* du Khalife, mais en futurs citoyens d'Athènes, de Sofia ou de Belgrade. Cette éducation créait, à la paysannerie locale, des directeurs intellectuels, une aristocratie de science, si l'on peut dire, qui prenait en mains les intérêts de la communauté et ne voyait d'avenir pour elle que dans la réforme, non plus ottomane, mais européenne de l'Empire turc,... en attendant l'autonomie, puis le partage.

Les puissances, au traité de Berlin (art. 23), avaient spécifié « pour les provinces ottomanes en Europe »

---

1. On trouvera tous les documents dans A. Schopoff, *Les Réformes et la Protection des Chrétiens en Turquie* (1673-1904), Paris, Plon-Nourrit et Cie, 1904, et le détail des souffrances macédoniennes dans *La Macédoine et le vilayet d'Andrinople (1893-1903), Mémoire de l'organisation intérieure*, 1904. Mais pour m'en tenir aux témoignages les plus sûrement impartiaux, je ne citerai que les rapports de nos agents diplomatiques et consulaires, qu'ont publiés les *Livres Jaunes* (3 volumes d'*Affaires de Macédoine*, 1902-1903, février 1903, 1903-1905).

un statut « analogue au règlement crétois » de 1868 ; des « commissions spéciales, au sein desquelles l'élément indigène serait largement représenté », devaient élaborer « les détails de ces nouveaux règlements ». En août 1880, les commissaires des ambassadeurs présentaient à la Porte une *Loi des Vilayets de la Turquie d'Europe* qui, en dix-sept titres et trois cent vingt-six articles, donnait à ces provinces une véritable constitution.

TITRE PREMIER

LES DROITS GÉNÉRAUX DES HABITANTS

. . . .

Art. 2. — Les habitants de chaque vilayet sont égaux devant la loi : ils ont les mêmes droits et les mêmes devoirs sans distinction de race ni de religion.
Art. 3. — Chacun exercera librement son culte et sa religion...
Art. 4. — La liberté individuelle est à l'abri de toute atteinte.

. . . .

Art. 11. — Le domicile du citoyen est inviolable.

. . . .

Art. 18. — L'enseignement est libre...
Art. 19. — La presse est libre...

Dès 1880, cette *Loi des Vilayets* était comme une « Déclaration des Droits de l'Homme et du Macédonien ». Mais de 1880 à 1890, le régime hamidien et les propagandes étrangères ne portant pas encore leurs fruits, les peuples permirent que cette loi ne fût jamais appliquée ni même officiellement promulguée : elle eut le sort de tant d'autres promesses du traité de Berlin, qu'Abd-ul-Hamid viola, avec assentiment des puissances; en 1887, seulement, comme les exploits des *bachi-bouzouks* albanais dépassaient la mesure, un règlement organisa « des commissions de la sécurité dans le vilayet de Monastir ».

Mais à partir de 1890, les évêques bulgares, auxquels Abd-ul-Hamid concédait de nouveaux diocèses macédoniens, multiplièrent les écoles et, du coup, les autres propagandes rivalisèrent : l'exemple de la Roumélie annexée encourageait les gens de Sofia à de pareils efforts en Macédoine et rendait plus attentifs les gens de Belgrade et d'Athènes ; dès 1893, un congrès de Slaves ottomans fondait à Sofia l'*Organisation macédo-andrinopolitaine*, dirigée par un *Comité extérieur* de six membres qu'élisaient les congrès annuels. Dès 1894-1895, cette *Organisation extérieure* réclamait l'autonomie. En 1896, elle obtenait de la Porte et des ambassadeurs un *Décret de Réformes pour les Vilayets de Roumélie*, qui restait inappliqué, lui aussi. En 1897, il est probable que la révolte eût éclaté sans la pression énergique de l'entente austro-russe sur les deux gouvernements serbe et bulgare et sans les victoires turques en Thessalie.

Le Sultanat hamidien et l'armée turque rapportèrent de Thessalie un renouveau de prestige qui, durant quatre ou cinq années, permit aux fantaisies du Maître de se déployer tout à l'aise : cinq années de pleine licence pour les Albanais ; cinq années de difficile résignation pour les Macédoniens que contenait la Bulgarie, contenue elle-même par la pression russe.

Mais en 1899, les Macédoniens, à bout de patience, fondaient une *Organisation intérieure* qui, sous le *Comité intérieur* siégeant à Salonique, préparait la révolution. De 1899 à 1902, les deux *Organisations intérieure* et *extérieure* semblaient marcher unies : les hommes d'action cependant blâmaient la sagesse de Sofia; l'*Organisation intérieure* prenait le pas; dans ses vilayets d'Europe, le Turc sentait germer partout des comités et des *comitadjis*, et, chaque année, l'on ne parlait plus que d'une insurrection pour le printemps; dès le mois de janvier de 1902, les autorités turques lâchaient les *bachi-bouzouks*.

Alors commencèrent pour le peuple bulgare deux années de souffrances et d'angoisses : Abd-ul-Hamid guettait l'occasion d'une campagne en Roumélie orientale; pour la faire naître, il persécutait de son mieux les Slaves de Macédoine.

A Sofia, vers 1902, vingt mille habitants sur soixante-dix mille étaient nés en territoire ottoman; dans la principauté, le nombre de ces Roumélo-Macédoniens dépassait deux cent mille peut-être. Intellectuels, que traquait le régime hamidien, paysans, que ruinait le régime turc, manœuvres, qui venaient gagner un plus haut salaire dans les travaux publics et les constructions de la principauté, petits bourgeois surtout, que la justice du Sultan avait dépouillés : toutes les classes étaient représentées, tous les Macédoniens étant également victimes.

Que l'on se représente la situation du gouvernement bulgare : deux cent mille Macédoniens sur une population totale de quatre millions d'âmes dans la principauté, ce serait, proportions gardées, deux millions d'Alsaciens-Lorrains domiciliés dans notre France.

Vers la Bulgarie, se tournaient tous les anciens élèves des écoles bulgares de Macédoine : que pouvaient devenir chez eux, au sortir d'une éducation presque européenne, ces « intellectuels » qui ne trouvaient, sous le régime hamidien, aucun emploi à leurs facultés, mais quotidiennement et cruellement souffraient en leur dignité, leurs ambitions et leurs intérêts? Par milliers, ces Macédoniens allaient s'établir dans la principauté : par centaines, ils étaient officiers dans l'armée bulgare, après avoir achevé leurs études à l'École militaire de Sofia.

Le parti russophile étant au pouvoir (ministère Danef, mars 1902-mai 1903), la Russie se croyait assurée de l'obéissance bulgare : « La situation intérieure du gouvernement bulgare, écrivait le comte Lamsdorf, est trop délicate, ses embarras financiers trop lourds pour qu'il ne sente pas l'impérieuse nécessité d'éviter toute complication; il empêche les manœuvres des *Comités* établis sur son territoire; il a sur ses frontières un cordon de troupes très serré; le gouvernement ottoman a pris les mêmes précautions; la Turquie sera énergique dans la répression des moindres troubles » (27 mars 1902).

Le Sultan songeait au « maintien de l'ordre et de la tranquillité » (mai 1902); le commissaire ottoman à Sofia donnait au chef de notre légation le commentaire de ces trois mots : « Nous ne demandons qu'à avoir devant nous 20 000 insurgés pour en finir une bonne fois avec eux. »

Les deux gouvernements de Vienne et de Pétersbourg, depuis 1897, s'étaient réciproquement engagés à maintenir « le *statu quo* dans les Balkans et la paix générale ». Au début de 1902, l'archiduc-héritier allait, à Pétersbourg, renouveler le pacte : de 1902 à 1907, durant les cinq années de ce renouvellement, Vienne et Pétersbourg, en effet, défendaient le *statu quo* aussi bien contre les Macédoniens, qui réclamaient l'autonomie, que contre les puissances occidentales qui exigeaient des réformes efficaces et profondes.

En mai 1902, Vienne et Pétersbourg se concertent à nouveau et proclament « la nécessité d'imposer la paix dans les Balkans, au moyen d'une action simultanée à l'égard des différents peuples qui les habitent ». Mais c'est la Bulgarie que les deux cabinets sermonnent et font sermonner par leurs amis et alliés : elle se déclare impuissante à faire la police en dehors de ses frontières et, chez elle, elle est aussi incapable, en cette année 1902, que la Grèce en 1897, de contenir l'indignation nationale : des bandes armées et disciplinées passent de la principauté en Macédoine. De véritables batailles sont livrées par elles, dans le pays d'Uskub, de Monastir et dans la haute vallée de la Strouma (juillet 1902). Le consul de France à Salonique, M. Steeg, expose « la situation critique du villageois de Macédoine, livré sans défense à toutes les violences des bandes révolutionnaires et à toutes les exactions de la gendarmerie, qui, mal recrutée, irrégulièrement payée, est obligée de vivre sur l'habitant ».

C'est à peine si le gouvernement bulgare peut obtenir la tranquillité dans la principauté ; il doit mobiliser pour la surveillance de la frontière ; il voudrait supprimer les Comités extérieurs ; le cabinet

Danef a la ferme volonté d'empêcher l'envoi de secours en Macédoine : « Mais le soulèvement en Macédoine, écrit notre agent à Sofia, vient des procédés de répression des Turcs. » Abd-ul-Hamid entend résoudre à sa façon le problème macédonien : « Une répression dégénérant en massacres, écrit notre consul à Salonique (18 octobre 1902), serait, sans doute, le moyen le plus expéditif de faire régner ensuite un certain ordre ; les hauts faits des bandes révolutionnaires ont profondément irrité la population musulmane contre les Bulgares ; nombreux sont ceux qui n'attendent qu'un signe pour rendre au Sultan le service de le débarrasser des agitateurs en *faisant comme en Arménie.* »

Le syndicat austro-russe s'inquiète ; sous la pression de Paris et de Londres, il promet des réformes ; il oblige Sofia à continuer la politique d'apaisement, malgré l'irritation populaire, malgré la rentrée des bandes et l'arrivée de fuyards macédoniens. Notre agent à Sofia écrit le 19 novembre et le 3 décembre :

> Depuis le commencement du mois de novembre, les bandes insurrectionnelles font leur rentrée en Bulgarie. Le gouvernement bulgare les fait désarmer et maintient les chefs en arrestation pendant quelques jours. La population fête chefs et soldats, les acclame, leur donne des vivres.
>
> Les officiers bulgares d'origine macédonienne, au nombre de mille environ, songeraient à démissionner en masse, ne voulant pas rester l'arme au pied quand la vie de leurs proches est en danger. Le nombre des réfugiés est considérable. Le consul russe à Philippopoli, envoyé en mission du côté de Dubnitza et Kustendil, a compté plus de six cents personnes inoffensives, vieillards, femmes, enfants, fuyant devant les Turcs : il en arriverait, tous les jours, des centaines.

« La Bulgarie, m'a dit M. Danef, veut suivre une politique loyale. Elle ne convoite pas une extension territoriale en Macédoine; mais elle ne peut se désintéresser de la question macédonienne à cause de l'émigration macédonienne en Bulgarie qui est considérable et entretient dans le pays une agitation perpétuelle. Pour faire cesser cette émigration, il faut rendre aux chrétiens l'existence possible en Macédoine et, pour cela, réaliser les réformes promises par le traité de Berlin. »

Mille officiers macédoniens dans l'armée bulgare en 1902, sur 2 560 officiers et assimilés que solde la principauté! Soixante ou quatre-vingt mille réfugiés macédoniens, que doivent nourrir et entretenir le gouvernement et la charité publique! Que l'on fasse la proportion : que l'on suppose en notre France 800 000 ou 900 000 réfugiés et 14 ou 15 000 officiers originaires des provinces annexées, et que l'on se demande quel gouvernement pourrait tenir chez nous si, de l'autre côté des Vosges, nous entendions quelque jour ce que les Bulgares de 1902 entendaient de l'autre côté du Rhodope!

Abd-ul-Hamid feint de consentir aux réformes. Il envoie en Macédoine un inspecteur général, Hilmi-pacha, avec des *Instructions*, qui vont « transformer la province ». Dépêches de notre chargé d'affaires à Constantinople (1er et 15 décembre) :

Harassée par les remontrances des ambassadeurs, la Porte veut se donner l'air de consentir à quelque réforme; mais aucune intention sérieuse n'est dans l'esprit du gouvernement. Jamais les exactions et les brutalités n'ont été plus nombreuses de la part de la gendarmerie et de la troupe régulière. Des colonnes volantes sillonnent le pays pour rechercher les armes; elles sont logées chez l'habitant et en profitent pour le dévaliser. Le directeur des Chemins de fer de Salonique-Monastir me disait avant-hier que, les jours de paye, les employés de la Compagnie étaient régulièrement dépouillés par les soldats chargés de garder la voie. L'ambassadeur de Russie m'a entretenu de ce redoublement de persécutions : il constate que les violences des Turcs affolent la population macédonienne qui émigre en Bulgarie ; le gouvernement princier est impuissant à contenir le sentiment de colère que l'afflux de ces malheureux excite contre les Turcs.

Plus les puissances occidentales exigent des réformes sérieuses, plus le syndicat austro-russe menace la Bulgarie et l'oblige à sévir contre les Comités. Sofia obéit : les Comités sont dissous, leurs armes et papiers confisqués, leurs chefs arrêtés ou expulsés ; la frontière turque est bordée de patrouilles qui empêchent le passage des bandes et des munitions (14 février 1903). Le syndicat remet alors son plan de réformes, son « programme de Vienne », au Sultan (21 février), qui l'accepte, car ce plan n'engage à rien ; c'est à peine s'il renforce les *Instructions* de la Porte à Hilmi-pacha.

Sitôt ce programme publié, — comme jadis en Crète, à chaque promulgation de firmans réformateurs, — les musulmans et surtout les Albanais, les fidèles Albanais d'Abd-ul-Hamid, se révoltent, font le siège de Mitrovitza.

L'insurrection générale des Slaves de Macédoine et de Roumélie répond à cette « révolte » albanaise, que les chrétiens savent organisée par le Palais. Alors Vienne et Pétersbourg, redoutant une intervention de l'Europe ou une rébellion des petits États balkaniques, ordonnent à leurs ambassadeurs « d'avertir le Sultan de la manière la plus énergique, par ordres immédiats de leurs souverains, que l'Autriche-Hongrie et la Russie, s'étant engagées à maintenir la Bulgarie dans une attitude correcte », exigent des actes qui « prouvent la sincérité de la politique du Sultan, sinon les deux Cabinets abandonneraient la Turquie aux dangers qui pourraient en résulter » (20 avril 1903).

La Porte annonce aussitôt la soumission des villes albanaises. Mais la montagne reste insoumise et le Sultan use de ce prétexte pour ne pas exécuter les réformes; les Comités se remettent donc en campagne; à Sofia, le ministère est renversé, la dynastie est menacée par l'indignation populaire; la politique intérieure de la principauté, sa vie sociale et économique sont à la merci des incidents macédoniens; les bombes éclatent à Salonique (avril 1903). Pendant tout l'été de 1903, la Roumélie et la Macédoine, des rives de la mer Noire au golfe de Salonique et de la banlieue même de Constantinople aux confins albanais, sont un champ de bataille où quelques milliers de paysans luttent héroïquement contre les deux cent mille hommes que le Sultan a jetés en Europe.

Villages pillés, meurtres, viols, paysans rôtis, dynamite, fuites, le *Memorandum bulgare*, que j'ai publié dans mon livre *Pro Macedonia*, résumait les six premiers mois de cette opération hamidienne et, point par point, donnait les renseignements les plus circonstanciés, dont les consuls européens vérifièrent et reconnurent l'authenticité.

Pour empêcher une intervention bulgare, l'Europe, tout l'été, presse de ses conseils et de ses menaces sur cette malheureuse Bulgarie que la folie hamidienne et la duplicité austro-russe ont encombrée de cent vingt mille réfugiés et qui doit nourrir, habiller, loger ces misérables. Une armée turque, massée à la frontière, fait face à l'armée bulgare, déjà mobilisée. Le Sultan appelle de ses vœux une guerre turco-bulgare qui lui vaudrait, croit-il, après les mêmes succès, le même regain de prestige au-dedans et les mêmes années de tranquillité à l'extérieur que la guerre turco-grecque. Vienne et Pétersbourg estiment que « les efforts criminels des Comités et des bandes révolutionnaires justifieraient les actes de rigueur de la Porte à l'égard de la principauté vassale ». Le gouvernement de Sofia remontre avec justesse que « le gouvernement ottoman poursuit l'extermination de la population bulgare en Turquie d'Europe et mobilise son armée pour la concentrer aussi rapidement que possible à la frontière bulgare »; la Bulgarie « fait appel aux sentiments de justice et d'humanité des grandes puissances, en les priant de sauver toute une population chrétienne de l'extermination ».

Mais, par la bouche du comte Goluchowski, l'entente austro-russe réplique : « C'est une exagération fort déplacée dans une pièce officielle que de parler d'extermination des Bulgares en Macédoine; si la population de ces contrées est, en majorité, bulgare, l'importance de cet élément ne saurait être diminuée par des pertes peu considérables... »

Pourtant, les Bulgares ont une heure d'espoir : un gendarme albanais, en tuant le consul russe de Monastir (8 août 1903), va peut-être changer les dispositions de Pétersbourg; comme l'assassinat des consuls à Salonique en 1877, ce meurtre amènera peut-être les escadres européennes. L'alerte du

Sultan est vive. La Porte s'empresse de satisfaire à toutes les exigences de l'ambassade russe et, pour écarter l'intervention des puissances, elle offre à Sofia une entente directe : après une amnistie générale, une commission mixte de fonctionnaires ottomans et de Bulgares-macédoniens élaborera les quatre réformes fondamentales : autonomie communale, admission des chrétiens dans les administrations, liberté des écoles et des églises, gendarmerie mixte.

Le gouvernement bulgare accepte; il demande seulement qu'il soit mis fin aux massacres, que les réfugiés macédoniens soient rapatriés par les soins de la Porte, que la mobilisation turque soit suspendue et que l'on commence à disloquer les troupes massées sur la frontière... Le Sultan refuse : il ne voulait par cette offre que prévenir les demandes austro-russes.

Mais, de la rencontre de Nicolas II et de François-Joseph à Mürzsteg (29 septembre 1903), les suggestions de l'Angleterre font sortir un programme de réformes : deux « agents-civils », l'un autrichien, l'autre russe, seront adjoints à l'inspecteur général, Hilmi-pacha, pour contrôler « l'activité des autorités ottomanes »; la gendarmerie sera réorganisée par des cadres étrangers; on rapatriera les réfugiés aux frais de la Porte; on rebâtira les églises et les écoles; on licenciera les *ilavés* (territoriaux) et les *bachi-bouzouks*. Comme la Bulgarie, satisfaite, propose à la Porte de désarmer, Abd-ul-Hamid essaie de brusquer la guerre : un bataillon d'Albanais franchit la frontière, repousse les postes bulgares et pille un village de l'intérieur.

Néanmoins le gouvernement bulgare garde son

esprit de conciliation : il demande la punition des coupables et l'assurance que de pareils faits ne se reproduiront plus. La présence de 63 bataillons turcs, échelonnés entre Uskub et la frontière, le renfort à 9 bataillons des garnisons limitrophes et l'arrivée de six nouvelles batteries à Salonique lui causent de grandes inquiétudes. Il continue de ne pas riposter aux taquineries hamidiennes : il licencie même les classes de réservistes récemment appelées... Alors Abd-ul-Hamid cherche à établir que toutes les demandes austro-russes sont déjà remplies par les mesures qu'il a ordonnées récemment (3 novembre).

Pour la première fois, Vienne et Pétersbourg parlent avec fermeté : les deux Cabinets ne se laisseront pas « détourner de leur but par des assertions, si osées qu'elles soient ». Comme les autres puissances menacent, le Sultan donne son adhésion au programme de Mürzsteg, qui devient la loi du contrat entre l'Europe et la Turquie (25 novembre 1903).

Mais la Porte se hâte d'ajouter qu'elle « se réserve d'entrer en négociations sur les neuf points de ce programme pour régler les détails de leur application », et elle entend le « conformer à l'indépendance, aux droits souverains, au prestige du gouvernement impérial, et au *statu quo* ».

C'est alors que survient la guerre russo-japonaise (18 février 1904); durant près de deux ans (février 1904-août 1905), Pétersbourg aura d'autres soucis que la Macédoine : l'Autriche, chargée désormais des affaires austro-russes, pourra, tout à son aise, maintenir le *statu quo*.

Le *statu quo* est dans les désirs de Vienne, parce

que toute annexion de la Macédoine à l'un ou à plusieurs des États balkaniques fermerait la route de Salonique au *Drang* vers l'Archipel, parce que toute amélioration du régime turc, toute atténuation du régime hamidien pourrait réconcilier chrétiens et musulmans et rendre superflue l'intervention de l'Autriche. La Bulgarie n'ayant plus derrière elle le secours possible des grands « frères russes », le Sultan peut préparer pour 1904 la guerre turco-bulgare qu'il n'a pas eue en 1903; les autorités turques disent que l'on n'obtiendra aucun résultat en Macédoine tant que la principauté bulgare servira de refuge aux conspirateurs : « Comment dessécher un marais si l'on ne peut tarir ou détourner la source qui vient constamment le remplir? »

Sofia, 19 février. — Les relations de la principauté et de la puissance suzeraine deviennent chaque jour plus mauvaises. Les Bulgares constatent qu'ils n'obtiennent rien sur les questions qui leur tiennent le plus à cœur. Malgré la promesse donnée aux puissances, l'iradé accordant l'amnistie n'a pas été publié. On n'a même pas obtenu une amnistie partielle qui aurait permis le rapatriement des réfugiés. Ceux-ci continuent à vivre ici de la charité publique et des subventions que leur donne le Trésor. Une somme de 300 000 francs a dû être votée par la Sobranié pour leur venir en aide.

En Turquie, les vexations contre le commerce et les sujets bulgares continuent. Les marchandises sont accusées de transporter à Constantinople des bacilles de maladies épidémiques, et les sujets bulgares, de la dynamite. Les vexations des Turcs s'appliquent même aux fonctionnaires revêtus du caractère diplomatique.

La Porte masse à nouveau des troupes sur la frontière : la Bulgarie, pour « ne pas tomber dans le même piège que la Grèce en 1897 », déclare aux puissances « qu'en présence de la crise qui vient d'éclater en Extrême-Orient..., le gouvernement bulgare est fermement décidé, même au prix de sacrifices pour les intérêts bulgares, à éviter un conflit, quoique la Turquie, par ses agissements arbitraires et ses provocations incessantes, vise à acculer la Bulgarie à cette extrémité ».

Les deux mois de février et de mars 1904 sont une alternative d'apaisements et de crises : Abd-ul-Hamid cherche querelle à Sofia; la prudente Bulgarie évite, coûte que coûte. Le Sultan mobilisant, le danger d'une guerre balkanique décide l'Autriche à mobiliser aussi et les puissances occidentales à user de menaces envers la Porte.

Enfin, Pétersbourg, sur les demandes répétées de notre ambassadeur, consent à reconnaître que la Porte n'a rien tenu de ses promesses et que le programme de Mürzsteg doit « recevoir sa pleine et entière exécution » : Vienne et Pétersbourg obligent la Porte à signer avec la Bulgarie un accord (26 mars-8 avril). La Bulgarie s'engage à empêcher chez elle la formation de comités et de bandes, et l'introduction dans les vilayets de toutes matières explosibles ou empoisonnées. La Turquie s'engage à appliquer les réformes, à donner à l'amnistie générale son plein effet, à renvoyer dans leurs pays tous les condamnés politiques, à l'exception des condamnés pour attentats à la dynamite : les paysans des vilayets trouveront, à leur retour dans les villages, assistance auprès des autorités ottomanes pour la reconstruction de leurs habitations et la restitution de leurs terres; tous les sujets de l'empire sans distinction seront admis aux fonctions publiques; les emplois civils et judiciaires « continueront à être accessibles aux habitants bulgares qui réunissent les qualités requises »; les mesures douanières, « exceptionnellement appliquées ces derniers temps », seront supprimées; les trains circuleront librement et aucun obstacle ne sera apporté aux voyages des Bulgares munis de papiers. Un protocole annexé stipule que le gouvernement ottoman et la principauté feront six « arrangements spéciaux » :

1° sur les mesures à prendre pour la sécurité de la frontière;

2° pour la réglementation du service postal et télégraphique et les permis de voyage;

3° pour la remise des criminels et des déserteurs;

4° sur les conditions de l'indigénat par rapport au service militaire;

5° sur les attributions des agents commerciaux;

6° pour le raccordement futur des voies ferrées.

Cet accord, — écrit notre agent à Sofia, — doit être considéré comme une trêve dont la durée dépendra du succès des réformes en Macédoine. Avec l'adoption du programme de Mürzsteg, il clôt ce qu'on pourrait appeler la première phase de la question macédonienne. Les risques d'une intervention militaire de la Bulgarie sont écartés et, avec eux, les craintes de complications européennes. L'avenir de la Macédoine dépend maintenant des réformes.

*
* *

Les puissances occidentales espéraient qu'un nouvel équilibre au Levant sortirait de cette réconciliation turco-bulgare et que les Bulgares devien=

draient les meilleurs défenseurs de l'intégrité ottomane contre les ambitions de l'Autriche. Mais Abdul-Hamid empêche que l'accord soit exécuté; il a trouvé dans l'article III du programme de Mürzsteg le moyen d'arrêter toutes les réformes en mettant aux prises les chrétientés rivales : « Aussitôt qu'un apaisement du pays sera constaté, on demandera au gouvernement ottoman une modification dans la délimitation territoriale des unités administratives en vue d'un groupement plus régulier des différentes nationalités »; ce perfide article III semble promettre le partage de la Macédoine en sphères religieuses, qui tôt ou tard deviendront des sphères nationales. Abd-ul-Hamid excite donc chacun des compétiteurs à étendre par des conversions forcées le domaine de son Église et de sa langue. Il a surtout à cœur de déchaîner l'hellénisme contre les Slaves : il fait entendre au gouvernement d'Athènes que l'accord turco-bulgare peut avoir des clauses secrètes; en même temps, il favorise la propagande roumaine, qui détache de l'hellénisme les Valaques macédoniens.

Les bandes grecques, avec la tolérance des autorités ottomanes, entrent dans les vilayets, et les bandes bulgares rentrent pour les combattre. Tout ce que la Macédoine avait connu de souffrances depuis dix ans est dépassé. M. Bapst, notre chargé d'affaires à Constantinople, écrira le 2 novembre 1904 :

> L'été, en Macédoine, comparativement à celui de l'année dernière, s'est écoulé sans secousse violente; il n'y a plus eu d'insurrection ouverte ni de dévastations de grande étendue. Mais le mal est peut-être pire; car une insurrection est toujours susceptible d'être réprimée par les armes, tandis que l'agi-

tation actuelle, qui se manifeste à la fois sur les points les plus divers par des crimes et des brigandages isolés, échappe à l'action des troupes et ne peut être efficacement combattue que par la police et la gendarmerie. Or cette agitation présente depuis quelques semaines une recrudescence violente; les luttes entre races s'exaspèrent; les meurtres augmentent et les populations terrorisées aspirent à un changement de régime...

Le gouvernement turc, complètement aveuglé sur les conséquences possibles de l'agitation actuelle, considère avec plaisir ces luttes entre chrétiens et ne prend aucune mesure pour les faire cesser. On connaît les chefs de plusieurs des organisations occultes qui désolent le pays; *mais on préfère laisser libre carrière à ces malfaiteurs, en qui l'on voit des auxiliaires de la cause islamique*, et, quand l'éclat produit par quelque crime est trop fort, on frappe des comparses ou même des innocents.

L'accord turco-bulgare, après un commencement d'exécution, a été systématiquement délaissé ou violé. Les opérations de rapatriement ont été contrariées, du côté bulgare, par quelques meneurs qui détournaient les paysans macédoniens de retourner chez eux; du côté turc, les commissions n'ont fait leur besogne qu'avec lenteur; elles n'ont pas permis le retour en Macédoine des émigrés qui l'avaient quittée depuis plus de deux ans; quand le gouvernement bulgare emprunte un million aux caisses agricoles pour le distribuer aux réfugiés, les Turcs émettent la prétention que ce million soit mis à la disposition d'Hilmi-pacha, qui se chargera de distribuer les secours.

Sofia, le 3 octobre 1904. — La situation en Macédoine est toujours aussi troublée. Sans parler des luttes entre Grecs et Bulgares, entre patriarchistes et exarchistes, entre Grecs et

Koutzovalaques, la réconciliation entre Turcs et Bulgares, que certains milieux officieux semblaient espérer après l'accord du 8 avril dernier, est bien loin de se produire. On incarcère de nouveau les paysans amnistiés. On oblige les prêtres et les maîtres d'école revenus en Macédoine à résider dans les villages où ils sont nés, ce qui fait que leurs églises et leurs écoles demeurent fermées. Il reste encore ici 4 000 réfugiés, et la Porte oppose des obstacles à leur rapatriement. Des bandes turques rançonnent les villages chrétiens dans le vilayet d'Andrinople.

A Sofia, le cabinet de coalition, qui gouverne depuis 1903, fonde sa politique extérieure sur l'amitié des puissances occidentales et sur l'accord turco-bulgare; il accuse ses prédécesseurs zankovistes de servilité à l'égard de Pétersbourg, de trahison même : à l'entendre, une convention secrète de 1902 aurait, en cas de guerre, livré aux Russes les ports de Varna et de Bourgas. En 1903, le cabinet a obtenu des crédits pour la défense des côtes : 25 millions de francs. Toute l'année 1904, l'inquiétude bulgare va croissant : les forces et la réputation de l'armée russe s'effondrent en Mandchourie; les victoires japonaises réveillent toutes les haines asiatiques contre l'Européen; elles peuvent mettre la Bulgarie sous les coups du panislamisme; le gouvernement de Sofia est obligé de poursuivre l'amitié de la Porte et l'exécution pacifique des réformes qui délivreront le prince Ferdinand des criailleries macédoniennes et des menaces de révolution. Mais à la fin de 1904, les dispositions du Sultan étant trop évidentes, l'anarchie macédonienne croissant de semaine en semaine et les concentrations de troupes turques reprenant à la frontière, les Bulgares se décident aux grands armements : un nouvel emprunt de 42 millions est voté par la Sobranié en vue d'acquérir une artillerie à tir rapide, que fourniront les Français.

La politique bulgare n'en est pas changée : jusqu'en septembre 1906, Sofia continuera d'escompter les réformes en Macédoine et de négocier les six « arrangements spéciaux », qu'a prévus le protocole du 8 avril 1904; en Macédoine, la lutte désormais est bien moins entre chrétiens et musulmans, entre Turcs et Bulgares, qu'entre Exarchistes et Patriarchistes, entre Serbes et Bulgares, Grecs et Bulgares, Grecs et Valaques. Si la Porte eût alors répondu aux offres de Sofia, une solide amitié turco-bulgare aurait préservé l'intégrité ottomane de toute surprise. Mais les réformes en Macédoine étaient la condition première de cette entente turco-bulgare; or, le Sultan ne voulait aucun frein à son despotisme, et les grandes défaites des Russes, puis le discours de Tanger (mars 1905), ouvrant la crise marocaine, permettaient à Abd-ul-Hamid tous les espoirs : il imaginait qu'avec l'aide de Guillaume II, l'Islam allait prendre partout sa revanche.

C'est donc sans résultats que Paris et Londres, fidèles à leur programme, essaient d'améliorer la gendarmerie macédonienne et d'établir la réforme financière : Vienne s'y oppose, et les désastres russes en Mandchourie et dans les eaux japonaises (mars-juin 1905), puis les grèves en Pologne et les mutineries de la flotte russe dans la mer Noire (juin 1905) finissent de paralyser Pétersbourg. Sofia, à mesure qu'augmentent les risques d'une folie turque, doit obéir plus humblement aux ordres de Stamboul.

Les Bulgares n'ont pas encore leur artillerie; ils mesurent leur faiblesse militaire; ils voient le désarroi de l'Europe, le triomphe des menées allemandes et les machiavéliques embûches que leur tend Abd-ul-Hamid. La malheureuse Bulgarie ne peut songer qu'à son propre salut durant ces quatre mois d'angoisses patriotiques, de vie au jour le jour, sous la crainte du moindre incident, qui vont de mars à juillet 1905.

Pour « éviter tout reproche de complaisance à l'égard des bandes », elle surveille sa frontière et ne laisse passer que les personnes munies d'un passeport ou d'une autorisation; les officiers et sous-officiers, en cas de négligence, seront, dans les vingt-quatre heures, traduits devant le conseil de guerre : « Comprenant parfaitement la situation internationale, — écrit notre ministre à Sofia, — la presse bulgare recommande aux Macédoniens le calme et la réserve; un journal d'opposition, qui n'a que trop souvent encouragé les entreprises des *comitadjis*, écrivait hier : « Les Macédoniens ne doivent se faire aucune illusion : ils ne seront ni aidés, ni secourus par aucune puissance, et ce n'est pas de la Bulgarie que les insurgés devront attendre quoi que ce soit au moment où la principauté se trouve elle-même dans une situation pleine de dangers. »

Mais il s'amasse dans le cœur du peuple et des hommes d'État bulgares une soif de vengeance, un besoin d'être forts et libres enfin pour rejeter la vassalité de cette Turquie sanguinaire et perfide : comme on saisira l'occasion, quand elle se présentera, de libérer les frères macédoniens et de se venger!...

En cette année 1905, la situation de la Macédoine est devenue atroce. Les *Livres Jaunes* n'ont pas osé publier la correspondance de nos agents en Macédoine, par crainte de trop accuser l'attitude de notre ambassadeur d'alors, M. Constans. Mais dans les *Livres Bleus*, les dépêches de sir N. O'Conor nous détaillent la persécution des réfugiés, les incendies de villages macédoniens, les massacres de Monastir : cinq ou six *in-quarto* du *Foreign Office* dressent un poignant réquisitoire contre ce régime hamidien, et tous les agents anglais s'accordent à dire que le Bulgare en est la victime la plus torturée.

Notre chargé d'affaires à Constantinople, M. Boppe, écrit le 10 août :

Les rapports de Macédoine sont unanimes : la situation du pays est loin de s'améliorer. L'antagonisme entre les différentes races chrétiennes s'envenime tous les jours. Les autorités sont désarmées. Les soldats, qui arrivent toujours trop tard, ajoutent leurs exactions à celles des bandes.

La population paisible est livrée sans défense à des bandes de brigands professionnels, dirigées par des agitateurs politiques qui n'ont qu'un but : augmenter le désordre et l'insécurité pour provoquer l'intervention de l'Europe et un morcellement du pays conforme à leur programme national. Les villages musulmans eux-mêmes, que les troupes parvenaient jusqu'à présent à protéger, ne sont plus à l'abri des attentats des *comitadjis*; certains prennent le parti de se défendre, ce qui augmente encore l'anarchie.

Le Sultan veut exaspérer l'émulation des bandes; il ordonne en Macédoine le recensement ethnographique, qui, d'après l'article III du programme de Mürzsteg, permettra d'amorcer la répartition du pays en sphères nationales; il entrave en même temps l'action de la gendarmerie européenne.

Malgré tout, les Bulgares gardent leur confiance dans les puissances occidentales pour l'exécution dernière des réformes; après la visite du prince Ferdinand à Paris (octobre 1905), l'aide donnée par la France au relèvement économique de la principauté et, surtout, l'espoir du peuple entier en une revanche proche ou lointaine permettent aux gouvernants de Sofia de maintenir leur politique.

En juillet 1905, la guerre russo-japonaise tirant à sa fin, ils ont supplié l'Europe d'intervenir au moins en faveur des réfugiés d'Andrinople. En octobre, à l'ouverture de la Sobranié, le prince Ferdinand se garde de la moindre allusion à la Macédoine : les puissances organisent enfin leur démonstration navale pour imposer au Sultan leur réforme financière[1]. Les vaisseaux de l'Europe arrivent devant Métélin, sous la conduite d'un vice-amiral autrichien; on occupe les bureaux de la douane; la Porte est obligée de céder (5 décembre 1905). Durant cette démonstration, les puissances ayant renouvelé aux États balkaniques leurs « conseils amicaux » de modération et de prudence, le ministre anglais à Sofia reconnaît l'empressement de M. Petrof à les suivre : un congrès populaire remercie l'Europe et ne demande que l'extension des réformes au vilayet d'Andrinople (5 décembre 1905).

Au cours de 1906, c'est la même déférence de Sofia aux conseils des puissances; les mêmes plaintes inutiles à la Porte sur les persécutions de réfugiés, sur les cruautés macédoniennes, sur les incidents de

---

1. Cf. là-dessus le livre de René Pinon, *L'Europe et l'Empire ottoman*, Paris, 1908, en particulier le chapitre sur *les Réformes*.

frontière, sur les entraves aux relations commerciales, sur l'inexécution de l'accord turco-bulgare ; les mêmes négociations patientes pour la conclusion des « arrangements spéciaux » ; les mêmes réponses dilatoires de la Porte, qui voudrait exiger de « l'État vassal » une violation de ses lois sur la liberté de presse et de réunion : le despotisme du suzerain ne veut pas admettre, chez le « vassal », le respect de la légalité. Cette vassalité, toujours mise en avant, devient odieuse aux plus pacifiques.

Mais que faire ? la France est occupée par la conférence d'Algésiras (janvier-avril 1906), puis par les négociations de son règlement marocain. Abd-ul-Hamid embarrasse Londres par des menaces sur la frontière égyptienne et par la demande d'une surtaxe douanière qu'il déclare nécessaire à l'exécution des réformes en Macédoine : le commerce anglais sera frappé et gêné par cette surtaxe ; la politique anglaise sera combattue peut-être par cet argent qui, loin de servir à la Macédoine, permettra aux Allemands de pousser leur *Bagdad* vers le golfe Persique, au Sultan d'activer ses entreprises contre l'Égypte... Et la Porte trouve un moyen de discréditer l'œuvre des réformes : elle cesse de subvenir au paiement des fonctionnaires macédoniens ; l'anarchie est portée à son comble par le dénûment des troupes, par la connivence des autorités militaires. Les rencontres entre Serbes et Bulgares ont diminué, depuis que Belgrade et Sofia négocient une union douanière ; mais entre Grecs et Bulgares, entre Grecs et Valaques, se livrent des batailles rangées, et les troupes sans solde sillonnent la province, vivent sur le pays. Et les luttes gréco-bulgares de Macédoine ont pour résultat les tueries d'Hellènes, les pillages de quartiers et bourgs grecs en Bulgarie : ces massacres d'Anchialos attirent au gouvernement de Sofia, avec la réprobation de l'Occident, de nouvelles menaces turques; le « suzerain » rappelle le « vassal » au respect de l'humanité! (août 1906).

Néanmoins, Sofia propose toujours et la Porte accepte enfin de négocier les « arrangements spéciaux »; mais, signés, le Sultan refuse de les ratifier.

C'est la fin des espoirs pacifiques : les gouvernants de Sofia perdent la confiance de leurs députés les plus fidèles. Un changement de politique s'impose : un troisième emprunt et des commandes de matériel militaire ont achevé de mettre la Bulgarie à l'abri d'une agression, tandis que l'espionnage et le gaspillage hamidiens achevaient de ruiner l'armée turque. En septembre 1906, un cabinet stambouloviste et un nouveau ministre des Affaires étrangères, M. Stanciof, arrivent au pouvoir. M. Stanciof, fidèle interprète du prince Ferdinand, vient de Pétersbourg où il a été le collègue, le confident, dit-on, de M. d'Achrenthal, lequel prend à Vienne la succession du comte Goluchowski. M. Stanciof déclare qu'il veut pour la Bulgarie obtenir « audience en Europe et réciprocité à Stamboul »; il ne dit pas qu'il a deviné les ambitions secrètes de M. d'Achrenthal et ses désirs de politique plus active au Levant.

Dès octobre 1906, les gens de Sofia se guident sur le pivot autrichien pour la conversion qu'ils opèrent et qui, de l'entente avec les gouvernements occidentaux et avec la Porte, les conduit peu à peu à des exigences inattendues. Sofia exige, après trois ans d'attente, un traité de commerce que le Sultan est obligé de mettre en vigueur le 1ᵉʳ janvier 1907. Sofia exige ce raccordement de ses lignes ferrées avec Serrès et Salonique, que promettait le sixième des arrangements spéciaux ; sur le refus d'Abd-ul-Hamid, Sofia déclare renoncer à tous les autres. La politique de 1904 est abandonnée : proches témoins de la désorganisation militaire, des complots, de l'anarchie et de la banqueroute, qui sont en Turquie les fruits du régime hamidien, les Bulgares commencent d'entrevoir leur revanche.

Au cours de 1907, l'état de la Macédoine empire encore. L'inspecteur-général Hilmi-pacha, dans son rapport du mois d'août, fera le compte des combats qui auront été livrés à des bandes par les troupes turques : de mars 1906 à juin 1907, 74 conflits avec des bandes bulgares et 291 morts ; 46 conflits avec des bandes grecques et 218 morts ; 13 conflits avec des bandes serbes et 39 morts ; au total, 133 rencontres. Et, dans cette statistique, l'inspecteur-général n'a relevé que les « combats ». Le tableau des meurtres individuels, des vols, des incendies, des attaques de fermes ou de villages, des rencontres de bandes, est impossible à dresser : chaque jour, dans chaque canton macédonien, Patriarchistes et Exarchistes, Grecs et Valaques, Grecs et Bulgares, Albanais et Serbes se massacrent à qui mieux mieux.

A la fin de 1907, le colonel français, Vérand, chargé d'un secteur en Macédoine, résume ainsi le rôle de la gendarmerie européenne :

> Nous assistons, impuissants, mes collègues et moi, à cette lutte fratricide entre orthodoxes-patriarchistes et orthodoxes-exarchistes. A l'heure actuelle, c'est la vendetta générale : nous avons commencé à échanger entre secteurs, mensuel-

lement, la liste des assassinats commis ; celle du mois de novembre donnera, sans plus amples explications, une idée de ces luttes.

Dans le secteur austro-hongrois (vilayet d'Uskub), 64 assassinats commis, dont 52 sur les Bulgares, 5 sur les Serbes et 7 sur les Turcs. Dans le secteur italien (vilayet de Monastir), 56 assassinats dont 34 sur les Bulgares, 7 sur les Grecs, 3 sur les Serbes et 12 sur les Turcs. Dans le secteur russe (vilayet de Salonique), 45 assassinats, dont 36 sur les Bulgares, 4 sur les Grecs et 5 sur les Turcs. Dans le secteur français (vilayet de Salonique), 46 assassinats, dont 20 sur les Bulgares, 9 sur les Grecs et 17 sur les Turcs.

Au total, 211 meurtres politiques ou religieux, commis *dans un mois*, dont 142 sur les Bulgares, 41 sur les Turcs, 20 sur les Grecs et 8 sur les Serbes.

En Bulgarie, les assassinats du Premier stambouloviste, M. Petkof, et du chef macédonien Sarafof montrent à quelle haine sont montées les passions politiques et nationalistes : le prince Ferdinand risquerait sa vie à comprimer inutilement les désirs de son peuple... Le matériel de l'artillerie est complété ; tout se prépare à grands frais, pour doter le pays d'une armée puissante : sur le budget les dépenses militaires (crédit annuel et service des emprunts) absorbent la moitié des recettes.

En 1897, la Bulgarie, pour une population de 3 300 000 âmes, avait un budget de 83 millions de francs, dont 22 millions pour l'armée et 18 millions pour le service de la dette. En 1903, elle commençait sa grande réforme militaire : 98 millions de budget, dont 26 pour la dette et 23 pour l'armée. En 1907, 121 millions de budget, 32 pour la dette, 28 pour l'armée. En 1911, elle allait acquérir pour une population de 4 300 000 habitants (dont 600 ou

700 000 musulmans dispensés du service militaire) une armée de 58 000 hommes sur le pied de paix, de 235 000 hommes sur le pied de guerre ; dans son budget de 180 millions, le service de la dette prendrait plus de 40 millions, celui de l'armée près de 40. Transportées dans notre budget français de 4 milliards et demi (en 1911), ces charges bulgares auraient représenté un milliard pour la guerre (nous ne payons que 919 millions en 1912), et, sur notre population de 40 millions d'habitants, un effectif de paix de 900 000 hommes, un effectif de guerre de plus de 2 500 000 soldats. Nos effectifs de paix ne comportaient en 1912 que 609 000 hommes, et 1 230 000 hommes, nos effectifs de guerre... Cette Bulgarie que, trente ans auparavant, l'Europe avait tirée de la dévastation et de l'abjection ottomanes, endossait en 1907 pour la Macédoine les charges militaires qu'en 1913 nous devons endosser pour notre frontière des Vosges.

Sans capital mobilier, sans industrie, sans grand commerce, sans placements à l'intérieur ni au dehors, la Bulgarie ne pouvait fournir que temporairement un pareil effort : elle possédait un coûteux instrument de guerre ; elle ne pourrait le conserver que si, à brève échéance, il la faisait rentrer dans tout ou partie de ses débours et lui valait, en acquisitions de nouveaux territoires et de nouveaux contribuables, l'amortissement du prix d'achat et la diminution du prix d'entretien... La Bulgarie était obligée à la guerre ou à la faillite avant 1914, disaient les Bulgares eux-mêmes, — à moins qu'un changement radical en Macédoine ne rétablît entre la principauté et la Turquie des relations de bon voisinage et ne permît aux Bulgares le désarmement partiel.

Or, le Sultan continue d'entraver l'œuvre des réformes macédoniennes. La gendarmerie, pourtant, et les finances, passées sous le contrôle européen, commencent d'améliorer un peu le sort des peuples : l'anarchie des bandes et des *bachi-bouzouks* serait bridée, les abus de l'Islam et de l'autorité corrigés, si l'on pouvait contrôler aussi la justice. C'est à quoi tâchent les puissances occidentales depuis deux ans déjà, l'Angleterre surtout : en septembre 1907, l'Autriche et la Russie se décident à étudier cette réforme judiciaire. Les Bulgares reçoivent de bonnes paroles du grand-duc Wladimir et des officiers russes qui viennent à l'inauguration du monument de Plevna : l'oncle du tsar donne des larmes au sort de la Macédoine, quand l'émigration macédonienne défile avec ses drapeaux noirs et va déposer ses couronnes à la statue du Tsar Libérateur; il recommande seulement d'éviter tous « actes imprudents et *prématurés* »... Les Bulgares, en face de la Macédoine, sont désormais dans la situation des Grecs en face de la Crète : on ne leur conteste plus l'avenir, semble-t-il, mais on leur dit de patienter, de ne rien vouloir de « prématuré ».

Les Bulgares sont résignés à l'attente : ils n'ont pas fini d'armer; ils pensent aussi qu'en Macédoine, le temps travaille pour eux; les Grecs tiennent les rivages et les plaines; ils tiennent, eux, l'hinterland et la montagne; on a vu quelquefois les gens des plaines conquérir les monts par la force; en paix, on voit d'ordinaire les gens des monts conquérir les plaines par le travail et l'endurance.

Mais la patience est difficile. En mars 1908, l'inspecteur général Hilmi-pacha envoie son rapport annuel :

> Du 14 mars 1907 au 13 mars 1908, les troupes et la gendarmerie impériales, redoublant de zèle et d'activité et forçant les brigands dans leurs derniers retranchements, ont eu 112 rencontres dont 69 avec les Bulgares, 31 avec les Grecs et 12 avec les Serbes; les chiffres de l'année précédente étaient de 97 engagements au total, dont 54 avec les bandes bulgares, 32 avec les bandes grecques, 1 avec les bandes serbes.
>
> Rien ne répond plus éloquemment que cette statistique à l'accusation d'impéritie et d'insuffisance dont une partie malveillante de la presse a voulu accabler les troupes et la gendarmerie ottomanes...
>
> On ne peut raisonnablement attendre une action plus rapide dans une contrée dont les comités avaient fait leur proie et leur champ de félonies, où chaque anfractuosité recélait un brigand, où chaque escarpement était transformé en embuscade et chaque fossé en guet-apens...
>
> Il fallut l'opiniâtreté qui caractérise la valeureuse armée ottomane pour soutenir sans démoralisation les rigueurs d'une pareille campagne de guérillas, où l'ennemi ne se montre jamais en face et use des plus lâches moyens, de ceux mêmes réprouvés par les lois humaines les plus élémentaires pour surprendre et attaquer l'adversaire, où ils se voient parfois dans la triste nécessité de combattre les habitants eux-mêmes, enrôlés de gré ou de force par les bandits et obligés, au risque de leur existence, de grossir les contingents de la rébellion.
>
> Jamais situation ne fut plus critique et plus délicate pour un soldat et jamais, nulle part, celui-ci ne s'en tira avec autant de dignité, de dévouement et d'humanité.

Le gouvernement de Sofia est, une fois encore, renversé par les contre-coups de la crise macédonienne : tous les partis s'usent à cette attente qu'ils savent nécessaire, mais que la foule ne peut pas comprendre et que l'opposition reproche aux ministres, quitte à la subir à son tour, quand elle devient le gouvernement. Le prince lui-même est obligé de paraître céder à la pression populaire : il lui faut renvoyer ses ministres, quand ils se sont usés, et les charger des malédictions nationales, pour ne pas en être, lui-même, accablé.

Dès le premier printemps de 1908, la Turquie recommence sa mobilisation annuelle au long des frontières; les Bulgares conservent pourtant bon espoir : le roi Édouard, en son discours du Trône (29 janvier), a constaté que « la condition du peuple macédonien ne s'est pas améliorée »; il promet que les puissances interviendront « pour remédier efficacement aux principales causes de désordre ».

Londres et Pétersbourg maintenant sont d'accord : elles ont signé leurs accords asiatiques; au lieu des « deux puissances les plus intéressées », Autriche et Russie, qui, depuis onze ans, surveillaient la Macédoine pour le compte de l'Europe, on parle de revenir au concert européen et d'installer à Salonique un gouverneur, soit européen, soit ottoman, qui ne sera nommé et rappelé qu'avec l'assentiment des puissances; la gendarmerie sera augmentée; c'est elle que l'on emploiera, au lieu des troupes ottomanes, contre les bandes; les agents-civils et les conseillers-financiers, qui jusqu'ici étaient les fonctionnaires de l'Europe, entreront au service de la Turquie, mais auront tout pouvoir d'administrer la province. Bref les six puissances, sous l'impulsion de l'Angleterre et de la Russie, entreprendront la tâche que le syndicat austro-russe n'a pas menée à bien[1].

Dans l'Angleterre, bien plus que dans la Russie, les Bulgares et le prince Ferdinand mettent leur confiance[2]; mais ils veulent qu'on intervienne en Macédoine promptement et radicalement. Ils ont désormais leur armée et leur artillerie au point qu'ils voulaient; leur langage va changer dès qu'ils verront le Sultan embarrassé de mutineries militaires : chose nouvelle! voici que les soldats turcs demandent à être payés, nourris, vêtus, à rentrer chez eux quand ils ont fini leur temps[3]. Commencées en mars 1908 à Andrinople, ces mutineries vont se propager à travers les garnisons d'Europe et d'Asie, atteindre leur épanouissement à la fin de juin[4].

---

1. *Salonique, le 8 février 1908*. — Depuis un mois environ, l'autorité militaire renforce tous les bataillons disséminés sur les frontières bulgares et dans l'intérieur de la Macédoine par des rédifs venant de l'Asie Mineure. Environ 5 000 rédifs sont déjà encadrés et on en attend encore 5 000. On sent que la Turquie prend ses mesures à tout événement.

2. *Sofia, le 21 avril 1910*. — Mardi après-midi, a eu lieu à Sofia un meeting de 10 000 personnes environ. Une résolution a été prise pour exprimer au gouvernement anglais la plus sincère reconnaissance des Bulgares et prier le cabinet de Londres d'insister pour la réalisation des réformes.

3. *Constantinople, le 24 mars 1908*. — Deux régiments de cavalerie hamidié, en garnison à Andrinople, se sont révoltés en demandant le paiement de leur solde arriérée et l'autorisation de rentrer dans leurs foyers pour ceux qui ont terminé leur temps. Le colonel, puis le général du corps d'infanterie, étant intervenus, furent battus et renvoyés par les révoltés. Une partie d'entre eux envahit la mosquée, déposa ses uniformes et revêtit des habits civils tout en gardant ses armes. Un bataillon d'infanterie cerne la caserne des révoltés, qui déclarent qu'ils résisteront jusqu'à ce qu'ils aient obtenu satisfaction.

4. *Constantinople, 22 juin*. — Une émeute d'une certaine importance agite depuis jeudi dernier les troupes de Monastir. Un

La Bulgarie alors parlera nettement :

Berlin, le 25 juin. — D'après la *Gazette de Voss*, le gouvernement bulgare a fait savoir à Londres que le nouveau projet russo-anglais de réformes pour la Macédoine ne peut satisfaire la Bulgarie : « La Bulgarie, dit le ministre des Affaires étrangères Paprikof, a reconnu qu'elle ne pouvait compter que sur elle-même pour sauvegarder ses intérêts nationaux, et elle sera obligée d'agir en tenant compte de cet isolement. » Dans l'entourage de la maison de Cobourg, on ajoute que le prince Ferdinand aurait fait savoir au roi Édouard que sa situation était menacée et qu'il aurait bientôt à se décider entre une révolution en Bulgarie ou une guerre en Macédoine.

En ce printemps de 1908, autant pour donner aux troupes une besogne payante que pour réveiller dans l'Islam le dévoûment envers le Khalife, les gens du Palais menacent, si l'Angleterre pousse le Maître à bout, de recourir « aux dernières extrémités[1] ». Par l'exemple des villes crétoises en 1897,

---

millier d'hommes environ acclament leur licenciement et se livrent à des violences... Des dépêches consulaires de Scutari annoncent que vendredi, des officiers et des soldats ont occupé l'office du télégraphe et ont demandé au Sultan de déposer le vali, le général de brigade et le chef de l'administration militaire auxquels on fait reproche de laisser en retard le payement de la solde.

1. *Constantinople, le 17 mars 1908*. — La proposition anglaise de nommer un gouverneur indépendant pour la Macédoine continue à produire une grande émotion. Les milieux officiels ottomans trouvent étrange que l'Europe dispose avec tant de désinvolture d'une possession du Sultan et on estime plus étrange encore l'impatience de l'Europe qui ne veut pas attendre l'effet des réformes et la mise en vigueur complète du programme de Mürzsteg. Une pareille politique, dit-on, pourrait amener les pires dangers, parce que le Sultan, dont la dignité souveraine serait mortellement atteinte, pourrait avoir recours aux dernières extrémités.

les villes macédoniennes devinent ce que ces mots signifient.

Mais Pétersbourg, corrigeant un peu les propositions anglaises, obtient l'adhésion de Vienne et de Berlin : la Porte a désormais toute l'Europe sur les bras, et c'est l'heure où les Italiens menacent d'un débarquement en Tripolitaine [1], tandis que l'Allemagne exige le règlement dernier de son *Bagdad*, que l'ambassadeur de France menace au sujet de ses mines d'Héraclée et que les notes et menaces échangées entre Turcs et Grecs au sujet de la Crète et de Samos obligent la Porte à tourner sa mobilisation vers la frontière de Thessalie [2].

Enfin on annonce qu'Édouard VII part pour Reval : il va rendre visite à Nicolas II, l'entretenir

---

1. *Constantinople, 14 avril.* — Sur la demande du consul d'Italie à Benghazi, le gouvernement italien a décidé d'envoyer un cuirassé à Derna où la population musulmane est très excitée contre les Italiens à cause de leur intention de construire une église. Les autorités refusent de donner l'autorisation, prétextant que l'emplacement est trop vaste pour l'église et servirait mieux pour la construction d'une caserne, destinée à loger deux bataillons. L'opposition du gouvernement turc, qui trouve que les Italiens sont trop remuants en Tripolitaine, et l'assassinat d'un capucin italien motivent l'envoi d'un cuirassé italien.

2. *Constantinople, le 10 juin.* — La décision du gouvernement de mobiliser dix bataillons de rédifs du vilayet de Monastir, pour les affecter spécialement à la poursuite des brigands grecs, confirme les sentiments d'animosité nourris depuis quelque temps par les Turcs contre les Grecs et surtout depuis les incidents de Samos. Quoique la Porte n'ait pas publié le nombre des soldats tués ou disparus à Vathy, on dit dans les cercles ottomans que les Samiens mutilèrent 17 soldats parmi les premiers débarqués. La Porte se servirait de cet épisode comme argument, si des puissances trop exigeantes voulaient intervenir. L'ordre de mobiliser la flotte rencontre des difficultés financières, l'administration des équipements militaires ne réussissant pas à réunir les 4 millions de francs nécessaires.

de la réforme judiciaire. Le lendemain de l'entrevue (11 juin), les notes officieuses promettent qu'aux timides projets austro-russes, on va substituer un plan anglo-russe, « très détaillé, très précis »; on fera pour la pacification de la Macédoine tout ce qui sera nécessaire; on extirpera le brigandage et le régime d'oppression... Alors éclate la grande rébellion militaire qui, en quatre semaines, finit par renverser le Sultanat hamidien (22 juin-23 juillet).

II. — LA RÉVOLUTION

Le Sultanat hamidien mourait de la Macédoine. Tout l'empire était las de trente années de mangeries et de quinze années de massacres : surtout, le fardeau de la délation et de l'espionnage était devenu intolérable, dans les provinces comme dans la capitale[1] : à Paris, les Jeunes-Turcs exilés avaient groupé les exilés de toutes les autres races, Arméniens,

[1]. Au lendemain de la révolution, M. Jean Rodes écrit au *Temps* : « C'est un sentiment de libération qui domine tout. La foule ignorante, qui ne comprend rien à la Constitution, saisit très bien ce que signifient l'ouverture des prisons et l'abolition de l'espionnage. Tous se sentent enfin délivrés de la menace suspendue sur leurs têtes. On pourra dorénavant entrer au cabaret et boire autre chose que l'éternel café, du raki par exemple, sans la crainte affreuse d'être dénoncé. On pourra aller et venir de Stamboul à Péra, de Péra à Scutari et aux échelles du Bosphore, librement, à toute heure, ce qui auparavant ne se pouvait qu'au risque de toutes les méfiances et de tous les malheurs. Quelqu'un me disait aujourd'hui à Thérapia : « Vous voyez, le quai est désert, il n'y a plus personne : jusqu'à ces derniers jours, il était garni d'une rangée de pêcheurs à la ligne. C'étaient des espions chargés de noter les sujets ottomans qui entraient dans les ambassades étrangères. Cela pouvait être, pour les visiteurs, l'origine des pires catastrophes. Au lendemain de l'iradé abolissant l'espionnage, tous ces pêcheurs ont disparu. »

Syriens, Druzes, Arabes, Macédoniens, et signé avec eux (décembre 1907) un pacte d'alliance pour la suppression de l'absolutisme; devenus les directeurs de tous les efforts, les deux Comités jeunes-turcs *Union et Progrès* et *Décentralisation et Initiative privée* avaient recruté des milliers d'auxiliaires en Turquie d'Asie aussi bien qu'en Turquie d'Europe...

Mais au début de juillet 1908, c'était en Macédoine que l'insurrection apparaissait et sous la forme, non d'une rébellion des sujets, mais d'une mutinerie des soldats... Et ce n'étaient pas les chrétiens, les victimes les plus éprouvées du régime, c'en étaient les apparents bénéficiaires, les musulmans, qui se montraient les plus ardents à réclamer la Constitution.

Spectacle un peu surprenant pour les témoins qui n'étaient pas avertis : les soldats turcs voulaient jeter bas l'empire militaire du Sultan; les fidèles de l'Islam voulaient laïciser la papauté du Khalife! Ainsi, du moins, les choses apparaissaient du dehors et l'on ne trouvait à les expliquer que par l'un de ces élans mystérieux et magnanimes de l'âme populaire, comme un effet de cette vertu moralisante qui se dégage des foules tassées!... C'était l'âme turque, l'âme musulmane, qui se soulevait de dégoût contre le tyran!...

Si le mouvement éclata en Macédoine, s'il eut pour premiers agents l'armée et l'Islam, c'est que, dans Abd-ul-Hamid, la Turquie tout entière voulait punir, non pas tant le Sultan prévaricateur et le Khalife fanatique, que le serviteur de l'Europe : par la faute du « traître », la Macédoine était livrée au *giaour*; encore quelques mois, quelques semaines de régime hamidien, et elle tomberait des réformes ottomanes dans les réformes européennes, puis dans l'autonomie et les privilèges, — au rang de la Crète et de la Roumélie orientale enfin. L'Islam et l'armée de Macédoine se révoltaient pour supprimer la tyrannie et l'espionnage du Palais, mais, bien plus encore, pour maintenir la suprématie des Turcs dans leur conquête. Le commandant Niazi-bey, qui avait organisé la mutinerie de Monastir, quand il adressait un appel aux habitants bulgares, serbes, valaques et grecs du pays d'Ochrida, « invitait la population chrétienne à renoncer à ses anciennes tendances séparatistes et à travailler pour son propre pays, non plus pour les États étrangers » — « Ce pays, disait-il, nous appartient, et tant qu'un Turc vivra, nous ne permettrons pas que personne autre que les Turcs y fasse la loi. » Il ajoutait : « L'un des buts poursuivis par l'organisation jeune-turque est de donner la liberté à chaque nationalité, à chaque religion de l'empire, mais sous condition que les chrétiens renoncent à leurs aspirations passées, qui ont créé l'état de choses actuel. »

Depuis 1903, la Macédoine était aux mains de l'Europe, et, de 1903 à 1908, la prise de l'Europe sur cette province ottomane était allée se resserrant.

De 1897 à 1902, grâce aux victoires thessaliennes et à l'entente austro-russe pour le maintien du *statu quo*[1], la Macédoine avait été livrée au bon plaisir du Sultan-Khalife et de l'Islam. Mais en 1902-03, le spectacle des atrocités macédoniennes avait ému

---

1. Cf. là-dessus mon livre sur *La Révolution turque*, Paris, Armand Colin, 1909.

l'opinion libérale de l'Occident : il s'était formé à Paris et à Londres des « Comités balkaniques » qui ne voyaient de paix en Europe, de justice en Macédoine et de salut pour l'Empire ottoman, que dans un contrôle effectif des puissances sur cette province d'abord et sur les autres par la suite. Composés de parlementaires et surtout de publicistes anglais et français, ces Comités avaient renseigné la presse occidentale et, peu à peu, obligé les chancelleries à renoncer au *statu quo* : on avait alors arrêté, entre Comités anglais et français, le plan des réformes, dont les diplomates des deux peuples proclamaient l'urgente nécessité.

Dès octobre 1902, le rapport de notre consul à Salonique, M. Steeg, indiquait très nettement le remède aux trois mangeries les plus lourdes ; c'était : 1° une gendarmerie dressée à l'européenne et commandée par des Européens ; 2° le contrôle d'Européens sur la perception des impôts, de la dîme en particulier, et sur l'administration des finances ; 3° l'organisation d'une justice, sous la surveillance d'Européens...

A ce programme, il suffisait d'ajouter un service européen des travaux publics pour avoir un plan complet qui donnât le minimum de sécurité et de prospérité, comme disait M. Steeg, « à ces populations que le régime actuel expose sans défense à toutes les violences des bandes révolutionnaires et à toutes les exactions » de l'administration turque.

« Les Quatre Réformes contre les Quatre Mangeries » ; telle fut désormais la devise des Comités anglais et français. Mais Londres et Paris, d'accord sur le principe, différaient sur la mise en œuvre.

Les Français auraient désiré qu'une réforme globale installât d'un seul coup les quatre organismes européens. Les préférences anglaises allaient à l'introduction successive des Quatre Réformes : propriétaires de l'Inde et administrateurs de l'Égypte, les Anglais ne voulaient brusquer ni l'Islam ni le Turc ; et les Anglais, dans un édifice politique, aiment moins les reconstructions totales sur plan d'ensemble que les réfections aile par aile...

Après négociations et échanges d'arguments, il fut entendu, entre les Comités de Paris et de Londres, que l'on adopterait la méthode anglaise et que l'on s'efforcerait, de deux années en deux années, d'imposer au Sultan les Quatre Réformes l'une après l'autre. Mais — nouvelle divergence entre Anglais et Français, — en quel ordre les présenter?

Sur la première, il ne pouvait y avoir doute : il fallait avant tout supprimer le massacre et l'insurrection, les *comitadjis* et les *bachi-bouzouks*, donc installer au plus tôt une gendarmerie régulière, nombreuse, fortement encadrée. Mais les Français pensaient que la réforme de la justice devait venir en même temps ou aussitôt après : sans tribunaux énergiques, permettant une sévère répression des attentats particuliers et des crimes administratifs, sans tribunaux équitables, assurant à chacun la jouissance de ses biens et de ses droits, les efforts de la gendarmerie resteraient illusoires.

Les Anglais ne voulaient de la réforme judiciaire qu'en dernier : elle touchait, disaient-ils, non pas seulement à l'administration turque, mais à la conception islamique du gouvernement ; c'était la plus grave, la plus difficile ; on pouvait craindre un terrible sursaut de l'Islam, de tout l'Islam peut-être, si les Infidèles entreprenaient de se substituer aux gens du *Cheri*. — Le sursaut, répondaient les Français, était inévitable : l'Islam ne s'incline jamais de bonne grâce; il ne cède qu'à la démonstration de la force; plus l'Europe se montrerait prête à imposer d'un bloc ses volontés, plus l'Islam hésiterait à traduire en actes son mécontentement intime; se soutenant l'une l'autre, gendarmerie et justice réformées devaient être installées ensemble; à les dissocier, on rendrait la première inutile ou presque, et quand on voudrait imposer la seconde, c'est alors que l'on trouverait devant soi tout l'islam ottoman, éveillé déjà et irrité par les réformes précédentes et prêt à tout risquer en cette dernière bataille.

L'expérience montra par la suite que les Français avaient grand'raison; mais ce furent les préférences des Anglais qui l'emportèrent encore : il fut entendu que, les routes et les autres travaux publics devant être la conséquence d'une bonne gestion financière, Paris et Londres s'efforceraient, de deux en deux ans, d'obtenir la gendarmerie, le contrôle financier, la réforme judiciaire.

Il s'agissait maintenant de gagner à ce projet la collaboration, tout au moins la résignation de l'entente austro-russe : Vienne et Pétersbourg continuaient à ne vouloir que du *statu quo*. De 1903 à 1907, profitant des relations confiantes, qui sont de tradition entre Vienne et Londres, le roi d'Angleterre se chargea de la négociation : il en fit sa chose personnelle et, de deux en deux années, il s'en fut plaider à Vienne la cause des Macédoniens. Puis, en 1908, des relations intimes s'établissant entre

Londres et Pétersbourg après le complet règlement de leurs difficultés asiatiques (août 1907), c'est en Russie que le même Édouard VII s'en alla.

Dès septembre-octobre 1903, il obtenait de Vienne la réforme de la gendarmerie et le groupement des trois vilayets macédoniens sous un inspecteur-général ottoman, assisté de deux agents-civils autrichien et russe. En août 1905, — second voyage à Vienne, — Édouard VII obtenait la réforme financière sous quatre commissaires des autres puissances, Angleterre, France, Italie et Allemagne. En août 1907, — troisième voyage à Vienne, — il faisait accepter le principe de la réforme judiciaire. Mais alors toute l'œuvre réformatrice était remise en discussion par l'échéance des premiers contrats entre la Porte et les puissances : la Porte, en 1903, n'avait accepté que pour un terme de cinq ans les agents-civils et les officiers européens de la gendarmerie; elle refusait de renouveler en 1908 leurs pouvoirs et, de décembre 1907 à mars 1908, l'Islam et l'armée turque suivaient avec passion ce duel entre le Sultan et les puissances, où tous les intérêts ottomans et tous les sentiments islamiques étaient engagés.

Les réformes de l'Infidèle étaient odieuses et gênantes à l'Islam : elles commençaient de réaliser en Macédoine cette égalité entre tous les sujets de l'empire, que les Sultans des *Tanzimat* avaient bien pu proclamer jadis, mais qui jamais n'était passée dans la pratique quotidienne. L'armée turque était humiliée de la présence de ces officiers européens qui prétendaient rétablir l'ordre sans elle, souvent contre elle; elle était jalouse de cette gendarmerie réformée, mélange de chrétiens et de musulmans sans orgueil, qui touchaient régulièrement leur solde, servaient sous les ordres du *giaour*, étaient habillés et nourris à seule fin de protéger la vie et les biens du *raïa*, alors que les soldats, défenseurs de l'empire, continuaient d'aller pieds nus et de mourir de faim... Ajoutez les criailleries des courtiers, fermiers et traitants de dîmes, qui manquaient à gagner tout ce que les conseillers-financiers de l'Europe épargnaient désormais aux contribuables et au gouvernement.

De décembre 1907 à mars 1908, les Turcs et l'Islam eurent l'espoir d'une brouille entre les Infidèles : les projets de M. d'Achrenthal sur le Sandjak semblaient briser l'entente austro-russe. Mais après trois mois de querelle, les deux amis se remettaient ensemble et la Porte devait renouveler ses contrats macédoniens pour la réforme de la gendarmerie et des finances, promettre l'entrée de l'empire aux rails autrichiens à travers le Sandjak, aux rails serbo-russes du Danube à l'Adriatique, tandis que les puissances, retirant leurs contingents, livraient la Crète aux Grecs et qu'à l'entrevue de Reval Nicolas II et Édouard VII tombaient d'accord pour exiger la réforme judiciaire (10 juin)...

Sans attendre ce projet anglo-russe, la Porte se déclarait à bout de sacrifices : elle priait les ambassadeurs « de déclarer à leurs cabinets respectifs que la prolongation des réformes en Macédoine constituait une concession suffisante et qu'elle ne pouvait pas accepter d'autres propositions allant au delà de cette mesure » (30 juin). Mais les puissances étaient décidées à passer outre... C'est alors que l'armée de Macédoine s'était soulevée, avait tué les espions et les envoyés du Palais et obtenu, sans combattre, qu'Abd-ul-Hamid rétablît le Sultanat parlementaire, « l'Empire libéral » à la mode de 1876.

En moins de trois semaines (9-24 juillet), cette surprenante révolution était accomplie, sans qu'Abd-ul-Hamid eût essayé la moindre résistance, et, la révolution faite, les Jeunes-Turcs s'installaient au pouvoir, sans éprouver le moindre besoin de tenir contre Abd-ul-Hamid la parole qu'ils avaient solennellement donnée à leurs amis d'Europe et aux autres révolutionnaires, leurs alliés; ils ne pensaient même plus à mettre Abd-ul-Hamid hors d'état de leur nuire.

Ils disaient, ils ont répété en toute occasion, qu'ils avaient eu la main forcée et qu'en ce mois de juillet 1908, l'Islam n'aurait pas toléré qu'on portât sur le Khalife une main sacrilège… J'ai toujours soupçonné Abd-ul-Hamid et les Jeunes-Turcs de nous avoir peut-être régalés en 1908 de la même comédie dont ils s'étaient déjà servis en 1876.

En décembre 1876, les plénipotentiaires de l'Europe, siégeant à Constantinople, arrêtaient le programme définitif des réformes pour la Bosnie-Herzégovine, la Bulgarie et la Roumélie; l'accord était fait entre l'Angleterre et la Russie. Le 23 décembre 1876, les délégués turcs étaient convoqués afin de recevoir les ordres des puissances ; comme lecture allait leur en être donnée, les salves et les musiques faisaient trembler les vitres : la Constitution était proclamée! les réformes de l'Europe devenaient inutiles!…

Dès le 25 juillet 1908, les journaux de Berlin considéraient le rétablissement de la Constitution

« comme un coup fort habile du Sultan et de son nouveau grand vizir Saïd-pacha » :

Le souverain et son ministre, écrivait le *Berliner Tageblatt*, ont fait d'une pierre deux coups : ils n'ont pas réussi à arrêter le mouvement des Jeunes-Turcs, mais ils leur ont enlevé de nombreux partisans; ils ont en outre fait des avances au parti libéral anglais et sont libres désormais de faire dépendre d'un vote du nouveau parlement turc leur consentement aux réformes macédoniennes. Il nous intéresse de connaître l'attitude que prendront les libéraux anglais, épris de mesures humanitaires.

A Yildiz-Kiosk, disait la *Post*, on n'attend pas seulement de cette mesure qu'elle amène les coupables à résipiscence; on espère aussi qu'elle aura, pour le moment du moins, le résultat appréciable de faire passer le projet de réformes russo-anglais sur une voie de garage. Les représentants de la Macédoine au nouveau parlement turc auront à déclarer ce qu'ils désirent; comment la diplomatie étrangère pourra-t-elle intervenir alors dans ces affaires intérieures de l'empire?

Tout se passait, en effet, comme les journaux allemands l'avaient prévu. Sitôt la Constitution rétablie, Vienne et Pétersbourg, Londres et Paris, Rome et Berlin, toutes les puissances déclaraient à l'envi que les réformes et le contrôle européen avaient fait leur temps et que l'on devait laisser au parlement de Constantinople le soin et l'honneur de pacifier la Macédoine, comme les autres provinces de l'empire. Vienne et Pétersbourg, surtout, se hâtaient de rappeler leurs agents-civils et, donnant dans le panneau, les Jeunes-Turcs remerciaient avec effusion ces bons « voisins » qui ne voulaient plus intervenir dans les affaires intérieures de la Turquie.

A peine se trouvait-il en Europe trois ou quatre amis désintéressés du nouveau régime, qui tâchaient de mettre les Jeunes-Turcs en garde ; le maintien des réformes en Macédoine, — nous ne le voyons que trop clairement aujourd'hui, — c'était le salut, la seule chance de salut pour la Turquie d'Europe ; si la Macédoine fût restée sous le contrôle, mais aussi sous la garantie des puissances, Salonique aujourd'hui ne serait pas grecque, Uskub ne serait pas Serbe...

Mais en 1908, la suppression des réformes et la rentrée de la Macédoine sous l'administration directe de la Porte apparaissaient comme la première victoire du nouveau régime sur le *giaour*, de l'Islam sur le *raïa*, comme la première récompense de l'effort vertueux qui avait jeté bas la tyrannie et installé la liberté : la proclamation de la Constitution portait en 1908 les mêmes fruits qu'en 1876 ; elle renversait en quinze jours l'œuvre patiente d'Édouard VII durant six années...

De « ce coup si habile », tout le mérite revenait-il au Sultan et à son ministre ?... Malgré leurs dissentiments et leurs attentats réciproques, Jeunes et Vieux-Turcs avaient toujours été d'accord pour s'opposer aux réformes macédoniennes et crétoises : le Comité *Union et Progrès* de Paris et son journal, le *Mechveret*, blâmaient aussi énergiquement les puissances de leur intervention « anticonstitutionnelle » dans les affaires de l'empire que les Crétois de leurs criminelles tentatives contre l'intégrité de la « patrie ottomane »...

Entre Abd-ul-Hamid et le Comité parisien *Union et Progrès*, toutes relations n'avaient jamais été rompues. Le 30 avril-13 mai 1908. le Comité avait envoyé au Maître abhorré un ultimatum qui ressemblait fort à une promesse[1] :

Nous soumettons ce qui suit à Votre haute Appréciation Impériale. Le Comité Union et Progrès n'a aucune rancune ou animosité particulière à l'égard de S. M. le Sultan. Nous n'avons qu'un grief, et c'est S. M. elle-même qui en a hautement stigmatisé la cause, lorsque, dans Son discours du Trône du 7 Zilhidgé 1293 (19 mars 1877), Elle dénonçait « les inconvénients et les abus qui sont les conséquences fatales du gouvernement despotique d'une seule personne ou d'un groupe restreint ». ... L'idéal du Comité est de revoir la remise en pratique de la constitution que Vous avez Vous-même appréciée et louée autrefois... Soyez bien persuadé que toute la Nation est solidaire avec nous pour l'accomplissement de cette idée et de ce vœu commun... Le Comité Union et Progrès n'a jamais séparé les intérêts de la famille impériale de ceux de la Nation. *Nous sommes intimement convaincus que l'application de la constitution, loin de jamais porter ni matériellement ni moralement la moindre atteinte à Vos droits de souveraineté ni à Votre dignité, serait tout au contraire un point d'appui pour le trône impérial.*

Les Jeunes-Turcs ajoutaient : « Il est hors de conteste que, *surtout en ce moment*, le pouvoir suprême, appuyé par le pays tout entier, réaliserait une force considérable au profit du gouvernement, seule force capable de donner la vie à la nation ». Et la conclusion de cette étrange déclaration, — de paix ou de guerre? on ne sait, — était : « Il ressort nettement que toute appréciation et décision appartiennent à S. M. le Sultan, seul et unique responsable des destinées de l'Empire. »

1. Cet *Ultimatum* a été publié dans la *Correspondance d'Orient* du 15 mai 1910, p. 127.

Depuis *Le Bourgeois gentilhomme*, on sait que le turc est une langue admirable, qui dit beaucoup de choses en peu de mots....

Le *Mechveret* annonçait en juillet 1908, après le succès de la révolution, qu'il cessait de paraître sur la terre d'exil ; le président du Comité, Ahmed-Riza, prenant congé de ses lecteurs français, leur prédisait l'âge d'or que la Turquie allait retrouver sous le meilleur des Sultans :

> C'est un grand bonheur pour le pays, écrivait-il, que ce mémorable événement (la révolution turque) se soit produit sous le règne d'Abd-ul-Hamid, car nul homme d'Etat ne connaît mieux les dessous de la diplomatie européenne, aucun souverain n'a plus d'expérience, aucun fonctionnaire au monde ne travaille plus que lui. En faisant bénéficier son peuple de ses vastes connaissances politiques, de cette activité, de cette ténacité et en associant sa force à la force morale et effective des deux Chambres, il rendra un immense service, non seulement à son magnifique Empire, mais encore à la cause humanitaire.

En vérité, la révolution de juillet 1908 me semble avoir été faite par les Jeunes-Turcs contre les empiétements de l'Europe autant que contre le régime hamidien : fut-elle connue d'avance et, sinon encouragée, du moins acceptée sans répugnance par Abd-ul-Hamid ?... J'inclinerais à le croire : en 1908, comme en 1876, la Constitution était, contre l'intervention directe de l'Europe, le dernier moyen de salut ; or, en 1876-77, la Constitution n'avait entravé le Sultanat que treize ou quatorze mois ; dès mars 1878, l'absolutisme avait été rétabli ; dès avril 1909, une fois réglés par les Jeunes-Turcs les principaux différends avec l'Europe, Abd-ul-Hamid allait essayer de renvoyer à leur exil et à l'oubli ces parlementaires et cette Constitution qu'il jugeait désormais inutiles...

* * *

En 1908 comme en 1876, la Constitution fut accueillie par les pleurs de joie, les cantiques, l'enthousiasme de tout l'empire, la réconciliation de tous les sujets dans un même dévouement à la patrie ottomane. Le Sultanat hamidien était mort; vive le Sultanat jeune-turc dont personne ne savait au juste ce qu'il devait être! Les Jeunes-Turcs avaient là-dessus des tendances plutôt que des idées bien nettes : on les entendait formuler deux conceptions générales de gouvernement. A Paris déjà, avant la révolution, il y avait des Jeunes-Turcs de rive droite et de rive gauche : le comité de la rue de Berlin. présidé par le prince Sabah-ed-dine, s'intitulait *Comité de Décentralisation et d'Initiative privée*; le comité de la rue Bonaparte s'intitulait *Union et Progrès*; cette division allait reparaître dans le parlement.

La minorité, composée d'éléments civils et non turcs, d'Arabes, de Kurdes, d'Albanais, d'aristocrates et de personnages depuis longtemps mêlés aux affaires, allait se grouper sous le nom d'*Union libérale* en 1908-1909, d'*Entente libérale* en 1911-1912 : elle semblait avoir compris enfin que le problème à résoudre dans la réfection de l'Empire ottoman, c'était, comme disait jadis le *hatti-cherif* des *Tanzimat*, de « procurer aux provinces le bienfait d'une bonne administration ».

Depuis soixante-dix ans, le Sultanat napoléonien et le Sultanat hamidien, sans parler de l'éphémère Sultanat constitutionnel, ne s'étaient occupés que de la bureaucratie centrale, de l'organisation et du jeu des pouvoirs à Constantinople : on n'avait, dans les provinces, modifié que les formes, les noms et le personnel de la gérance turque ; jamais on n'était parvenu à procurer aux différentes classes de sujets et de domaines « le bienfait d'une bonne administration ».

Avant comme après les *Tanzimat*, le gaspillage ou la négligence des ressources locales, l'exploitation ou la persécution des peuples, la « mangerie » et « l'avanie » étaient demeurés les seuls résultats de cette gérance. Au bout de soixante-dix ans, on pouvait même se demander si la bureaucratie des *Tanzimat* n'avait pas été plus lourde et plus ruineuse aux provinces que la féodalité de la Vieille Turquie : cette bureaucratie, plus inquisitoriale, mieux armée pour intervenir en toute la vie publique et privée des sujets, avait empiré les abus féodaux, parce qu'elle était changeante, roulante et parce qu'elle « mangeait » en argent, au lieu de « manger » en nature.

Les féodaux, jadis, étaient installés pour la vie et le plus souvent ils arrivaient à transmettre leurs bénéfices par héritage : ils exploitaient donc leurs *raïas* au jour le jour, à long bail, comme un cheptel que l'on ne gagne rien à maltraiter ni même à tondre de trop près. Le fonctionnaire, lui, acheta sa charge grande ou petite par une « bourse » à la Porte, au Palais ou aux bureaux de la province ; il se sentit à toute heure menacé par d'autres acheteurs plus riches ou plus adroits : il eut hâte de rentrer en ses avances et d'amasser quelque capital d'assurance contre les coups du sort et de la faveur; il lui fallut « manger » triple, pour couvrir le passé, pour assurer le présent et pour ménager l'avenir; son emploi dut lui donner trois et quatre fois ce que jadis le féodal demandait à son bénéfice.

Les féodaux, en outre, touchaient leurs revenus en nature : quand leurs greniers étaient pleins, ils trouvaient une limite à leurs exigences; le commerce terrien, dans cette Turquie d'autrefois, était peu développé; les caravanes ne transportaient guère que les marchandises de prix; il restait au *raïa* à peu près tout ce que les féodaux ne pouvaient pas consommer sur place, et les dépenses des féodaux rentraient encore, parfois, dans l'avoir du *raïa*...

Aux levées en argent du fonctionnaire, il n'y eut plus de limite : l'argent n'encombre jamais; il se transporte et s'emporte aisément; plus le *raïa* donnait, et plus le fonctionnaire voulait et pouvait prendre; tout ce que « suait » le paysan des provinces, s'en allait dans les villes ou à Constantinople pour tomber, au bout de la pente, dans le gouffre de la fourniture et de la finance étrangères.

Le résultat le plus certain des réformes bureaucratiques fut donc un appauvrissement général de l'empire : même dans les provinces musulmanes où le régime hamidien n'avait pas massacré, il y avait en 1908 moins d'aisance, plus de misère et de noire misère qu'en 1830. Un indice de cette ruine des peuples était l'émigration qui vidait quelques-unes des régions les plus fertiles : tout comme l'Arménien, chassé de son Anatolie par les cruautés hamidiennes, le musulman de Syrie et le chrétien de Macédoine partaient vers l'Amérique, chassés par la faim.

Or, les Jeunes-Turcs de l'*Union libérale* avaient participé aux affaires publiques; ils possédaient de grands biens fonciers; ils appartenaient ou touchaient aux grandes familles de la capitale et de l'empire, à la famille impériale même : ils auraient voulu qu'avant tout, l'on portât remède à cet état économique, que l'on s'occupât d'abord de soulager les peuples et de leur rendre confiance, de relever les ruines et de retrouver les sources presque taries de la fortune publique et privée; ils croyaient, non sans raison, qu'un empire prospère serait un empire plus facile à conserver... Mais quand on leur demandait un programme, ils n'avaient qu'un mot : décentralisation.

Que signifiait au juste ce mot de décentralisation dans leurs esprits? Leurs adversaires les accusaient à tort de menées séparatistes, fédéralistes. Leurs désirs n'étaient pas de briser l'unité de l'empire ni même de porter atteinte au monopole gouvernemental dont les Turcs jouissaient : leur décentralisation ne devait pas s'entendre d'un partage des revenus et de la puissance entre le conquérant et les différentes communautés de sa conquête; c'était plutôt une classification des intérêts et des besoins qu'ils voulaient traduire dans les règlements, l'ayant constatée dans la vie réelle. Il y avait des besoins et des intérêts communs à tout l'empire; ils continueraient d'être gérés par le pouvoir central, qui veillerait, aussi attentivement que par le passé, à l'unité du Sultanat et à la maintenance du Khalifat. Mais, l'empire étant composé de quatre ou cinq grandes régions naturelles et ethniques, on créerait quatre ou cinq grands syndicats des intérêts locaux. Il ne s'agissait ni d'autonomies ni de pouvoirs élus par les peuples; ce n'étaient que délégations du Sultanat et du Khalifat à quelques grands commissaires, qui s'entoureraient des avis les plus éclairés, des influences les plus vertueuses, des conseillers les mieux choisis parmi les « classes dirigeantes »; l'élection populaire aurait quelque part dans le recrutement et sur le contrôle de ces conseillers; mais la désignation et les instructions resteraient au pouvoir central qui garderait partout la haute main.

Cette décentralisation, pour tout dire, reviendrait au système du « bon vali », que l'Angleterre avait prôné et quelque temps établi, durant les premières années d'Abd-ul-Hamid, au temps où Londres voulait exécuter la convention de Chypre et « aider la Porte à introduire les réformes nécessaires à la bonne administration et à la protection des sujets, *chrétiens ou autres*, de Sa Majesté le Sultan » : sans rien changer aux lois, règlements et usages, l'influence anglaise avait ramené le calme et la prospérité dans les provinces d'Anatolie, par la simple, mais stricte surveillance que revendiquait l'ambassadeur anglais sur le choix et sur la conduite des fonctionnaires turcs, surtout des *valis*, des titulaires de grands gouvernements. Grâce à cette tutelle anglaise, l'Anatolie, de 1880 à 1890 environ, avait connu dix années tranquilles, presque heureuses, parce que les besoins et les intérêts locaux n'y étaient pas systématiquement ignorés ou lésés et parce que tous les sujets avaient leur part aux grands et petits emplois, le Turc gardant néanmoins la sienne, la plus grosse...

En 1908, les Jeunes-Turcs de l'*Union libérale* auraient pu reprendre, mot pour mot, telles déclarations d'Abd-ul-Aziz en 1868 : « L'accès de toutes les fonctions, y compris le grade de vizir, sera ouvert à tous les sujets; le seul mérite décidera; comptez sur mes intentions; je veux la prospérité de tous mes sujets sans distinction de croyances ni de races. » En 1868-1869, Abd-ul-Aziz, pour donner un gage de ses « intentions » et surveiller la gestion de ses fonctionnaires, avait créé un conseil d'État à la française : en 1908-1909, c'est au parlement que l'*Union libérale* voulait confier ce rôle.

Ils croyaient donc que le principal rôle du parlement ne devait pas être, comme en Occident, de contrôler, interpeller, critiquer, ni même de légiférer : ce ne sont pas les bonnes lois, disait l'*Union libérale*, qui manquent à la Turquie; depuis quatre-vingts ans, elle a copié tout ce que les législateurs libéraux de l'Occident ont inventé de plus moderne; mais elle n'a pas encore trouvé les bonnes manières de s'en servir. Confiant la nouvelle mise en pratique à des ministres habiles et désintéressés, le parlement devrait s'efforcer avant tout de collaborer avec eux : il leur signalerait les besoins et les manques de l'œuvre décentralisatrice; il surveillerait, mais surtout aiderait les « bons ministres », qui seraient dans le Sultanat ce que le « bon vali » serait dans sa province. Pour tout dire, le parlement, en 1908, prendrait la place de l'ambassadeur anglais entre 1880 et 1890, excitateur bienveillant ou conseiller énergique, mais toujours discret.

Afin de ne pas déconsidérer le Khalifat aux yeux de l'Islam, de ne pas énerver l'autorité du Sultanat sur la conquête, le parlement devrait user de ses droits avec beaucoup de discrétion. Il ne se lancerait pas en des rêves de trop brusques et trop logiques innovations, il ne perdrait pas son temps à philosopher sur les devoirs réciproques du souverain, du pouvoir, des bureaux et des peuples; il laisserait aux gens d'expérience, aux « honnêtes gens », aux « bons ministres », leur pleine liberté d'action et d'initiative, afin que l'empire pût se remettre doucement, vivre sans secousses et se refaire au gré de l'expérience quotidienne : on verrait plus tard à rénover cet empire de fond en comble, quand de longues années de bonne décentralisation lui auraient rendu la force de supporter une opération aussi grave.

Le parlement devait bien se garder, surtout, de porter atteinte à la Constitution, en ce qui concerne « les relations et les liens des différentes nationalités et races de l'Empire ». La Constitution, dira plus explicitement l'*Entente libérale* de 1911, « accorde le droit de parole aux nationalités aussi bien qu'aux individus ». L'unité ottomane n'était pas l'uniformité; on devait respecter les différences ethniques ou linguistiques, les privilèges et les droits qu'avaient établis les textes ou l'usage. Il faut, dira l'*Entente libérale* en 1911, « chercher l'union des races dans la conciliation seulement des intérêts vitaux » :

> Les citoyens, sans distinction de races ni de religions, peuvent dépenser leur activité dans les domaines religieux, littéraire, scientifique et économique, soit en commun, soit isolément, et ils peuvent organiser des institutions économiques et scientifiques, spéciales pour leurs nationalités et leurs religions, à la condition de ne pas nuire à l'unité otto-

mane et de ne pas attenter aux droits égaux des autres religions et nationalités.

Le devoir du gouvernement sera de ne pas permettre à une race ou à une nationalité d'attenter aux droits d'une autre et surtout d'empêcher toute action nuisible au but final, qui est l'union ottomane.

Mais l'*Union libérale* ne représentait qu'une minorité; elle n'avait guère de partisans qu'à Constantinople et en pays chrétiens ou arabes, et son organisation était libérale jusqu'à l'anarchie. Le plus grand nombre des Jeunes-Turcs, tous les vrais Turcs d'Anatolie, de Roumélie et de Macédoine, tous les triomphateurs de la révolution de juillet appartenaient aux comités *Union et Progrès*.

Le nom et le noyau primitif de ces comités et du premier de tous, du Comité parisien, avaient été fournis par les victimes d'Abd-ul-Hamid, qui s'étaient réfugiées à Paris de 1896 à 1908 et y avaient vécu groupées autour d'Ahmed-Riza-bey : c'étaient des hommes de lettres, d'anciens fonctionnaires, des professeurs, de pauvres étudiants, des démocrates un peu hérissés, mais convaincus et, pour la plupart, d'un désintéressement plein de vertu. Ils ne connaissaient de la politique, en général, et de la politique ottomane, en particulier, que ce qu'ils en avaient appris dans leurs écoles turques, pour commencer, dans nos écoles et bibliothèques françaises, pour finir. Les relations personnelles de leur chef avec les disciples d'Auguste Comte en avaient fait des positivistes.

Ils s'étaient imprégnés de la parole, sinon de la pensée du Maître, et ils se considéraient volontiers comme délégués par l'Europe positiviste auprès du vieil Islam pour le régénérer. Le premier banquet jeune-turc à Paris, en février 1897, avait été présidé par le chef de l'École, M. Laffitte, et quand, en novembre 1908, Ahmed-Riza et le Dr Nazim-bey, les deux penseurs de la Jeune-Turquie triomphante, regagnaient définitivement Stamboul, un banquet positiviste leur donnait le viatique « pour la mission » qu'ils allaient remplir : « Notre ami Ahmed-Riza, disait le président, M. Corra, emporte notre doctrine dans sa tête et dans son cœur. Grâce à lui, le positivisme, réchauffé par le soleil de l'Orient, jettera, nous n'en doutons pas, dans la métropole de l'Islam, des germes abondants et féconds. » — « Depuis longtemps, répondait Ahmed-Riza, nous avons reconnu ce que nous devions au positivisme, en prenant, comme devise de notre Comité, une formule qui est presque la sienne. » *Ordre et Progrès*, disent en effet les positivistes : après avoir adopté cette devise au début, les amis d'Ahmed-Riza l'avaient à peine modifiée en *Union et Progrès*.

Durant douze années (1896-1908), ce petit groupe de protestataires avait refusé les subsides et le pardon d'Abd-ul-Hamid : à certaines heures de crise, néanmoins, ils n'avaient pas eu autant de sévérité qu'il eût fallu peut-être, pour la politique hamidienne. Dans leurs articles de journaux et leurs *meetings* sur l'affaire crétoise, on avait pu voir qu'ils entendaient l'« union » à la manière forte et qu'entre le règne du Turc et celui de la justice, leurs préférences n'hésitaient pas : le droit éminent du Turc sur tous ses sujets leur paraissait hors de conteste. On pouvait donc prévoir que, pour réaliser la première moitié de leur programme, — l'union, — ils feraient assez bon marché des aspirations et même des droits de leurs différents peuples.

Vers le progrès, le positivisme n'a jamais considéré que la liberté démocratique ni même le régime parlementaire fussent la route la plus droite. Auguste Comte pensait que la France du xixe siècle avait eu plus à souffrir des « sophismes constitutionnels » que de la « tyrannie impériale ». Le contrôle parlementaire lui semblait une forme de gouvernement spécifiquement anglaise, qui, transportée chez nous, « corrompait les cœurs d'après des mœurs vénales ou anarchiques » et « dégradait les caractères ». Le coup d'État du Deux-Décembre, disait Auguste Comte, n'était venu qu'à temps pour « faire passer irrévocablement la République française, de la phase parlementaire qui ne pouvait convenir qu'à une révolution négative, à la phase dictatoriale, seule adaptée à la révolution positive » : la dictature de Napoléon III avait été « la terminaison graduelle de la maladie occidentale, d'après une conciliation décisive entre l'ordre et le progrès ».

Les adversaires du Comité *Union et Progrès*[1] ont malicieusement cherché et retrouvé dans le *Système de Philosophie Positiviste* toutes les maximes politiques dont les Jeunes-Turcs se sont servis de 1908 à 1912. Le Maître, appelant « ses adeptes à la domination spirituelle et temporelle, qu'exige le développement de la régénération humaine », leur conseillait, pour préparer leur avènement politique, « leur

---

[1]. Cf. Albert Fua, *Le Comité Union et Progrès contre la Constitution*, Emile Nourry, Paris, 1912.

gouvernement du monde », d'amener « les chefs actuels à leur transmettre sagement le pouvoir ». Il leur défendait de « conserver d'autre assemblée politique que celle qui, dispensée de tout office législatif, consacrera le premier mois de sa session triennale à voter l'ensemble du budget et les deux autres mois à contrôler les comptes antérieurs », car « la philosophie positive démontrera sans difficulté que de tels mandataires sont presque aussi étrangers que leurs commettants aux conditions logiques et scientifiques qu'exige aujourd'hui toute élaboration systématique de doctrines morales et sociales ». Ce qu'il faut, c'est que surgissent, « du sein du peuple, des chefs vraiment investis de sa confiance politique et vers lesquels pourra se diriger l'attention de la dictature ».

L'unique assemblée française, qui trouvât grâce aux yeux d'Auguste Comte et dont « la domination dût être vraiment populaire parmi nous », c'était la Convention, parce que, « après la stérile anarchie que développait notre premier essai du régime constitutionnel », elle avait fondé « son ascendant.... sur sa digne subordination envers l'énergique Comité, surgi de son sein pour diriger l'héroïque défense républicaine ».

Il est certain qu'un système de gouvernement tout positiviste s'établit en Turquie et fonctionna de 1908 à 1912 ; telle particularité du programme jeune-turc, — le budget triennal par exemple, — semblait directement empruntée aux leçons du Maître. Pourtant, ce furent moins ces leçons que les nécessités et les circonstances qui firent passer la théorie des positivistes dans la pratique des Jeunes-Turcs. Quelque influence que les disciples d'Auguste Comte, venus de Paris, aient conquise et gardée sur le nouveau régime, ils avaient trouvé, dès leur rentrée au pays, une autre Jeune Turquie bien plus nombreuse et bien différente, dont l'influence sur la marche des affaires allait être plus directe et plus puissante que la leur. C'était la Jeune Turquie de Salonique.

Au contact des réformes européennes, Salonique était devenue un centre de conspirations, la capitale occulte de la révolution; les loges maçonniques avaient donné les cadres et l'abri de leur organisation secrète [1].

L'un des chefs du mouvement, Rechid-bey, expliquait à nos journalistes dès la fin de juillet 1908 :

Il est vrai que nous avons eu l'appui moral de la franc-maçonnerie, surtout de la franc-maçonnerie italienne. Il existe, à Salonique, plusieurs loges : la *Macedonia risorta* et la *Labor et Lux*, qui dépendent du Grand Orient d'Italie, la *Veritas*, du Grand Orient de France, la *Perseverenza*, du Grand Orient d'Espagne, et la *Philippos*, du Grand Orient de Grèce, celle-ci ayant un but exclusivement nationaliste. A vrai dire, les deux premières, seules, nous ont vraiment servi. Elles ont été pour nous des refuges. Nous nous y réunissions comme maçons, car beaucoup d'entre nous font partie de la maçonnerie, mais en réalité pour nous organiser. De plus, nous avons pris une grande partie de nos adhérents dans ces loges qui, par le soin avec lequel elles faisaient leurs enquêtes, servaient ainsi de crible à notre Comité. On a eu, à Constantinople, de vagues soupçons sur le travail secret qui se faisait là. On a essayé en vain d'y faire admettre

---

[1]. Cf. *Free Masonry and Ottoman Politics*, dans le *Morning Post* des 19 mai, 7 et 10 octobre 1911.

des officiers. Les loges eurent d'ailleurs recours au Grand Orient qui promit de faire intervenir au besoin l'ambassade italienne. Voilà à quoi s'est borné, dans toute cette affaire, le concours, du reste très utile, de la franc-maçonnerie.

Les premiers initiés furent des civils, de petits fonctionnaires surtout, que le régime hamidien et la réforme européenne réduisaient à la famine et, parmi eux, beaucoup de ces musulmans macédoniens qui se disent Turcs et parlent le turc dans leurs familles, mais dont les proches ancêtres étaient juifs ou tsiganes : deux des futurs ministres de la Jeune Turquie étaient, l'un, Djavid-bey, un petit-fils de *dunmé* (juif converti) et l'autre, Talaat-bey, un *tchinguéné* (tsigane).

Salonique, ville juive, et ses loges, recrutées de juifs, marquèrent d'une empreinte assez forte tout ce futur personnel gouvernemental : l'une des grandes idées du nouveau régime sera un emprunt à peine déguisé au Sionisme ; comme les Juifs rêvent d'une réunion nationale autour d'une Sion rebâtie, dans un Chanaan repeuplé, on verra le Dr Nazim-bey se donner pour mission de ramener en terres khalifales les Croyants dispersés en pays chrétiens, surtout les Turcs ou Turcomans et leurs cousins Tartares, qui errent dans les terres du Tsar, au bord des fleuves et des mers russes, *super flumina Babylonis*.

La franc-maçonnerie a marqué d'une empreinte encore plus profonde tout le gouvernement jeune-turc. La Turquie, de 1908 à 1912, a vécu sous le pouvoir apparent du souverain, des Chambres, des ministres, des administrations centrales et provinciales. Mais le pouvoir réel fut aux mains de comités secrets, fédérés sous l'absolutisme d'un Comité central, — d'une sorte de Grand Orient, — auquel un congrès secret, — un Grand Convent, — formulait chaque année le programme de l'activité commune.

Cette organisation, copiée sur celle des loges et se confondant le plus souvent avec elles, a fait la force du C. U. P. O. (*Comité Union et Progrès Ottoman*). Elle lui a donné un moyen de surveillance sur tout l'empire, une prise directe sur les intérêts de tous et de chacun :

Cette organisation, — écrivait au début de 1910 un ancien adhérent du C. U. P. O., — compte aujourd'hui près de 350 000 membres, répandus dans toutes les parties du pays, jusque dans les localités les plus reculées : il y a treize mois, elle avait à peine quelques centaines d'adhérents et cette poignée de braves avait fait la plus extraordinaire des révolutions.

Au lendemain de la réussite, les demandes d'adhésion commencèrent à affluer. Au début, le Comité se montra un peu farouche; mais il ne tarda pas à se rendre compte qu'il avait besoin de concours nombreux, pour consolider l'œuvre entreprise, qui était beaucoup plus sérieuse que ses propres auteurs ne l'avaient supposé. En quelques semaines, plusieurs milliers d'Ottomans, musulmans pour la plupart, se firent initier. L'initiation offre plusieurs points de ressemblance avec l'entrée dans la franc-maçonnerie, au rituel de laquelle le Comité *Union et Progrès* a fait de larges emprunts.

Quand le nombre des adhérents eut atteint plusieurs milliers, on dut, pour faire les enquêtes exigées par les règlements, envoyer un peu partout dans les diverses provinces de l'Empire des délégations qui créèrent des sections où les profanes étaient initiés. Peu à peu, vu les difficultés auxquelles le Comité se heurtait avec certaines classes de la population musulmane, la rigueur pour le recrutement des membres se trouva relâchée. Aujourd'hui, treize mois après le rétablissement du nouveau régime, les 300 à 400 membres du Comité *Union et Progrès* sont devenus 350 000.

On a dû établir une hiérarchie. Dans chaque localité où

le parti compte des adhérents, des clubs ont été créés : quand les adhérents sont en très grand nombre, les clubs sont divisés en sections de 100 à 200 membres ; chaque club a un bureau composé d'un président, d'un vice-président et d'un trésorier. La cotisation payée par chaque membre est égale aux 2 p. 100 des appointements reçus par l'adhérent, s'il est employé ou fonctionnaire, ou aux 2 p. 100 des bénéfices annuels qu'il réalise en défalquant de ces bénéfices une somme fixée par chaque membre de la famille de l'adhérent, s'il est dans les affaires.

Les clubs ou sections relèvent des comités de *caza* (arrondissement) ; les comités de *caza* relèvent des comités de *sandjak* (département) ; les comités de *sandjak* relèvent des conseils de *vilayet* (province). Ces derniers correspondent seuls avec le Comité central directeur, composé de sept membres élus dont nul ne connaît les noms.

Pour les élections, chaque club ou section désigne un dixième de ses membres. Ces dixièmes se réunissent et nomment sept représentants qui doivent former le comité de *caza*. A leur tour, les comités des *cazas* élisent le comité du *sandjak* et les comités de *sandjaks* nomment le conseil provincial, dont les délégués nomment enfin les sept membres qui composeront le Comité directeur : chaque province désigne un délégué ou deux, suivant l'importance des comités qu'elle représente ; ces délégués composent les membres du Congrès général annuel, qui se tient à Salonique.

Les délégués étudient toutes les propositions faites par les clubs et transmises hiérarchiquement par les comités locaux. Ils prêtent serment solennel de ne rien communiquer ni avant ni après le Congrès : quand l'ordre du jour est épuisé et toutes les décisions prises, on passe à l'élection du Comité directeur : chaque congressiste inscrit sept noms ; on désigne deux membres auxquels on confie le scrutin ; ces deux membres font le dépouillement et envoient aux élus une lettre les informant du choix que les congressistes ont fait de leur personne. Les noms des sept membres ainsi que le lieu de leur réunion restent absolument secrets. En cas de besoin, le Comité directeur s'adjoint le concours des deux membres qui ont procédé au dépouillement du scrutin ou de n'importe quel autre membre du Congrès.

Cette organisation assura au Comité central des revenus importants, un gros budget, — le seul budget qui, dans la Turquie nouvelle, se soit toujours soldé en excédents. A la cotisation maçonnique, on avait substitué un impôt du cinquantième sur le revenu. Les règlements, du moins, exigeaient que tout adhérent versât chaque année 2 p. 100 de son revenu global : dans la pratique, les bourgeois et le populaire payèrent ce qui parut suffisant à leurs comités locaux; mais les fonctionnaires et les officiers versèrent strictement 2 p. 100 de leur solde. Si l'on admet que, grandissant de jour en jour, le nombre des adhérents finit en 1910 par dépasser 400 000 (c'est le chiffre officiel) et si l'on compte que la moyenne des cotisations dépassa de beaucoup une livre turque par tête, 23 francs, on trouve que les recettes annuelles atteignirent alors près de dix millions de francs, auxquels s'ajoutaient les donations, commissions et courtages que le Comité central obtenait ou exigeait des riches suppôts de l'ancien régime, des financiers indigènes et étrangers, des demandeurs de concessions, du Sultan, des ministres, du Trésor même : Abd-ul-Hamid versa, dit-on, vingt millions d'un seul coup. Leurs adversaires sont allés jusqu'à dire qu'entre le Trésor public et la caisse du Comité, les ministres jeunes-turcs établirent des conduites souterraines par où le plus clair des revenus de l'État s'engouffrait; ils prétendent aussi que le Comité s'adjugea les deux tiers de la souscription panislamique pour la réfection de la flotte.

Le Comité central disposa, dans cette Turquie où tout s'achète, du meilleur outil de gouvernement : il eut de quoi reconnaître les services des *fédaïs* (dévoués) qu'il recrutait dans le civil et dans le militaire. Il versa aux uns et aux autres de régulières mensualités qui, pour les officiers surtout, doublaient parfois la solde : tel lieutenant, qui recevait par mois dix livres turques du payeur de l'État, en touchait douze ou quinze aux guichets du Comité. Verser 2. p. 100 de sa solde afin de la doubler aussitôt était une opération lucrative : le Comité n'eut que l'embarras du choix parmi les milliers de dévouements que le corps des officiers lui offrit; les grades et décorations étaient, en outre, réservés aux seuls adhérents.

Dès le début, l'armée de Macédoine vint au Comité; elle en est demeurée jusqu'en 1912 le soutien fidèle.

L'absence de solde et le dénuement, qui en résultait, les intérêts de carrière et les sentiments d'honneur, lésés par le favoritisme et par l'espionnage du Palais, étaient les principales causes de la désaffection des troupes envers Abd-ul-Hamid.

Les officiers du commun se plaignaient de vieillir dans les grades inférieurs, quand un fils de pacha, de ministre ou d'espion devenait colonel à trente ans. La garde impériale accaparait l'avancement et la solde : elle seule était considérée de Lui. Le reste de l'armée pouvait se plaindre : Abd-ul-Hamid cherchait seulement à contenter la garde. En juin 1908, aux premières nouvelles du mouvement macédonien, 570 officiers de la garde étaient promus d'un grade; en juillet, au premier assassinat d'un général hamidien, le gendre de la victime télégraphiait de

Salonique la nouvelle, en y ajoutant une formule d'obéissance et de soumission; par dépêche, ce lieutenant de gendarmerie était promu colonel et chargé de commander les troupes de son beau-père, général de division... A la nouvelle de la mutinerie générale, une augmentation générale des pensions militaires et de la solde était la seule mesure qui parût expédiente à Abd-ul-Hamid.

L'armée de Macédoine avait eu aussi le sentiment des dangers que courait l'empire; le ministre de Turquie à Belgrade, Fethy-bey, expliquait le 27 juillet 1908 au correspondant de la *Nouvelle Presse libre* : « Le soulèvement en Macédoine a été une explosion des sentiments patriotiques : les Turcs ne pouvaient plus voir avec indifférence comment les étrangers partageaient leur patrie en sphères d'influence. La dernière entente anglo-russe a déterminé les officiers intelligents. »

L'armée se plaignait de l'intervention européenne autant que de l'oppression hamidienne. Dans le premier enivrement du succès, officiers et soldats houspillèrent un peu les fonctionnaires de la réforme; les officiers européens de la gendarmerie furent insultés à Uskub; à Djoumaia, le lieutenant français fut expulsé; à Serrès, une délégation de 200 officiers et notables remettait une note au colonel français : « bien que la présence des officiers étrangers constituât une atteinte à la souveraineté de l'Empire ottoman, on admettait que cette question devrait être résolue par le gouvernement parlementaire, après entente préalable avec les puissances »; la délégation considérait « comme nécessaire la présence des officiers étrangers, mais jusqu'au jour seulement où l'organisation constitutionnelle rendrait cette présence superflue. »

De la révolution, donc, ce que les officiers attendaient, c'était l'émancipation de l'empire, un Sultanat libéré aussi bien des folies d'Abd-ul-Hamid que des exigences de l'Europe : « L'Empire aux Ottomans » était la formule de leurs revendications publiques; il fallait traduire en vérité « La Turquie aux Turcs » ou, plus exactement encore, « le Sultanat à l'armée ».

Si l'on fait le total, on voit quelle étrange association était la Jeune-Turquie : Paris, Salonique et les casernes, les théoriciens, les gens d'affaires et les soldats, le positivisme, la franc-maçonnerie et le nationalisme, on syndiqua tous ces éléments sous la raison sociale *Union et Progrès*, et les représentants officiels du *Comité central*, qui restait à Salonique, arrivèrent à Stamboul pour rénover le Sultanat par la Constitution, le Khalifat par la Science et la Libre Pensée.

*
* *

La jeunesse mettait ses espoirs dans la Science. De toutes les manifestations qui, durant des semaines, défilèrent dans les rues de Péra, la plus nombreuse, peut-être, et « la plus émouvante », disaient les correspondants étrangers, était celle des étudiants de l'École de médecine militaire, des élèves de la Marine et de l'École de droit : *Liberté, Égalité, Fraternité, Justice. — Le salut de la Nation est dans la Science. — La Science cherche un sein de Liberté,* portaient en inscriptions leurs bannières... Comment le Khalifat et le *Cheri* allaient-ils s'accommoder des scientifiques méthodes de l'Occident?...

Pour la foule et pour l'armée, la Constitution était le remède à tous les maux. Depuis le 23 décembre 1876, la Turquie avait une constitution que le Sultan avait laissée tomber en sommeil, mais qui jamais n'avait été abolie : le parlement ottoman, ajourné *sine die* en mars 1878, n'était pas supprimé. C'est aux cris de *Vive la Constitution!* que les troupes s'étaient mutinées; c'est le rappel du parlement qu'avaient exigé tous les télégrammes d'officiers rebelles. Les troubles s'étaient apaisés, une joie folle s'était emparée de la Turquie entière, aussitôt qu'un iradé impérial avait promis la convocation de la Chambre, « conformément au statut organique, illustre institution de Sa Majesté ».

En ses 119 articles, ce statut organique de 1876 garantissait à tous les Ottomans les droits les plus larges : liberté individuelle, liberté de presse, liberté d'association, inviolabilité du domicile, etc., etc. Il laissait au Sultan les pouvoirs les plus étendus[1], mais sous le contrôle d'une « Assemblée générale » (la Constitution française de 1875 dit : « Assemblée

---

1. *Art. 7*. — Sa Majesté le Sultan compte au nombre de ses droits souverains les prérogatives suivantes :
Il nomme et révoque les ministres; il confère les grades, les fonctions et les insignes de ses ordres; il donne l'investiture aux chefs des provinces privilégiées dans les formes déterminées par les privilèges qui leur ont été concédés; il fait frapper les monnaies; son nom est prononcé dans les mosquées pendant la prière publique; il conclut les traités avec les puissances; il déclare la guerre; il fait la paix; il commande les armées de terre et de mer; il ordonne les mouvements militaires; il fait exécuter les dispositions du « Cheri » (loi sacrée) et des lois; il fait les règle-

nationale »), composée de deux Chambres, la Chambre des Seigneurs ou Sénat, et la Chambre des Députés. Les deux Chambres devaient siéger chaque année du 1ᵉʳ novembre au 1ᵉʳ mars. Les sénateurs, nommés à vie par le choix direct du Sultan, devaient contrôler et valider les projets de lois votés par la Chambre. Les députés étaient élus pour quatre ans, à raison d'un député par cinquante mille Ottomans du sexe masculin : « L'élection a lieu au scrutin secret, disait l'article 66; le mode d'élection sera déterminé par une loi spéciale... » La loi spéciale n'avait jamais été faite.

Sultanat, Parlement, Comité : il fallait maintenant combiner ces trois pouvoirs, dont les deux premiers existaient seuls en droit, dont le troisième, seul ou presque seul, existait désormais en fait.

Entre le Sultanat et le Comité, Abd-ul-Hamid imagina tout aussitôt une solution qui témoignait de l'ingéniosité de ce cerveau politique : il offrit de « consacrer l'existence officielle du Comité et d'en assurer la durée » par une dotation de revenus considérables et par la donation d'un des palais de la Liste Civile ; aux délégués de Salonique, qui, dans la nuit du 5 ou 6 août, le délivraient des exigences de la foule importune, il disait : « Toute la nation faisant désormais partie du Comité *Union et Progrès*, j'en veux être le président : nous travaillerons ensemble à la régénération de la patrie. »

---

ments d'administration publique ; il remet ou commue les peines prononcées par les tribunaux criminels ; il convoque et proroge l'Assemblée générale ; il dissout, s'il le juge nécessaire, la Chambre des Députés, sauf à faire procéder à la réélection des députés.

Abd-ul-Hamid, le « chef actuel » reprenait sans le savoir, une idée d'Auguste Comte : voyant « surgir du sein du peuple » ottoman la domination des sages « qu'exige le développement de la régénération », il offrait, sinon de leur remettre le pouvoir, du moins de l'exercer avec eux et pour leur compte. Empereur des Turcs et Pape des musulmans, le Sultan-Khalife deviendrait encore, puisque toute la nation était désormais adhérente d'*Union et Progrès*, le Grand-Maître de cette nation maçonnique; Abd-ul-Hamid savait que maints souverains d'Europe, par eux-mêmes ou par leurs proches, tiennent cette charge dans leurs États.

En cette Turquie régénérée, le Sultan serait donc le maître et le serviteur, tout ensemble, du Comité ; Khalife de Mahomet en public, il serait le Khalife d'Auguste Comte dans le secret : quelle simplification et quelle conciliation facile des devoirs contraires que devait assumer la Jeune Turquie !

Le rôle du parlement s'en déduirait. Aucune loi électorale n'ayant jamais été faite, on n'aurait qu'à s'en tenir aux errements de 1876-1877 : la Chambre ne comprenait alors que 113 députés, élus à deux degrés ou plutôt désignés par les deux degrés de l'administration provinciale et centrale; mais la Bosnie-Herzégovine, Chypre, la Bulgarie, la Roumélie et la Crète, qui faisaient encore partie de l'empire, avaient alors 23 représentants : la Turquie diminuée de 1908 pouvait donc se contenter de 90 députés. Un Sénat peu nombreux, nommé par le Sultan, une Chambre, à peine plus nombreuse, désignée par le Comité; au total, un parlement facile à manier, qui ne serait, en fin de compte, que chambres d'enregistrement et de vérification : c'était là encore une idée qu'Abd-ul-Hamid semblait avoir tirée d'Auguste Comte pour mettre l'harmonie dans le nouveau système; l'Exécutif serait aux mains du Sultan, le Législatif dans celle du Comité, le contrôle dans celles du Parlement, et le Sultanat sortirait rajeuni de cette crise, et le pouvoir des Turcs sur leurs sujets, raffermi...

Si Abd-ul-Hamid en ce début d'août 1908 avait eu devant lui les Jeunes-Turcs de Paris, on dit qu'ils se fussent prêtés peut-être à quelque combinaison de cette sorte. Mais les délégués de Salonique étaient de moins bons philosophes : ces honnêtes âmes de troupiers et de conspirateurs ne connaissaient que le mot de passe *Vive la Constitution!* Ils croyaient que, la conspiration ayant réussi, le rôle des conspirateurs était terminé et que le Comité devait disparaître et laisser faire le parlement. Ils rabrouèrent assez durement le Maître : « Votre Majesté, lui répondirent-ils, ne peut pas être le président du Comité parce qu'il n'y a plus de Comité. Le Comité existait avant la Constitution; mais depuis, c'est toute la nation ottomane qui fait partie du Comité. Jusqu'ici vous avez travaillé pour le mal, parce que vous étiez entouré d'hommes mauvais. Maintenant vous allez travailler pour le bien et vous n'aurez rien à craindre. Mais si vous ne le faites pas, il faudra vous retirer. »

Les gens de Salonique entendaient donc que désormais le Sultanat fût strictement constitutionnel, et le Khalifat strictement religieux : le Sultan régnerait sans gouverner; le Khalife ne régirait plus que l'Église musulmane, et le Sultan-Khalife ne serait que l'organe exécutif du parlement. Ils exigeaient qu'Abd-ul-Hamid renvoyât les « hommes mauvais » qui peuplaient le palais d'Yildiz-Kiosque, qu'il épurât les bureaux de la Sublime-Porte et les administrations provinciales, qu'il congédiât aussi les ministres douteux qu'il avait appelés au pouvoir, aussitôt la Constitution rétablie. Le nouveau grand vizir, Saïd-pacha, avait l'âme si peu « régénérée » que le premier *hatti-humayoun* du nouveau régime violait déjà les droits du parlement, en réservant au Sultan, en enlevant aux députés le contrôle sur les trois ministres les plus importants de la défense nationale et la gérance khalifale : les ministres de la Guerre et de la Marine et le Cheikh-ul-Islam.

On traqua les hommes mauvais; on les emprisonna; on en tua quelques-uns. On renversa les ministres ci-devant (6 août); on imposa au choix du Sultan la liste des successeurs; Abd-ul-Hamid n'ayant fait aucune résistance, on déclara que désormais on était sûr de lui : « J'ai une foi absolue dans sa sincérité, disait l'un des nouveaux ministres. Auparavant, il ignorait; maintenant, il apprend chaque jour les abus qui ont été commis en son nom; il nous a confirmé sa volonté d'appliquer la Constitution ». Les gens de Salonique se croyaient pareillement sûrs du nouveau grand vizir, Kiamil-pacha. C'était un des piliers de l'ancien régime. Mais c'était aussi un fervent ami de l'Angleterre : « Nous lui accordons confiance : nous le laisserons travailler; nous n'interviendrons que si la nécessité impérieuse l'impose », déclarait ce même Nedjid-bey, qui avait annoncé au Sultan que le Comité n'existait plus. Et quand on l'interrogeait sur Abd-ul-Hamid : « Non seulement, nous sommes sûrs maintenant de sa sincérité, disait-il : mais je crois qu'il sera le Mikado de la Turquie. »

Les gens de Salonique ne connaissaient qu'en gros l'histoire universelle ; mais la guerre de Mandchourie leur avait mis le modèle du Japon devant les yeux ; ils pensaient que leur Sultan-Khalife, sous la tutelle du parlement, serait de tous points semblable au Chogoun-Mikado, à l'Empereur-Pape des Japonais.

Les gens de Paris, qui survinrent, avaient d'autres prétentions : ces positivistes voulaient que le C. U. P. O. (*Comité Union et Progrès ottoman*) subsistât et devînt le rouage central de la machine politique et administrative. Nommé commissaire du C. U. P. O. pour toute l'Anatolie, le Dr Nazim-bey expliquait, le 15 août, aux journalistes de Smyrne :

— Dites bien que la tâche du C. U. P. O., loin d'être terminée, ainsi que beaucoup se l'imaginent, ne fait que commencer. Nous avons devant nous un travail immense. Nous avons réussi à faire proclamer la Constitution. Nous devons maintenant l'asseoir sur des bases tellement solides que toute réaction soit impossible. Nous avons surtout une œuvre très importante à accomplir [dans les provinces... Les peuples] éprouvent de la satisfaction à voir disparaître une administration oppressive. Ils ne réalisent rien au delà. Les mots « Constitution », « élections », « parlement » sont absolument vides de sens pour eux. Beaucoup croient que dorénavant ils ne payeront plus d'impôts... L'administration est tout à fait désorganisée ; elle n'existe même pour ainsi dire plus.

C'est que nous avons cru nécessaire de faire un immense nettoyage pour détruire complètement l'espionnage. Aussi, dans tous les centres de quelque importance, l'autorité militaire a pris la direction des affaires, cumulant les fonctions administratives, financières, judiciaires. Il a été relativement facile de balayer les fonctionnaires voleurs et délateurs; mais il est difficile de les remplacer; il n'y a pas d'hommes capables. Tout est à créer. Vous voyez que notre responsabilité est immense. Nous devons réussir; sinon, c'est l'anarchie, la guerre civile.

Au C. U. P. O. devaient, en toutes affaires, revenir la décision et la responsabilité, le pouvoir effectif; au Sultan-Khalife, la représentation et la signature :

— Nous avons mis le Sultan dans l'*impossibilité de nuire*, ajoutait Nazim. Il nous convient de le maintenir sur le trône, parce que nous ne voulons ni trop secouer le pays, ni aggraver la crise, et parce que nous voulons *à tout prix* écarter toute possibilité d'une intervention européenne. Le Khalife possède encore une immense autorité morale : il nous convient donc que nos décisions soient revêtues de la signature impériale.

Les Jeunes-Turcs reconnaissaient la compétence et l'habileté d'Abd-ul-Hamid en fait de politique étrangère, autant que leur inexpérience propre : ils étaient prêts à lui confier, avec la direction de leur diplomatie, le soin « d'écarter à tout prix toute possibilité d'intervention européenne »; mais il devrait abandonner au C. U. P. O. l'entière direction de la politique intérieure et le soin d'écarter toute possibilité de réaction islamique ou de désintégration chrétienne.

Abd-ul-Hamid consentit à tout : l'entente parut se faire. Bientôt l'annexion de la Bosnie et l'indépendance de la Bulgarie survenant (5 octobre 1908) démontrèrent mieux encore au C. U. P. O. l'utilité d'un bon diplomate pour défendre l'Empire contre l'Europe : l'entente sembla se resserrer. Mais quand après six mois de négociations difficiles (octobre 1908-mars 1909), on sortit d'affaire avec la Bulgarie et l'Autriche, la contre-révolution du Treize-Avril, qui chassa les Jeunes-Turcs de Constantinople, leur apparut comme l'œuvre d'Abd-ul-Hamid ; sitôt rétablis par leur armée de Macédoine, leur premier soin fut de le déposer et d'installer, sous le nom de Mahomet V, un fantôme de Sultan-Khalife, un vieillard de soixante-quatre ans, que son frère Abd-ul-Hamid avait tenu trente-deux ans en une prison dorée.

N'ayant jamais eu le moindre contact avec son peuple ni avec les affaires, ce bon vieillard ne demandait qu'à plaire à tout le monde et au Comité. Il disait aux journalistes allemands :

« J'aime la presse, j'aime les journalistes, car ils ont pour mission d'éclairer les peuples et de les conduire dans la voie du bonheur. A tous les Allemands, que nous estimons très haut, dites qu'aussi loin que ma mémoire me reporte, je n'ai vécu que pour la Constitution et que toujours je serai son fidèle serviteur. C'est elle seule qui peut sauver l'État et le peuple. Vous autres Européens, avez été mes maîtres, et vos leçons, votre science trouveront ici un terrain fertile et reconnaissant. Annoncez que je suis un ami des puissances et que je n'ai d'autre désir que de voir la Turquie avoir avec elles des rapports amicaux, particulièrement avec notre vieille amie et bienfaitrice, l'Allemagne. »

Il débordait de reconnaissance envers les Français, « ces traditionnels amis de l'Empire ottoman ». Il disait aux journalistes anglais :

« Je suis content de vous voir. Les Anglais ont toujours été mes amis. Je suis prêt à ne m'écarter jamais du chemin du devoir, à chercher à agir d'une façon juste et honorable envers tous les hommes, qu'ils soient giaours ou vrais croyants. J'ai toujours été favorable à l'établissement d'une charte constitutionnelle et d'institutions parlementaires; je suis un ferme adhérent de la politique de la Jeune Turquie; je ne vois rien d'incompatible entre la loi sainte de Mahomet et la jouissance complète de la liberté politique. »

Aux députés :

« Je suis heureux de devenir le premier souverain constitutionnel. J'ai souffert de l'oppression, et je comprends les sentiments de ceux qui ont souffert avec moi. Efforçons-nous ensemble d'assurer le bien-être du pays. »

De 1909 à 1913, Mahomet V ne s'est jamais « écarté du chemin du devoir » que lui traçaient « ceux qui avaient souffert avec lui »; il est resté un simple fondé de pouvoirs du C. U. P. O.

Les relations du Sultanat et du Comité étant ainsi réglées, restait à définir les situations respectives du Comité et des deux Chambres.

Dès le début, le Comité voulut mettre le parlement, lui aussi, dans « l'impossibilité de nuire ». La Constitution de 1876 avait prévu un Sénat inamovible, nommé par le Sultan; ce pouvait être un organe d'opposition gênant; dans son premier programme (septembre 1908), le C. U. P. O. ne garda l'inamovibilité et la désignation par le souverain que pour un tiers des sénateurs; les autres seraient « élus par le peuple pour une période fixe ». A l'égard de la Chambre, la doctrine du C. U. P. O. ne fut officiellement définie qu'au congrès de 1910; mais on ne fit alors que formuler la pratique suivie depuis deux ans déjà.

En ce Congrès de Salonique[1], « tenu *depuis la nuit* du 31 octobre-1ᵉʳ novembre jusqu'au 13 novembre 1910 », on décidait « de prendre pour bases du travail de l'année trois questions principales » :

la première, dissiper les ténèbres de l'ignorance léguées par le passé et répandre, parmi les futures générations ottomanes, la Science qui est la plus grande lumière des esprits ;

la seconde, chercher le moyen d'assurer un gouvernement constitutionnel, juste et fort, capable d'établir sur l'équité les bases sociales et civilisatrices, qui sont indispensables à l'union politique de la nation ottomane ;

la troisième, définir et resserrer les relations et les liens naturels existant entre le Comité et le Parti *Union et Progrès*, qui forme la majorité à la Chambre et qui a assumé la noble mission de mettre de l'ordre dans la vie législative de l'Assemblée nationale.

Le Congrès, pour « resserrer les liens entre le Comité central et le Parti », disait avoir pris comme modèles, « les partis politiques des pays les plus avancés ». Le Comité central, élu par le Congrès annuel et composé de sept membres[2], devait « rester pour toujours un facteur d'union ottomane, grâce à sa volonté de fer et à son énergie », donc, « être le guide de l'opinion dans l'éducation politique et sociale de la nation ainsi que dans les élections ». Le Parti, — c'est-à-dire l'ensemble des députés ayant fait adhésion au C. U. P. O., — et, par conséquent, la Chambre dont ce parti formait la majorité, devait

---

1. Cf. *Correspondance d'Orient*, 1ᵉʳ décembre 1910, p. 458.
2. Ce nombre ne fut pas fixe ; il fut porté à dix, puis à quinze ; mais on ne sut jamais au juste combien de sages étaient admis dans ce Saint des Saints.

aveuglément obéir aux instructions du Comité central, lequel était « l'intermédiaire obligatoire entre le parlement et l'opinion publique ». Le Congrès annuel ayant étudié les questions, le Comité central ayant dressé le programme, « l'application en était confiée » au Parti.

Entre le Comité central, qui continuait de siéger à Salonique, et le Parti, qui siégeait à la Chambre, la discipline la plus étroite ne devait rien laisser au caprice individuel. En dehors de la Chambre, le Parti avait à Stamboul sa maison, à la location de laquelle tous les députés adhérents participaient; il avait son bureau, composé de dix membres, ses jours de réunions obligatoires, son règlement intérieur, lequel était draconien[1] :

Art. 6. — Le Parti ne peut prendre aucune décision si la moitié plus un des membres ne sont pas présents : tous les membres du Parti devront se soumettre à toute décision prise à la majorité des deux tiers des membres présents...

Art. 11. — Aucun des membres ne pourra accepter un ministère sans l'autorisation de la majorité du Parti.

Art. 12. — Des orateurs seront désignés pour défendre devant la Chambre les questions adoptées par le Parti; *les autres membres auront la faculté de parler en faveur de ces décisions...*

Ce règlement, rédigé en 1909, laissait encore au Parti le droit d'entrer en négociations avec les autres fractions de la Chambre. Le Congrès de 1910 décida que ce soin « revient seulement au Comité central » :

Il y a nécessité absolue en Turquie à ce que la Chambre ne se livre pas à des discussions de parti et à des querelles

[1]. Cf. *Correspondance d'Orient*, 1ᵉʳ mai 1909, p. 477.

intestines. C'est le Comité *Union et Progrès* qui a fait la Turquie libérale. C'est lui qui a assumé la charge du pouvoir et entrepris de réorganiser l'Empire jusque dans ses rouages les plus infimes. Il faut que le Comité *Union et Progrès* ait la force, l'autorité et la liberté d'action nécessaires pour achever son œuvre : une opposition de dilettante, une opposition pour le plaisir de contredire le gouvernement ne se conçoit pas et serait un crime contre la nation [1].

Un Comité de Sept Sages dictant ses lois à une Chambre docile et ses volontés à un monarque obéissant : n'était-ce pas la mise en pratique des plus belles théories d'Auguste Comte? Mais le C. U. P. O. n'y réussit pas du premier coup. Il se croyait pourtant bien sûr de la Chambre élue en octobre-novembre 1908. Il avait fait les élections de ses propres mains. Tous les candidats s'étaient dits Jeunes-Turcs; tous avaient adhéré au programme *Union et Progrès* : il semblait que n'avaient pu sortir des urnes que des noms désignés ou acceptés par le Comité. Dans nombre de provinces, on ne pouvait pas dire si même les élections avaient eu lieu : la seule désignation des Sages avait suffi à faire proclamer nombre de candidats par l'administration. Ce qui s'était passé à Constantinople, en plein Péra, renseignait le public sur la valeur des opérations quand elles avaient eu lieu :

Constantinople, le 15 novembre 1908. — Les élections commencent aujourd'hui lundi par le choix des électeurs du second degré ; mais à cause de l'imperfection du système ces élections dureront probablement toute la semaine. La ville est divisée en cercles municipaux. Dans le cercle de Péra seulement, 45 000 habitants devront choisir un électeur du

---

1. *Correspondance d'Orient*, 15 décembre 1909, p. 1027.

second degré pour chaque fraction de 500, et cela au scrutin de liste, c'est-à-dire que chacun des 45 000 Pérotes devra voter pour 90 personnes. On calcule que Constantinople aura environ 850 électeurs du second degré, qui éliront les dix députés, dont cinq musulmans, deux Arméniens, un juif, deux Grecs.

On imagine ce qu'avait été le dépouillement de ces premières listes, puis la répartition des mandats entre les cultes et nationalités, puisque d'avance on avait décidé qu'il fallait cinq députés musulmans et qu'il ne fallait que deux députés grecs.

Dans tout l'empire, le Comité avait donc cru ne laisser passer que les siens. Mais, sitôt la Chambre réunie (novembre 1908), on constata que les anciens amis du prince Sabah-ed-dine, les anciens adhérents du *Comité de Décentralisation et d'Initiative privée*, n'avaient fait adhésion au C. U. P. O. que pour être élus : attirant à eux les Grecs et les Albanais, ils organisèrent l'*Union libérale*, qui disposa d'une cinquantaine de voix, tandis qu'une soixantaine d'Arabes faisaient une pareille sécession sous le nom de *Groupe Indépendant*; ces deux oppositions alliant leurs votes, il ne resta au Parti C. U. P. O. que 150 ou 160 fidèles à toute épreuve, en face de ces 100 ou 110 transfuges.

C'était encore une belle majorité. Mais ce ne fut plus un parlement silencieux. Il fallut discuter avec ces bavards, « aussi étrangers que leurs commettants aux conditions logiques et scientifiques qu'exige aujourd'hui toute élaboration systématique de doctrines morales et sociales ». Dès le premier mois, le fonctionnement de la machine positiviste fut compromis. Puis, de janvier à avril 1909, on vit grandir « la stérile anarchie que développait ce premier essai du régime constitutionnel ». Les factieux relevèrent la tête. Autour d'Abd-ul-Hamid, une *camarilla* se reforma qui trouva à des sources inconnues beaucoup d'argent et qui le distribua dans les casernes, parmi les gens de mosquée. Au parlement, une troisième opposition d'extrême-droite apparut (mars 1909) « pour maintenir le *Cheri* » contre les assauts des « juifs francs-maçons ». Ce parti *Mohamedi* ou du *Volcan* prêcha l'insurrection aux troupes, enrôla des *hodjas* et des *soflas* qui endoctrinèrent la foule et la basse soldatesque; soudain la contre-révolution du Treize-Avril expulsait de la Chambre et de Constantinople les gens du Comité.

Ils revinrent au bout de douze jours, grâce au dévoûment de leurs soldats de Salonique et de leur généralissime Mahmoud-Chevket. Ils reprirent le pouvoir. Dans le parlement épuré, ils retrouvèrent une majorité docile. Mais pour plus de sûreté, ils établirent le régime de la loi martiale; les conseils de guerre imposèrent le silence à tous les contradicteurs. La Chambre rentra dans son rôle : elle contresigna le budget et vota les lois que lui présentaient, toutes faites, les Sages; même, il ne fut plus besoin qu'une loi fût votée pour être appliquée « provisoirement ».

De mai à novembre 1909, le Comité fit ainsi promulguer par le Sultan toutes les lois « provisoires » qui lui semblaient utiles. En six mois, il bouleversa la vie sociale et administrative de l'empire et les relations traditionnelles des différentes nationalités : loi provisoire pour l'attribution des églises et biens ecclésiastiques aux communautés orthodoxes; loi provisoire pour le service militaire des chrétiens; loi provisoire sur les associations, sur les bandes armées et le port d'armes individuel; loi provisoire sur les concessions, sur les routes, sur les vilayets... Six mois de cette activité législative dressèrent une façade toute neuve au-devant de la Turquie hamidienne, où rien n'était changé : le bon plaisir et les exigences financières du Comité remplaçaient seulement l'arbitraire et les mangeries du Palais. Derrière ces lois provisoires et ce régime constitutionnel, l'empire maintenu sous l'état de siège était régi par les soldats; derrière le grand vizir, apparaissait en toutes occasions le généralissime Mahmoud-Chevket; derrière les fonctionnaires de la Porte, les officiers, les missionnaires ou les *fédaïs* du Comité.

A la rentrée du parlement (novembre 1909), une double opposition de droite et de gauche reparut : un *Parti libéral modéré* et un *Parti populaire*. Mais l'énergique Comité fit taire ces voix discordantes et régner « l'ordre dans les délibérations de l'Assemblée ». Ce que le Comité entendait par là, ses journalistes de Paris l'expliquaient dans leur *Correspondance d'Orient* (15 décembre 1909) :

> Tout ce que l'on peut reprocher au Comité *Union et Progrès*, c'est peut-être son autoritarisme. Nous ne le ferons pourtant pas. Si la cour martiale fonctionne, si certains journaux sont interdits, c'est que les événements du Treize-Avril ont prouvé que l'Empire n'était pas encore tout à fait préparé à la liberté absolue et que les chefs du gouvernement libéral avaient pour devoir étroit de ne pas laisser dégénérer cette liberté en licence. Certes, le régime actuel est un régime d'exception; ce n'est pas celui dont jouissent les peuples constitutionnels et démocrates de l'Europe occidentale; mais il n'est pas possible au gouvernement d'être plus tolérant en l'état actuel des choses, car le premier

besoin de l'Empire est celui d'une direction forte et énergique. Cette situation n'est d'ailleurs que provisoire : dans un avenir prochain, une opinion constitutionnelle se formera et fera un contrepoids salutaire aux tendances autoritaires du gouvernement. Mais ce moment n'est pas encore venu, et l'heure n'est pas propice aux divisions et aux attaques contre ceux qui ont toutes les charges et toutes les responsabilités.

Tous les partis qui peuvent se constituer aujourd'hui à la Chambre ottomane ne seront, si leurs membres sont de bonne foi, que des sous-comités *Union et Progrès*, c'est-à-dire des fractions inutiles et même dangereuses. Si, au contraire, ils ont une politique ferme et bien arrêtée en dehors de la majorité, cette politique ne peut être que réactionnaire, *car il n'y a pas plusieurs façons d'être libéral.*

Revendiquant « toutes les charges et toutes les responsabilités », le Comité se décida enfin à faire un gouvernement à son image. Au lendemain du Treize-Avril, il avait confié le grand vizirat à celui des hommes de l'Ancien Régime qui lui inspirait le plus de confiance et qu'il avait vu de plus près à l'œuvre, à l'ancien inspecteur général des réformes macédoniennes, Hilmi-pacha. De mai à décembre 1909, Hilmi-pacha avait été d'une loyauté, mais non pas d'une docilité complète à l'égard des Sept Sages. En décembre 1909, il dut céder la place à l'homme du Comité, au jeune ambassadeur à Rome Hakki-pacha, qui confia aux tout jeunes gens de Salonique, Djavid-bey et Talaat-bey, les Finances et l'Intérieur; Mahmoud-Chevket, tout en restant généralissime et souverain dispensateur de la loi martiale, devint ministre de la Guerre. Avant d'accepter le suprême honneur, Hakki-pacha avait posé ses conditions; elles étaient modestes; il exigeait seulement :

1° que la majorité parlementaire soutînt le cabinet;
2° qu'il eût la liberté de choisir ses collaborateurs;
3° qu'il eût le droit de diriger la politique étrangère;
4° qu'on lui accordât le temps matériel d'étudier les questions politiques avant que la Chambre l'interpellât;
5° qu'on lui laissât quelque liberté dans l'exercice de ses fonctions;
6° que la liberté du peuple ne fût plus entravée par des lois rigoureuses.

« Ces conditions, ajoutait la note officieuse, ont été communiquées au parti *Union et Progrès*, qui a tenu une réunion extraordinaire à laquelle assistaient Djavid-bey et Talaat-bey. Après une longue délibération, le parti a décidé d'accepter en principe les propositions de Hakki et on l'a invité à venir pour les discuter en détail. Hakki répondit alors seulement qu'il acceptait le grand vizirat. »

III. — LE NOUVEAU RÉGIME

De janvier 1910 à octobre 1911, vingt et un mois durant, le grand vizir Hakki-pacha allait garder le pouvoir et gouverner suivant la doctrine du Comité, qui voulait imposer la règle jeune-turque à tout l'empire, essayer de faire rentrer tous les sujets sous un régime de lois et de charges uniformes, exiger de tous les musulmans le renoncement à leurs exemptions d'impôts ou de service militaire, de tous les chrétiens le même service personnel dans l'armée, le même renoncement à leurs droits ecclésiastiques et scolaires, la même adhésion à la « patrie ottomane », la même éducation de leurs enfants dans la langue turque, la même rupture avec leurs congénères du dehors.

Les Jeunes-Turcs C. U. P. O. disaient : « Un Grec ottoman ne doit plus être qu'un Ottoman, sans attaches d'intérêts, sans communauté de sentiments ni d'espoirs patriotiques avec les Grecs du royaume; un Slave ottoman ne doit plus songer qu'à la prospérité turque et à la défense de l'Empire turc contre toute ambition de Sofia, de Belgrade ou d'ailleurs; tout chrétien de Turquie doit se garder surtout des sacrilèges appels d'autrefois à une intervention, garantie ou surveillance de l'Europe; traître, qui parle de réformes macédoniennes, d'union crétoise, de vilayets arméniens, d'écoles grecques, bulgares, arméniennes; traître, qui rêve de grandeur arabe ou veut perpétuer la licence albanaise, druze, kurde. »

Contre les traîtres individuels, la loi martiale, dont disposait le gouvernement, serait aidée par l'assassinat politique, dont il n'est pas douteux que le Comité ait approuvé l'usage. Contre les traîtres en groupes ou en nation, on recourrait à l'expédition militaire et à la canonnade.

Si les sujets consentaient à se plier à ce régime, on voulait bien leur promettre qu'il serait provisoire : dans quelques années, l'unité nationale étant assurée, on songerait à leur donner à tous l'égalité devant la loi constitutionnelle, la liberté de parole, de pensée et de vote. Tous, alors, seraient admis au plein honneur, au grand honneur du civisme turc : en cet empire militaire, dont tous seraient les soldats, tous deviendraient des citoyens de plein exercice. Mais il fallait d'abord que, par des années de résignation, d'obéissance, de bonne conduite, ils eussent donné la preuve éclatante de leur loyalisme ottoman.

Le Comité n'avait pas d'illusions sur les difficultés de cette entreprise. Mais il en avait de grandes sur ses forces et sur le dévouement de l'armée qu'il se croyait irrévocablement acquise. Il en avait de plus grandes encore sur le dévouement qu'il espérait de la Triplice, sur la tolérance qu'il escomptait de la Russie et sur les droits éternels qu'il pensait avoir à la reconnaissance de l'Europe libérale, de Londres et, surtout, de Paris... Et il en avait de touchantes sur la solidarité maçonnique dont il attendait de merveilleux effets pour contrecarrer au dedans et au dehors les machinations « cléricales » d'où qu'elles pussent venir : au premier signe de détresse, les Jeunes-Turcs croyaient que, dans les trois mondes, tous les frères se lèveraient pour les secourir...

Il leur fallut près de deux années avant d'apercevoir les dangers mortels où ces illusions mettaient leur Sultanat.

Sous le régime de l'état de siège et sous l'œil vigilant de Mahmoud-Chevket, la session parlementaire de 1909-1910 leur donna d'abord quelques sujets de satisfaction. Mais bientôt on ne put étouffer les criailleries des Arabes et des Albanais qui, dès maintenant, voulaient être traités en égaux, avoir leur juste part dans les dépouilles de l'ancien régime : dès janvier-février 1910, les séances de la Chambre étaient troublées par ces musulmans réfractaires à la discipline jeune-turque, et la presse était remplie de leurs théories subversives.

Les Arabes disaient : « Nous avons été les fondateurs, nous sommes les mainteneurs, nous devons être les conducteurs de l'Islam : à nous, à notre langue, doit revenir le soin d'introduire la pensée moderne dans l'Église de Mahomet; aux Turcs, les besognes laïques; à nous, la transformation religieuse. L'empire du Sultan-Khalife tout entier doit avoir deux langues officielles, le turc pour la gérance sultanesque, l'arabe pour la cohésion khalifale. La

Turquie d'Asie, d'autre part, se compose de deux royaumes : jusqu'au Taurus, c'est l'Anatolie turque où le turc et les Turcs doivent régner; au delà du Taurus, c'est la Syrie, la Mésopotamie, l'Hedjaz, l'Yémen, le monde arabe, que des fonctionnaires arabes doivent régir en arabe sous les ordres des ministres et du parlement ottomans. »

Les prétentions des Albanais allaient à partager l'administration de la Turquie d'Europe en deux royaumes aussi : jusqu'au Vardar, dans la Roumélie et la Macédoine turques, la Porte commanderait en turc par le moyen de ses fonctionnaires ottomans; au delà du Vardar, jusqu'à l'Adriatique, dans le pays albanais, l'albanais devait être la seconde langue officielle et les Albanais devaient avoir la préférence pour tous les emplois : « Nous avons été la force agissante de l'ancien régime, ajoutaient les Albanais : c'est notre énergique résistance qui, de 1903 à 1908, a tenu les projets du *giaour* en échec, empêché le succès des réformes macédoniennes : c'est nous qui avons alors sauvé la Macédoine. En 1908, ce sont encore nos *meetings* en armes, notre grande démonstration de Vérisovitch qui ont obligé le Sultan à rétablir la Constitution. Nous avions engagé notre parole à Abd-ul-Hamid. Nous avons daigné oublier nos engagements et nous sommes prêts à soutenir le régime nouveau, mais à la condition bien naturelle qu'il nous apporte au moins les mêmes avantages que l'ancien. C'est nous qui, de tout temps, avons fourni à l'empire ses grands administrateurs, ses ministres, ses ambassadeurs : aux Turcs, l'armée; aux Arabes, la religion; à nous, les grandes charges. »

Dans le Comité, siégeaient quelques Arabes : entre Jeunes-Turcs et Arabes, la discussion resta d'abord courtoise ; quand elle l'aurait voulu, la Porte n'aurait pas pu se passer du service des Arabes pour gérer cette Turquie d'Asie transtaurique où jamais, en effet, le turc n'avait pu s'implanter ; dans les honneurs et bénéfices du nouveau régime, les Arabes reçurent leur belle part. Mais entre Albanais et Jeunes-Turcs, subsistaient les souvenirs de ce Treize-Avril, où les gens du Comité avaient voulu voir la main de feu l'*Union libérale*, de leurs adversaires albanais et surtout de cet Ismaïl-Kemal-bey, qu'en chaque discussion parlementaire, le Comité retrouvait en travers de ses décisions. L'Albanie avec ses mérites et ses défauts était personnifiée en ce député de Bérat, type parfait du grand seigneur musulman et du grand fonctionnaire albanais d'ancien régime, en qui le Comité n'avait pas su reconnaître le seul grand vizir capable, peut-être, de fonder le nouveau Sultanat. Dès avril 1910, la rupture entre Albanais et Jeunes-Turcs semblait irréparable ; du parlement, la brouille passait dans le pays et 15 000 Albanais, réunis à Prichtina, déclaraient la guerre aux gens de Constantinople.

Les difficultés crétoises, qui survinrent (mai-juin 1910), rétablirent contre les Grecs un semblant d'unanimité musulmane et, le Comité se posant en champion du Khalifat, on atteignit sans crise ministérielle la clôture de la session (juin 1910). Mais les journalistes du C. U. P. O. ne se faisaient plus d'illusions sur la valeur des députés actuels : « Les vrais amis de la Turquie, disaient-ils, doivent considérer qu'une dissolution serait salutaire au pays. » Le

Comité, pourtant, se plaisait encore à espérer qu'à l'automne la Chambre lui reviendrait assagie et décidée à être « un instrument imparfait aux mains d'un ouvrier habile ».

A la rentrée de novembre 1910, les opposants reparurent, avec les pires sentiments. La révolte albanaise avait été atrocement réprimée. Les lois « provisoires » commençant de porter leurs fruits, les députés revenaient de leurs provinces, tout chargés des violentes colères de leurs nationaux : l'Islam et les chrétientés étaient en pleine rébellion. Les adversaires du Comité, traqués par la loi martiale, condamnés à mort par les conseils de guerre ou voués à l'assassinat par les *fédaïs*, organisaient à l'étranger, au Caire et à Paris surtout, des centres d'opposition irréductible. L'un des meilleurs serviteurs et des plus généreux bienfaiteurs du C. U. P. O.. le général Chérif-pacha, reprenait contre le nouveau régime, dans sa revue parisienne *Mechroutiette*, les attaques que, durant treize ans, le *Mechveret* d'Ahmed-Riza avait jadis menées contre le régime hamidien : ce *Constitutionnel ottoman*, « organe du parti radical ottoman », reprochait maintenant aux gens du Comité tous les crimes et délits, qu'eux-mêmes autrefois reprochaient à Abd-ul-Hamid. En Arabie, le cheïkh Seïd Idriss rompait avec Stamboul :

« J'avais conclu, disait-il, une entente avec le gouvernement; les réformes devaient être appliquées dans un délai d'un an au plus tard; non seulement il ne fut rien fait, mais les fonctionnaires se mirent à molester et à torturer la population, à la soumettre à un régime de terreur; la perception des impôts était accompagnée des procédés les plus brutaux. J'ai patienté encore une année. Maintenant, je ne reconnais plus aucune autorité. »

« Le pays de Bassorah, écrivait un fonctionnaire du *Comité*, était jadis le grenier du monde; aujourd'hui, les habitants meurent de faim; ces calamités, que j'ai subies moi-même pendant onze mois, n'ont pas d'autre cause que notre mauvaise administration. » Un membre du *Comité central*, député de Bagdad, écrivait au *Tanine* (le journal officiel du *Comité*), en rentrant de visiter ses électeurs :

Le long du Tigre, à partir de Hindié, toute la population riveraine, depuis l'âge de dix ans jusqu'à celui de soixante-dix, porte le fusil constamment. Tous, cultivateurs, irrigateurs et meuniers, travaillent le fusil à l'épaule. Les méfaits, soit contre le gouvernement, soit de particulier à particulier, ont été tellement innombrables qu'on peut taxer la situation d'anarchie...

Cette anarchie, que la plume est impuissante à décrire, s'accroît encore en violence quand on descend plus bas. Mon but, en racontant tout ceci, est de dire aux lecteurs de ne pas ajouter foi aux journaux de Constantinople qui prétendent que la tranquillité est parfaite dans l'Irak. Ma prochaine lettre dépeindra la situation encore bien plus terrible de Muntéfik à Bassorah.

40 000 hommes en Albanie, 10 000 hommes dans le Hauran saccageaient ces terres musulmanes et torturaient les peuples sans pouvoir obtenir la soumission.

Et voici qu'après les musulmans, les chrétiens entraient dans la danse : grisés de leur succès en Haute Albanie, les Jeunes-Turcs entreprenaient de « désarmer » la Macédoine; tout aussitôt, les bandes bulgares et grecques reparaissaient, et les prisons se remplissaient de prévenus.

A l'intérieur du C.U.P.O., entre les trois organes directeurs, — Gouvernement de Stamboul, Comité de Salonique et Parti au Parlement, — une intense désunion se laissait deviner, malgré le secret de délibérations et de négociations interminables. Deux courants d'opinions s'y heurtaient sans cesse : les Turcs turquisants voulaient d'une jacobine répression de tous les factieux; les musulmans non turcs désiraient une trêve avec les rebelles arabes, druzes, albanais, et des concessions aux diverses nationalités chrétiennes.

Dans le gouvernement même, deux coteries se disputaient la politique intérieure et extérieure. Les officiers, groupés autour de Mahmoud-Chevket, voulaient que tout l'effort des réformes et la majeure partie du budget fussent appliqués à la réorganisation militaire et que l'on remît à plus tard les vétilles de l'administration civile. Ces disciples de von der Goltz pensaient, comme leur maître, qu' « il faudrait sans doute une génération avant que la Turquie eût des administrateurs capables »; ce qu'il lui fallait tout de suite, c'était une armée qui maintînt l'unité et l'intégrité de l'empire. Et ces admirateurs de l'Allemagne ne voyaient d'assurance contre les embûches de la Russie ou les entreprises des Bulgares que dans une alliance avec Vienne et Berlin.

Les civils, au contraire, groupés autour de Talaat-bey et de Djavid-bey, comptaient sur l'instruction et la prospérité des peuples, sur les écoles et les travaux publics, sur la « mise en valeur » et les progrès de l'empire, autant que sur l'armée, pour faire l'unité ottomane. Ils désiraient que, dans les dépenses militaires, la flotte eût sa large part : instrument de répression ou de menace contre les Crétois et contre les Grecs, de prestige panislamique, la flotte, pour laquelle ils sollicitaient les souscriptions de l'Islam universel, leur apparaissait en cet été de 1910 comme l'arme indispensable du Khalifat... Et sans être enthousiastes de l'amitié française ou anglaise, ils entendaient que la Porte se gardât de toute compromission irréparable avec l'un ou l'autre des systèmes d'alliances européennes.

Les deux théories pouvaient être bonnes, et l'une ou l'autre, pourvu qu'elle fût appliquée, aurait sans doute évité à l'empire les désastres où nous le voyons aujourd'hui. Mais peut-être aurait-il fallu choisir entre elles, après discussion motivée, et, le choix fait, chercher et trouver les moyens de réalisation appropriés aux ressources de la Turquie nouvelle. Le malheur est que, civils et soldats, tous également dédaigneux des calculs et des contingences, étaient atteints de la même mégalomanie pour eux-mêmes, pour le nouveau régime et pour la nation turque.

La marche triomphale d'avril 1909 et la reprise, sans coup férir, de Constantinople avait enivré les soldats d'un orgueil qui touchait à la folie. Dans l'esprit d'un Mahmoud-Chevket, cette prise de Constantinople devenait l'un des grands faits de l'histoire militaire à travers les âges : les Vieux-Turcs jadis avaient mis un siècle à approcher, puis à forcer la Ville que les Jeunes-Turcs avaient enlevée en une semaine ; c'est qu'à l'invincible valeur turque, dont le soldat, aujourd'hui comme autrefois, restait animé, s'ajoutait maintenant l'infaillible science allemande dont les chefs avaient reçu l'initiation. Grâce à cette alliance des vertus héréditaires et des connaissances acquises, l'armée du Sultan redevenait ce qu'elle avait été aux xvie et xviie siècles, la première de l'Europe : dans le monde contemporain, la seule armée japonaise lui pouvait être comparée, parce que les Japonais, eux aussi, avaient su allier la science des Blancs à cette intrépidité, cette ténacité, cette discipline, cet esprit de sacrifice et ce mépris de la mort dont les seuls Jaunes ont le secret. Que manquait-il à l'armée de la Jeune Turquie pour renouveler les exploits japonais et changer la face du Levant, du monde islamique, comme les Japonais avaient changé la face du monde bouddhique et de l'Extrême-Orient? le nombre et l'argent : que l'on doublât, triplât le contingent et les crédits! et la Turquie, dotée d'une armée à sa taille, réglerait à sa fantaisie tous ses problèmes d'administration intérieure et de relations étrangères.

Doubler, tripler le contingent était, sur le papier, chose facile : l'ancien régime ne faisait porter le recrutement que sur les Turcs de race, un cinquième, un quart à peine de ses peuples ottomans ; il suffisait d'étendre à tous les Ottomans les obligations du service; une loi « provisoire » avait été promulguée; musulmans et chrétiens, tous les sujets de l'empire, désormais, seraient les soldats du Sultan...

On avait oublié seulement qu'Ottoman et Turc sont deux valeurs très différentes. Par le service universel, on obtenait une armée ottomane, mais on perdait peut-être l'armée turque : quelle force pourraient conserver les « incomparables » vertus des Jaunes, une fois diluées dans ce flot de Blancs, Arabes, Arméniens, Kurdes, Grecs, Albanais, Slaves,

que l'on enrôlait pêle-mêle sous le nom d'Ottomans?...
Et sur cette cohue qu'il fallait encadrer, vaille que
vaille, d'officiers sans instruction et de gradés novices, quelle prise pourrait avoir la science germanique, dont une élite seulement, une toute petite troupe d'initiés détenait encore le dépôt?

La cruelle expérience de la guerre balkanique
allait trop tôt montrer que ni la valeur turque ne
pouvait entraîner ces masses ottomanes, ni la science
européenne ne pouvait manœuvrer à l'aise en ce
pays encore barbare. La Jeune Turquie allait lever,
équiper, amener en ligne des centaines de milliers
d'hommes : elle ne pourrait ni les ravitailler à point
nommé ni les mouvoir en temps utile, faute de
l'outillage compliqué et du théâtre machiné d'avance
qu'exigent les rapides déploiements et les mathématiques combinaisons de la stratégie du jour. Les
victoires du Japon n'étaient venues qu'après trente
et quarante années d'une préparation minutieuse,
qui avait commencé par un aménagement de tout
le pays et une adaptation de la vie nationale aux
nécessités de la civilisation nouvelle... Lancer des
milliers de canons dans les plaines sans routes de
la marécageuse Roumélie, c'était les vouer d'avance
à l'enlisement; entasser un demi-million d'hommes
dans cette Turquie d'Europe dévastée par quinze
années de guerres civiles, ruinée par les bandes
et les *bachi-bouzouks*, c'était les vouer à la famine,
et, faute d'un réseau ferré et routier, au dénûment, à l'impuissance... On allait voir trop clairement en 1912 qu'il eût mieux valu pour le salut
de la Turquie conserver sa petite armée de soldats turcs et les rudimentaires organes de son

ancienne intendance, qui n'était pas moderne, à coup sûr, mais qui était adaptée à l'état du pays...

Mais, à force d'argent, les disciples de von der Goltz pensaient triompher de tout et, quand le ministre des Finances leur parlait d'économies, c'était sur la flotte qu'avec raison ils voulaient détourner la parcimonie gouvernementale : puisque l'on avait des cinquante millions de francs pour acheter à l'Europe de vieux cuirassés (août 1910), qui ne serviraient qu'au prestige du Khalife, pourquoi lésiner sur l'armée, instrument indispensable du Sultanat! Que l'on parvînt, en risquant peut-être le salut de l'empire, à épargner quelques dizaines de millions, le budget ne s'en solderait-il pas moins en déficit? Et la Turquie n'était-elle pas, malgré sa pauvreté présente, assurée d'un tel avenir de richesse qu'il était puéril de marchander sur cette prime de salut qu'était la force militaire?...

De toutes les idées qui conduisirent à mal la politique jeune-turque, aucune n'était plus communément admise de tous, civils et soldats, et aucune, n'étant plus fausse, n'eut des conséquences aussi désastreuses que cette folle estimation de la richesse de l'empire. A ces provinciaux, transportés dans les splendeurs des palais officiels, à ces pauvres officiers, à ces petits fonctionnaires, que l'ancien régime laissait sans argent et que le nouveau mettait comme au confluent de toutes les rivières d'or qui, du fond des provinces, accouraient au trésor de l'État, un éblouissement était venu dont ils ne pouvaient pas se reprendre : si l'empire, après les trente années de négligence et de ruines hamidiennes, pouvait encore donner de pareils revenus, que serait-ce — pensaient les Jeunes-Turcs — après quatre ou cinq années de régénération et de mise en valeur méthodique?

Le seul mot de mise en valeur éveillait dans leurs esprits l'image de richesses partout enfouies, qu'il s'agissait de découvrir, mais que peu de travail et peu de frais, quelques heureux coups de pioche allaient remettre au jour. A voir l'affluence en tous les ministères de Stamboul des courtiers, quémandeurs, lanceurs et brasseurs d'affaires, qui se disputaient la moindre concession, et les compétitions de la finance internationale, qui semblait ouvrir au nouveau régime un crédit illimité, et le zèle de tous les ambassadeurs à conquérir la place de leurs nationaux dans le partage des emprunts et des entreprises, les Jeunes-Turcs s'imaginaient disposer d'un immense, d'un inépuisable pays neuf où les exploitants de demain recommenceraient l'étonnante fortune des pionniers qui, depuis un siècle, avaient annexé les deux Amériques au domaine de la civilisation...

Or, l'Empire turc est l'un de ces vieux pays méditerranéens qu'à nous autres Français, l'Algérie et la Tunisie ont rendus familiers : usés par quarante siècles d'exploitation agricole ou pastorale, dévastés et rongés jusqu'au roc par douze siècles de conquête et d'incurie musulmanes, ils demandent un long travail et d'énormes capitaux pour renaître à la prospérité; si nous faisions le compte exact et complet de nos seules dépenses utiles en Algérie et en Tunisie, en défalquant ce qu'ont pu nous coûter nos fautes, notre ignorance ou nos insuccès, on verrait, je crois, qu'il faudra plusieurs générations encore pour nous rendre, non pas le capital engagé ni même le salaire de notre peine, mais seulement le juste intérêt de nos avances.

Les Jeunes-Turcs voyaient dans leur Turquie une si « bonne affaire » qu'ils pensaient faire une grâce à leurs sujets, comme à leurs bailleurs de fonds, en leur permettant d'y participer : dans quelques années, le seul titre de sujet ottoman aurait sur le marché mondial une telle valeur que les chrétiens les plus irréconciliables, les musulmans les plus rétifs seraient courbés par leur propre intérêt au loyalisme ; le crédit de l'Empire ottoman serait d'une telle solidité, on verrait dans les trois Turquies d'Europe, d'Afrique et d'Asie germer et s'épanouir de si vastes combinaisons financières que les puissances les plus hostiles seraient amenées à résipiscence par le besoin qu'elles auraient de ce marché nouveau.

Il ne fallait que se mettre en route, — disaient les oracles du Comité, — courir vers ce merveilleux avenir et, surtout, ne pas prendre peur des premières difficultés, ne pas s'arrêter aux tâtonnements, aux mesures de timide précaution qui sont peut-être nécessaires à la conduite des vieux États, mais qui ne sauraient être que béquilles gênantes pour la vigoureuse avancée des jeunes peuples. Équilibre budgétaire, économies, limitations ou classements de crédits : vieilles pratiques dont il fallait bien que s'accommodât la vieillesse des gouvernements européens ! La Jeune Turquie, elle, établissait son premier budget de 900 millions de francs sur 140 millions de déficit, le second sur 230 millions et le troisième sur 170 : ne devait-on pas semer à pleines mains, si l'on voulait récolter à pleins greniers?

Auguste Comte, qui savait l'utilité des additions bien faites, réservait encore à son parlement triennal la discussion et l'établissement du budget : les Jeunes-Turcs ne laissèrent même pas au leur ces attributions de comptable et Mahmoud-Chevket, poussant à bout la théorie, ne voulait reconnaître qu'au chef de l'armée le droit d'estimer les besoins et de vérifier les comptes de l'armée.

Dès octobre 1910, ces prétentions du généralissime amenèrent une crise ministérielle que l'absence du parlement permit de bien vite conjurer : le gouvernement jeune-turc se représenta intact devant la Chambre. Mais l'apparence ne trompait plus personne : la scission subsistait entre les civils et les soldats et, sitôt la Chambre rentrée (novembre 1910), la zizanie apparaissait entre le Comité et le Parti. Le mal n'était pas irréparable. Un grand vizir énergique eût ramené l'entente sur un programme gouvernemental, en tirant le débat au grand jour et en substituant les discussions d'idées aux questions de personnes. Le malheur est que le chef nominal du gouvernement, le grand vizir Hakki-pacha, n'avait été choisi que pour sa docilité; il avait posé, il posait encore comme première condition à la durée de ses services qu'on lui fournît une majorité parlementaire; il ne voulait connaître que cette majorité : « Le cabinet, disait-il à la Chambre, n'a aucun rapport ni avec le Comité *Union et Progrès* ni avec n'importe quel autre Comité. Il faut qu'on le sache bien parce que, les journaux d'Europe parlant toujours des rapports du gouvernement avec le

Comité, on finit par croire ici que ces rapports existent réellement. En vérité, il y a un Parti *Union et Progrès*, lequel a un programme, lequel programme a été accepté par le cabinet, lequel cabinet restera en fonctions tant qu'il gouvernera suivant ce programme; voilà tout. » Mais tout aussitôt le *leader* du Parti déclarait à la tribune que « le Comité était la force vitale de l'empire, que lui seul sauvait le pays de l'anarchie et pouvait maintenir la souveraineté nationale ».

Et l'on revenait aux luttes et aux tiraillements secrets entre ce Parti qui avait l'existence légale et non la force, et ce Comité, qui avait la force et pourtant n'existait pas aux yeux des gouvernants, ne devait pas exister aux yeux de l'Europe.

Dès novembre 1910, le grand vizir annonçait sa démission prochaine : le Comité s'apercevait alors qu'il n'avait personne pour le remplacer : Kiamil, Saïd, Férid, Tevfik, Hilmi, on avait usé tous les hommes d'État hamidiens et personne parmi les Jeunes-Turcs n'avait l'audace, la salutaire audace de se camper en ce poste où les peuples, disait-on, voulaient voir une barbe blanche, grise, une barbe tout au moins. Ces fougueux révolutionnaires, accoutumés à cheminer dans l'ombre, semblaient reculer devant le grand jour.

Le Comité, du fond de sa maison grillée de Salonique, voulait n'avoir dans le ministère et dans le Parti que des comparses; il se défiait de ses propres membres dès qu'ils donnaient quelque preuve de caractère ou de talent : les « purs » de Salonique redoutaient l'indépendance que le pouvoir suprême donnerait aux « habiles » de Constantinople.

Quant à Mahmoud-Chevket, il restait une vivante énigme : respect de la constitution et de la parole jurée, conscience de sa faiblesse morale et de son inexpérience politique, crainte des *fédaïs* et du poignard vengeur, attente fataliste de ce qui devait arriver ou simple habitude de la discipline, à quels sentiments, à quelles pensées obéissait ce soldat qui ne semblait vouloir à aucun prix d'une dictature militaire? Ce conquérant de Constantinople reculait au seuil de la Sublime Porte où chaque crise ministérielle le ramenait, où, pour le salut de l'empire, il eût mieux valu peut-être que, dès 1910, il osât pénétrer... Et sans autorité personnelle, sans majorité compacte, Hakki-pacha consentait à rester aux affaires pour servir d'arbitre impuissant entre les civils et les soldats, le Parti et le Comité, la majorité et l'opposition, la capitale et les provinces, les Turcs et l'Islam, les conquérants et les sujets.

***

La Chambre ne voulait plus obéir : sur 160 députés inscrits au Parti, une centaine seulement demeuraient fidèles au Comité; les autres s'abstenaient dans les votes décisifs, en face d'une opposition qui disposait, elle aussi, d'une centaine de voix. On perdait six semaines à voter l'adresse, à réclamer un changement de cabinet, que tous savaient impossible, le Comité n'ayant pas un rechange de ministres à offrir à la Chambre, et la Chambre ne pouvant rien sans cet omnipotent et omniprésent Comité qui comptait 400 000 adhérents, répartis sur tout l'empire, et dont les comités et sous-comités locaux, de départements, d'arrondissements, de communes, de quartiers, surveillaient, tenaient l'administration tout entière et avaient à leur solde tous les officiers de la gendarmerie et un quart au moins des officiers de l'armée.

Impuissants contre l'institution, les opposants essayaient du moins de renverser les hommes, de décrier surtout les trois ou quatre têtes de cette « tyrannie franc-maçonnique », Talaat, Djavid, Djahid et Halil-beys, dont « l'intolérant fanatisme », ayant poussé à bout les Druzes et les Albanais, disait-on, acculait maintenant toute l'Arabie à la révolte : en janvier 1911, il fallait embarquer une armée de trente mille hommes pour reprendre Médine aux Bédouins et rétablir les autorités chassées de l'Yémen; en février, les Albanais se réfugiaient par milliers au Monténégro et imploraient l'intervention du roi Nicolas; au parlement anglais, lords et *commoners* dénonçaient « l'atroce répression que, sous prétexte de désarmement, les Jeunes-Turcs installaient en Macédoine ».

Le Comité de Salonique s'entêtait en sa politique de nivellement : il ne consentait qu'à soumettre à la Chambre une *Loi des Vilayets*, qui décentraliserait, au profit des valis, les pouvoirs des ministres, et donnerait à ces gouverneurs généraux quelque initiative financière, mais sans augmenter le contrôle des populations ni faire la moindre part à leurs us et coutumes.

Le Parti, mieux placé à Constantinople pour juger de l'opinion générale, sentait l'irritation profonde que faisaient naître partout les pratiques de ce gouvernement occulte et le régime de l'état de siège. Il essayait vainement de ramener le Comité à une politique conciliante (décembre 1910-janvier 1911); le député Riza-Tevfik revenait de Salonique, sans avoir pu convaincre les « purs » :

« Je n'ai pu, disait-il, faire comprendre aux membres du Comité combien il serait urgent d'arrêter les bases d'un véritable programme gouvernemental, pour éviter le mécontentement général qui s'accentue de jour en jour... Nous voudrions travailler à une décentralisation des pouvoirs civils; mais le gouvernement, inspiré par le Comité, persiste dans son erreur et croit au contraire que la centralisation est absolument nécessaire. Si le ministre de l'Intérieur avait pris en considération les renseignements que je lui ai fournis sur la situation critique de l'Yémen, le gouvernement ne se serait pas engagé dans un fol essai de répression par la force. »

Bientôt, les nouvelles de l'Yémen et du Hauran, de l'Albanie et de la Macédoine empiraient. Les discussions de la Chambre tournaient aux insultes et au pugilat. On attribuait au seul Comité tous les méfaits de la loi martiale, les arrestations arbitraires, la torture infligée aux prévenus et même aux témoins, le silence imposé à la presse; on reprochait surtout à Talaat-bey, ministre de l'Intérieur et grand-maître de la franc-maçonnerie ottomane, le décri public que le parlement anglais jetait sur son administration en Macédoine. Dans le Parti, nombre de députés macédoniens, et dans le pays, surtout en haute Macédoine, nombre de comités et sous-comités menaçaient d'une défection ouverte, si l'on ne renvoyait pas ce « tortionnaire de l'Albanie ». La dissolution de la Chambre et des élections nouvelles, mieux surveillées encore que celles de 1908, semblaient déjà le seul remède.

Remède hasardeux! Toujours manquant d'audace et ne voulant user que de chemins couverts, le Comité décidait de « rester dans la voie légale »; il négociait avec les comités de Macédoine, leur accordait, semble-t-il, la « démission » de Talaat, mais installait à l'Intérieur le président du Parti et appelait Talaat à cette présidence vacante (16-23 février) : « Rien n'est changé, disait aussitôt le nouveau ministre : Talaat et moi, nous avons les mêmes principes; je suivrai la même politique. » Et le ministre des Travaux Publics, déplaisant au Comité, était « démissionné » sans autre forme de procès.

On put croire un instant que le grand vizir Hakki-pacha allait secouer le joug : « Il voulait en finir, disait-il, avec ces démissions forcées et prendre lui-même des collaborateurs qui, tout en possédant les qualités nécessaires, eussent la confiance de la majorité. » Alors le Comité menaçait de le « démissionner » à son tour et il offrait la succession à l'un des plus vieux hommes d'État hamidiens, à l'ex-grand vizir Saïd-pacha. Mais Saïd avait, lui aussi, la prétention de désigner ses collaborateurs. On remettait donc Hakki-pacha en selle et, pour prolonger indéfiniment l'état de siège, que l'on avait promis de bientôt supprimer, on alléguait les redoutables intrigues d'Abd-ul-Hamid : de sa prison de Salonique, il était, disait-on, l'instigateur de l'Albanie, de l'Arabie, de l'Islam entier contre la Constitution... Et l'on décidait qu'aux beaux jours, le vrai Sultan-Khalife, Mahomet V, en personne, parcourrait la Macédoine et l'Albanie pour bien montrer aux Croyants que les gens de Salonique avaient sa confiance.

Mais le « modérantisme » continuait ses progrès à la Chambre, dans le Parti, jusque dans le Comité : de graves accusations étaient semées contre les manieurs d'argent qui, pour le compte de l'État ou pour le C. U. P. O., encaissaient et dépensaient des millions sans rendre de comptes à qui que ce fût. C'était maintenant le ministre des Finances, le « petit juif de Salonique », Djavid-bey, que voulaient chasser les opposants : les haines parlementaires aboutissaient à un soufflet sur la joue de celui que les Albanais tenaient pour leur chef, le député de Bérat, Ismaïl-Kemal ; de cet affront mortel, sortait l'irréconciliable révolte de toute l'Albanie...

En avril 1911, le Comité devait céder encore ; le Congrès général votait un nouveau règlement du Parti :

1° Les députés ne s'occuperont pas de concessions ni d'autres affaires dans le but d'en tirer profit.

. . . .

4° Les députés obéiront scrupuleusement aux lois et veilleront au maintien du principe de la responsabilité ministérielle.

. . . .

6° Ils veilleront au développement de la civilisation occidentale dans le pays, *tout en maintenant les us et coutumes nationaux et religieux.*

7° *Ils sauvegarderont et continueront les traditions de l'histoire ottomane dans les limites de la constitution.*

En mai, nouveau sacrifice : Djavid-bey quittait la place aux exigences de Mahmoud-Chevket et le règne du Comité semblait pencher à sa fin. Mais le

Sultan restait fidèle à ceux qui l'avaient mis sur le trône : Mahomet V prenait Djavid-bey pour guide de sa tournée en Macédoine et en Albanie. De cette impériale visite, que les peuples attendaient avec une religieuse émotion, le Comité réglait à sa guise et pour son utilité tous les détails : il apparaissait en toute rencontre comme l'ordonnateur suprême, dont le Khalife n'était que le figurant. Au Club israélite de Salonique, le grand vizir présidait une « tenue » pour exalter les mérites du Comité : « Le Comité *Union et Progrès*, disait-il, était révolutionnaire au début. Mais aujourd'hui, c'est une institution politique et sociale, nécessaire à la vie de cet empire que l'ancien régime vouait à la décadence et à la mort. Ces hommes, dont les noms passeront à l'Histoire, sont mes amis, mes coreligionnaires politiques. J'ai travaillé et je travaillerai toujours avec eux. » Et le Sultan laissait 115 000 francs au Comité pour « ses œuvres de bienfaisance[1] ».

Mais ce voyage triomphal n'eut pas les suites qu'on en avait espérées : l'Albanie, après une solennelle promesse de soumission, que l'on avait payée

---

1. Le *Mechrouttette* d'août 1911 publiait les remerciements du Comité, dont il disait traduire textuellement l'adresse au Sultan :

« A S. M. I. le Sultan.

« Que Dieu maintienne éternellement sur le bienheureux trône d'Osman Votre Majesté Impériale, le Khalife miséricordieux, notre bienfaiteur suprême, notre auguste souverain, et accorde à ses sujets l'infinie félicité de ses innombrables grâces et de sa haute magnanimité. Amen.

Le Comité *Union et Progrès*, fier de se consacrer à la gloire de la patrie, encouragé et guidé par les marques de la bienveillance impériale dont il a été de tout temps honoré, phare protecteur de salut qui répand sa lumière sur l'horizon sans limites de la voie de la régénération du progrès qu'il s'est tracée pour comptant, resta en armes ; elle ne voulait de réformes ottomanes que sous la garantie de l'Europe ; elle parlait même d'autonomie et ses chefs, réfugiés au Monténégro, négociaient avec l'Autriche pour obtenir que l'on créât entre le Vardar et l'Adriatique une Grande Albanie à laquelle on donnerait, sous la surveillance autrichienne, un régime spécial.

Tous les fonctionnaires et la plupart des officiers albanais, tous les Albanais du Parti et des comités locaux semblaient approuver les exigences quasi séparatistes de leurs compatriotes : les plus sages, groupés autour d'un colonel Sadyk-bey, qui passait pour le confident de Mahmoud-Chevket, s'efforçaient de constituer un « parti constitutionnel modéré », qui tînt tête au C. U. P. O. et rendît quelque influence au parlement. Les *fédaïs* du Comité traquaient aussitôt ces dissidents, assassinaient leur journaliste Zeki-bey et se vantaient tout haut de n'avoir agi que par ordre : en réponse à cet attentat (c'est un pareil attentat contre un journaliste albanais, qui avait déchaîné la révolution du Treize Avril), un mystérieux incendie dévorait 2 200 maisons dans Stamboul et motivait plus de quatre cents arrestations. La crise se compliquait de la brouille renouvelée entre le

---

toujours, avait persévéré avec orgueil dans sa marche vers le perfectionnement qui forme le fond des hautes aspirations de sa personnalité morale. Cette fois, votre humble serviteur Hadji Adilbey, secrétaire général du Comité, vient d'être informé que cinq mille livres avaient été généreusement offertes par Votre Majesté pour les œuvres de bienfaisance du Comité. Ce nouveau témoignage de munificence, qui éclaire d'un rayon doré les saintes vues du Comité, a rempli de gratitude et de reconnaissance pour Votre Majesté Impériale, tous les cœurs de notre Comité et des comités régionaux. Aussi osons-nous déposer aux pieds du trône nos remerciements et notre infinie vénération.

généralissime et le nouveau ministre des Finances...
Et les bandes ravageaient la Macédoine, et l'Europe commençait à reparler des réformes nécessaires.

Le Comité se sentit acculé à un coup d'État ou à un changement complet de personnel et de méthodes. A son habitude, il hésita, remit de semaine en semaine (juillet-août 1911), attendant l'issue de la querelle que venait de rouvrir entre Paris et Berlin l'envoi du croiseur *Panther* devant Agadir : trois mois durant (juillet-octobre), l'Islam entier avait les yeux sur ce port musulman où les *giaours* allaient peut-être en venir aux mains; l'Empereur de von der Goltz, l'Ami des Croyants, allait-il enfin se souvenir de ses promesses et commencer par le Maroc cette libération de l'Islam que, depuis vingt ans, on attendait de lui?

L'heure était décisive : pendant que les Français, montés à Fez, achevaient de mettre en servage le chef spirituel et temporel, le Sultan-Chérif de l'Islam occidental, les Russes reprenaient leur offensive en Perse. Contre les Jeunes-Persans qui, un an après les Jeunes-Turcs à Stamboul (1909), avaient proclamé le régime constitutionnel à Téhéran, Pétersbourg députait aujourd'hui son ancien salarié, l'ex-chah Mohammed-Ali afin de rétablir l'absolutisme (juillet 1911). En Perse comme au Maroc, l'Angleterre laissait faire, elle qui, si longtemps, avait eu pour dogme l'intégrité de tous les empires musulmans et qui, de Gibraltar à la muraille de Chine, voyait dans les islams marocain, turc, persan, afghan, le meilleur rempart au-devant de son Inde!... L'Allemagne de Guillaume II allait-elle reprendre l'ancienne politique musulmane de Londres?

Hélas! première déception! En août 1911, Berlin et Pétersbourg publiaient enfin cette convention de Potsdam, que, depuis novembre 1910, on négociait, retouchait, avouait, désavouait et reprenait : Guillaume II, moyennant le profit d'une ligne ferrée à construire entre Bagdad et Téhéran, abandonnait aux Russes la Perse constitutionnelle... La surprise était cruelle; il fallait une victime : Hakki-pacha, qui, depuis son voyage en Europe d'août 1910, s'était porté garant du dévouement de la Triplice, des sentiments de Vienne, surtout, et de Berlin, devait céder à plus habile la direction des affaires; l'absolu dévoûment de Mahomet V allait permettre au Comité de rétablir Djavid et Talaat.

Mais, une fois encore, les gens de Salonique hésitèrent devant les responsabilités du grand vizirat; en une crise aussi grave, où le sort de tout l'Islam se débattait, ils s'avouaient leur incompétence diplomatique; et vainement parmi les serviteurs du régime hamidien, ils cherchaient un grand vizir qui, se chargeant de la politique étrangère, voulût bien leur abandonner la politique intérieure... Cahincaha, le cabinet Hakki-pacha se remit en route.

Seconde déception, plus cruelle encore! Vers le milieu de septembre, Paris et Berlin trouvaient une formule d'accord : moyennant un honnête profit congolais, Guillaume II laissait le Maroc et l'islam du Couchant sous la main de la France... Survenait une conséquence attendue par toute l'Europe, mais inattendue par les Jeunes-Turcs : cet accord franco-allemand faisait surgir les prétentions de l'Italie sur la Tripolitaine (septembre-octobre 1911).

Avant que la Porte eût eu le temps de répondre aux

premières ouvertures à ce sujet, un ultimatum, puis le bombardement de Tripoli et le débarquement des troupes italiennes ouvraient les hostilités. Et le grand vizir avouait que rien là-bas n'était préparé pour la résistance : les amis de Vienne et de Berlin avaient conseillé jusqu'au bout de ne rien craindre, de ne pas fortifier Tripoli, pour ne fournir aucun prétexte aux gens de Rome ! et le grand vizir était d'avis maintenant que, même au prix de toutes les concessions, il fallait accepter la paix !

Le Comité pensa qu'une telle paix serait la fin de l'Empire turc : si le Khalife abandonnait sans combattre cette terre musulmane, où le christianisme ne comptait pas un adhérent, cette province arabe d'Afrique, où depuis douze siècles, la loi du Prophète n'avait pas un rebelle, tout l'islam arabe, déjà travaillé par les révoltes, ferait sécession et s'en irait au Caire ou à La Mecque chercher quelque Successeur du Prophète qui gardât confiance en l'aide de Dieu.

***

Le 1ᵉʳ octobre 1911. Hakki-pacha était renversé. On ne trouvait, pour lui succéder, que ce vieux et douteux Saïd-pacha, dont le Comité, depuis un an, hésitait à accepter les services. Il est vrai que Mahmoud-Chevket gardait son portefeuille de la guerre et ses fonctions de généralissime et qu'en Mahmoud-Chevket, pourvu qu'on lui laissât la pleine disposition de son budget, le Comité continuait d'avoir le plus loyal des collaborateurs. Mais le crédit du généralissime baissait dans l'armée, à mesure que baissaient aussi les espoirs de cette alliance allemande dont von der Goltz avait peut-être bercé ses élèves; même l'armée de Macédoine commençait à perdre de son aveugle fidélité... La guerre à outrance contre les Italiens, les revendications à outrance contre les Crétois devenaient la seule politique qui pût regagner au Comité l'obéissance de l'Islam et le dévoûment des soldats.

Quatre demandes successives de médiation ayant été présentées par la Porte aux puissances et n'étant pas accueillies, le Congrès du C. U. P. O. donnait mission au Comité d'imposer « la résistance jusqu'au bout ». Mais comme il télégraphiait au grand vizir de « refuser toute concession à l'Italie », par dépêche Saïd-pacha répondait « n'avoir pas d'ordre à recevoir et ne reconnaître au Congrès aucun droit de surveillance sur la politique de l'empire ».

Le Comité se proclamait alors Comité de Salut public. Il se transportait de Salonique à Constantinople. Il voulait renverser le gouvernement, dissoudre la Chambre, déposer le Sultan, introniser Youzouf-Izzeddine, l'héritier présomptif, dont il escomptait un dévoûment plus énergique... Mais dans la Chambre réunie (14 octobre), il ne restait que 80 députés fidèles, et l'opposition, croyant tenir la victoire, se déclarait violemment contre Mahmoud-Chevket, qu'elle accusait de viser à la dictature, contre Saïd-pacha, dont elle incriminait la sénilité; elle ne réussissait qu'à les rejeter, l'un et l'autre, sous la dépendance plus étroite du Comité :

> Les journaux m'accusent d'être dictateur, disait Mahmoud-Chevket à la séance du 8 novembre; or quand je vins à

Constantinople, je disposai durant quinze jours du pouvoir absolu, et je pouvais faire fusiller tous mes ennemis... Je personnifie l'armée : m'attaquer, c'est attaquer l'armée. Si vous continuez ainsi, nul homme honorable n'acceptera plus désormais d'entrer dans un ministère.

Un député de l'opposition vint un jour me dire : « Kiamil-pacha vous estime beaucoup ; resteriez-vous ministre de la Guerre s'il devenait grand vizir ? » Je lui répondis : « Vous n'avez aucune force. Je ne vois de force que dans le parti *Union et Progrès* ; si Kiamil-pacha entre dans le parti et devient grand vizir, je resterai ministre. »

Et Saïd-pacha ajoutait, avec toute l'énergie d'un vieillard de quatre-vingts ans : « Il n'y a pas de dictateur en Turquie ; s'il y en avait un, je le ferais arrêter immédiatement. Je n'appartiens à aucun parti ; je veux travailler avec le parti *Union et Progrès* ; mais je serais le premier à marcher contre lui, s'il ne servait pas les intérêts de l'empire. »

L'annonce d'échecs italiens en Tripolitaine donna quelques semaines de répit à cette nouvelle combinaison : le Comité sembla renoncer à toute autorité nominale pourvu que la guerre fût poursuivie coûte que coûte. Mais sous le nom d'*Entente libérale*, tous les opposants et dissidents firent bloc : officiers démissionnaires, anciens délégués ou adhérents d'autrefois, qui refusaient désormais les ordres du Comité, députés musulmans des provinces arabes et albanaises, députés chrétiens de Macédoine et d'Anatolie, tous les mécontents préconisaient un régime de décentralisation qui « tînt compte des tempéraments et des possibilités de chaque région ». L'agression italienne et la « trahison » de l'Europe suscitaient parmi les gens de religion une haine du *giaour* fort excusable et une violente colère contre ceux qui voulaient, dans l'Islam, implanter les mœurs de l'Infidèle. A la fête du Courban-Bairam, les prêches se faisaient ouvertement contre le Comité; à Salonique même, le mufti osait prendre pour texte et appliquer aux *fédaïs* le verset du Coran : « Si l'assassin doit être blâmé et puni, le cerveau qui a dirigé cette main coupable doit être mis au ban de la société. » Une balle, déposée sur le seuil de ce saint personnage, l'avertissait qu'il était condamné à mort par le tribunal secret; mais le scandale était si grand que la sentence ne pouvait pas être exécutée.

L'opposition avait conquis le Sénat, où les anciens collègues et rivaux hamidiens de Saïd-pacha, les Hilmi, les Ferid, les Kiamil, après avoir refusé d'entrer en son ministère, semblaient coalisés contre lui : comme aux plus beaux jours d'Abd-ul-Hamid, toute la politique de la Porte se résumait à la lutte quotidienne entre l'octogénaire Saïd et l'octogénaire Kiamil, l'un se posant en adversaire du Comité, puisque l'autre s'en disait l'allié, et Saïd penchant à l'alliance allemande, puisque Kiamil avait la confiance de l'Angleterre.

L'opposition troublait les séances de la Chambre, refusait la parole aux ministres, prétendait même à les renverser. Au début de janvier 1912, une petite crise, qui durait à peine une journée, remplaçait le cabinet Saïd par un autre cabinet Saïd, dans lequel un nouveau Cheikh-ul-Islam succédait en ce ministère des Affaires ecclésiastiques au fr.·. Moussa Kiazim, député de Salonique et vénérable de la loge *Macedonia risorta*.

Le travail parlementaire devenait impossible, disait le Comité; même l'administration courante, même la défense de l'empire attaqué était quotidiennement empêchée par les « traîtres » de l'opposition : il fallait dissoudre la Chambre et procéder à des élections nouvelles.

On dissout (18 janvier 1912); pour réussir pleinement cette fois les élections, le Comité et le gouvernement contractent une alliance plus intime : c'est un membre du Comité, Hadji-Adil-bey, qui prend le ministère de l'Intérieur; Djavid-bey rentre au conseil comme ministre des Travaux publics; Talaat-bey, titulaire des Postes et Télégraphes, gérera en vérité l'Intérieur, pendant que le ministre titulaire ira longuement enquêter sur l'état et les revendications de la Macédoine et de l'Albanie; on émet un emprunt de quarante millions de francs; le Comité s'installe auprès de la Sublime Porte et son théoricien ordinaire, le Dr Nazim-bey, explique d'avance aux journalistes comment l'on entend « faire les élections » :

« Les élections de 1908 ont été faites dans le seul but de sauvegarder le régime constitutionnel; dans nos clubs, nous avions admis, sans aucun contrôle, tous ceux qui venaient à nous; nous soutenions la candidature de tous ceux qui nous affirmaient leur dévouement. Il en est résulté que 220 députés ont été élus comme unionistes et qu'aujourd'hui il en reste environ 140. C'est une leçon dont nous profiterons.

« Je puis vous affirmer dès maintenant que nous exigerons de sérieuses garanties des candidats qui voudront se présenter aux élections sous notre égide : ils devront jurer qu'ils acceptent sans conteste notre programme politique, tel qu'il fut arrêté dans le Congrès général, tenu à Salonique.

en novembre dernier. Ce serment devra être solennel; il ne sera pas momentané; on l'exigera pour toute la durée du mandat.

« Vous trouvez cela bien draconien, bien arbitraire; mais cela est indispensable, si nous voulons avoir un gouvernement fort, qui puisse mener à bien l'étude des nombreuses lois touchant nos grandes questions de rénovation intérieure, qui soit capable de donner à l'Europe une impression de force et de stabilité.

« C'est de l'autocratie déguisée; ce sera un semblant de régime constitutionnel. Tout cela est très possible; mais l'expérience tentée pendant ces trois dernières années nous a prouvé que l'éducation politique du peuple ottoman est à peine commencée : les députés arrivent à la Chambre sans avoir conscience de leur mandat, sans avoir étudié aucune question, pas même celles qui intéressent les besoins économiques de leur circonscription. Il nous faut donc un ministère suppléant à l'incapacité de la plupart des députés et pouvant leur imposer sa volonté. »

En trois années de régime constitutionnel, on n'avait pas trouvé le temps de voter la loi électorale qu'annonçait la Constitution de 1876 et qu'en ses trente-deux ans de règne, Abd-ul-Hamid avait pareillement négligée. On n'avait pas davantage organisé l'état civil. Les élections allaient donc se faire suivant les errements de 1876 et de 1908 : élections à deux degrés; par 500 électeurs, un délégué du premier degré; par 50 000 électeurs, un député; les désignations et élections n'auraient pas lieu le même jour dans tout l'empire; le bon plaisir de l'administration pourrait les échelonner sur trois mois. Le même bon plaisir dresserait les listes électorales : tout Ottoman âgé de vingt-cinq ans a le droit d'être inscrit; mais faute de registre des naissances, il n'est pas d'Ottoman qui puisse prouver son âge et sa nationalité ; nombre de chrétiens pourront être écartés comme sujets bulgares, grecs ou serbes, non pas ottomans.

De février à mai 1912, on « fait » les élections. Après deux ou trois mois d'opérations compliquées, les élus commencent de reprendre séance (18 avril) ; à la fin de mai, la Chambre étant presque au complet, on peut constater que les élections ont été bonnes : sur 260 députés, le Comité n'a que quinze ou vingt opposants ; tous les autres ont prêté le serment solennel [1]. Les deux bruyantes, mais inoffensives démonstrations des Italiens devant Beyrouth et devant les Dardanelles (février et avril) ont groupé l'Islam autour des défenseurs du Khalifat ; la politique crétoise de Saïd-pacha a achevé de lui rendre la confiance de tous les musulmans, sauf des Albanais qui restent en armes. Mais c'est aux délégués du Comité que revient le principal mérite de ces

---

[1]. Voici, d'après le *Mecheroutiette* de mars 1912, la formule du serment : « Je jure sur ma religion et mon honneur qu'à partir du moment où je me fais membre du Comité, qui a pour but principal le progrès et la prospérité de notre patrie et l'union de tous les Ottomans, je travaillerai conformément aux règles et aux lois du Comité et que je ne dévoilerai jamais aucun secret de la Société à personne qui ne soit pas membre du Comité et surtout aux membres n'ayant pas le droit de connaître les secrets du Comité. Je jure que je n'hésiterai jamais à remplir les devoirs dont je serai chargé et les décisions du Comité qui ont pour but d'appliquer entièrement la Constitution et d'assurer le maintien du régime constitutionnel. Je ne trahirai jamais le Comité et je veux tuer immédiatement, aussitôt que je recevrai l'ordre du Comité, tous ceux qui trahissent le Comité ou qui travaillent à mettre obstacle aux desseins sacrés du Comité. Au cas où je ne tiendrais pas ces promesses officielles, *je livre dès à présent mon sang* qui coulerait à la suite d'une condamnation à mort, exécutée par les hommes du Comité, qui ont le devoir de poursuivre le traître partout où il sera trouvé. »

élections : ils n'ont rien ménagé pour les obtenir, ni l'argent (on dit que cinq millions de fonds secrets ont été dépensés dans la seule Macédoine), ni les arrestations, expulsions, jugements en conseils de guerre, sans parler de la bastonnade, de l'assassinat et de l'épuration des listes électorales : le gouvernement anglais, scandalisé de cette caricature de « son » régime parlementaire, menace de publier les rapports de ses consuls, lesquels sont unanimes à déclarer que, de ces élections, pas une peut-être n'a été régulière.

Les résultats satisfont pleinement le Comité. L'exemple de la Grèce et de l'œuvre colossale qu'ont achevée en quelques séances les députés de M. Vénizélos, l'a rempli d'une ardente émulation : il va présenter au parlement 142 projets de lois, dont la plupart sont déjà en vigueur « provisoire ». Mais il veut que l'on vote d'abord la loi des vilayets : laissant au pouvoir central toute l'administration, elle donnera du moins à chaque province un petit budget autonome pour l'instruction et les travaux publics. Il veut aussi qu'un nouveau régime immobilier permette d'ouvrir toute la Turquie aux entreprises étrangères et déclanche enfin cette « mise en valeur » qui doit ramener l'âge d'or. Il veut surtout continuer la guerre : il espère que la résistance arabe en Tripolitaine finira par lasser le peuple italien et qu'une crise ministérielle ou même dynastique (c'est l'idée du ministre des Affaires étrangères, Assim-bey) obligera le gouvernement de Rome à proposer des conditions honorables.

Mais, à peine au travail, la Chambre est secouée de furieuses haines entre les personnes, et les ministres se divisent sur l'urgence de certaines réformes que les *sariklis*, les « enturbannés », estiment prématurées : une crise ministérielle éclate dès la fin de mai, semble conjurée, puis couve à nouveau durant des semaines. L'apparition des vaisseaux italiens dans l'Archipel et l'occupation d'Astypalée, de Rhodes et des îles voisines par les troupes italiennes montrent le gouvernement également incapable de défendre les abords de la Turquie d'Asie et d'obtenir un veto des puissances au-devant des Dardanelles menacées. Le triomphe trop complet du Comité aux élections a exaspéré ses adversaires, surtout les grands féodaux albanais, qui maintenant appellent leurs compatriotes à la révolte. L'armée de Macédoine, où les officiers albanais sont nombreux, prête l'oreille à ces excitations.

A la fin de juin 1912, dans cette même ville de Monastir, qui fut en juin-juillet 1908 le centre du *pronunciamiento* constitutionnel, les soldats, conduits par leurs officiers, quittent les casernes et gagnent la montagne; le général télégraphie qu'il faut envoyer des bataillons de Salonique contre ce *Parti des Patriotes*, qui a des affiliés dans toutes les garnisons du nord. Démission du ministère, dont l'incapacité conduit l'Empire au désastre; suppression du C. U. P. O.; dissolution de la Chambre; nouvelles élections, libres cette fois; décentralisation tenant compte des besoins des nationalités : tel est le programme de ces Patriotes.

Les gens de Constantinople, malgré les avis de Salonique, veulent d'abord tenir tête : ils font voter par la Chambre une loi énergique « contre l'immixtion des officiers dans la politique ». Mais le Sénat amende cette loi, et dans toute l'armée, l'opinion se prononce contre Mahmoud-Chevket qui, durant la période électorale, a fait donner la troupe contre les adversaires du Comité, qui depuis trois ans a livré au favoritisme du Comité les promotions et les soldes, qui tolère, dit-on, une effroyable concussion dans l'intendance et qui, disposant sans contrôle d'un budget égal à celui de tous les autres ministères réunis, n'a su armer ni la Tripolitaine ni les Iles, mais a gaspillé contre l'Albanie, contre les Arabes, contre les Druzes, contre l'Islam, les forces et l'argent qui n'auraient dû servir que contre les Infidèles : par la faiblesse de ce généralissime, disent les officiers, les civils du Comité sont maîtres absolus; Talaat-bey a rétabli sa dictature maçonnique; Djavid-bey a repris les Finances pour favoriser les juifs, ses congénères, et pour vendre l'Empire aux gens de banque et de courtage.

Mahmoud-Chevket est renvoyé (10 juillet 1912) : huit jours plus tard, comme la flotte italienne reparaît devant les Dardanelles, la *Ligue militaire* exige la démission de Saïd-pacha et de ses collègues, à qui la Chambre vient pourtant de renouveler sa confiance par 194 voix sur 200 votants.

A l'exemple de la *Ligue militaire* d'Athènes, qui trois ans plus tôt forçait les politiciens grecs à changer leurs mœurs et à gouverner, non pour leurs intérêts et leurs passions, mais pour la patrie, la *Ligue militaire* de Constantinople veut « étudier tout ce qui est nécessaire au salut de la patrie et le faire mettre en pratique ». Mais elle entend que l'armée laisse la politique aux élus du peuple et aux ministres du Sultan : l'armée ne doit pas être détournée de son rôle sacré, qui est de former des défenseurs à l'empire; elle doit quitter les fonctions et les besognes civiles dont le Comité depuis quatre ans la surcharge. « L'état actuel de l'armée fait saigner le cœur de tout patriote. » Le mal provient de la corruption politicienne que l'argent du Comité a répandue dans tous les grades. « Des officiers, fréquentant les clubs, ont gâté le moral de l'armée, pour faire triompher les vues de leur parti; d'autres ont quitté l'armée pour devenir les délégués du Comité; beaucoup ont reçu des appointements exceptionnels, qui ont excité la jalousie des camarades; beaucoup ont été élevés à des postes qu'ils ne méritaient pas et ont impunément volé l'État. »

La *Ligue* fait confier le pouvoir à un « grand ministère » où sont réunis, à l'exception de Saïd-pacha, tous les vieillards du régime hamidien; la présidence en est donnée à l'octogénaire Mouktar-pacha, qui reçut trente-quatre ans plus tôt le titre de *ghazi* (victorieux) pour sa belle résistance à l'invasion des Russes en Arménie; l'octogénaire Kiamil-pacha, l'ennemi mortel du Comité, figure parmi ces têtes chenues; l'âge moyen du précédent cabinet, malgré la présence du vieux Saïd, était de cinquante ans; l'âge moyen de celui-ci est de soixante-cinq. C'est à ces Gérontes que la *Ligue* confie la tutelle de la Jeune Turquie.

Quinze jours durant, le C. U. P. O. décide d'engager la lutte; mais, à son habitude, il hésite, fait de grands gestes de menaces, puis n'ose pas recourir aux forces dont il dispose; le 6 août, le Sénat autorise la dissolution de cette Chambre en qui les Sages mettaient leurs espoirs et qui devait assurer le triomphe des saines doctrines... En une heure, le Sultanat jeune-turc est jeté bas, et ce qui prend la place, c'est un renouveau du vieux Sultanat à la mode napoléonienne, sous l'absolutisme nominal du Sultan et l'absolutisme effectif de la Porte : les Vieillards ne songent pas à renverser la Constitution ; mais avant de faire élire une Chambre nouvelle, ils veulent être libres de négocier la soumission des Albanais et la paix avec l'Italie.

Le C. U. P. O. fait rage : il rentre à Salonique pour organiser la résistance ; en cette ville fidèle, il pense que l'armée lui est toujours acquise ; il veut y convoquer la Chambre congédiée et former un « contre-cabinet ». Mais les Vieillards font preuve d'une énergie qui déroute la perpétuelle hésitation des Jeunes ; les officiers de Salonique, intimidés ou gagnés, acceptent les ordres de Constantinople : « vu la gravité de la situation intérieure et extérieure », le Comité annonce qu'il s'abstiendra « de toute manifestation qui pourrait créer des embarras au gouvernement » (9 août 1912).

Son intention secrète est de laisser les Vieillards conclure avec l'Italie et avec les Albanais cette double paix intérieure et extérieure dont l'agitation de la Macédoine et les complications balkaniques démontrent l'urgente nécessité : cette double paix signée, le C. U. P. O. reparaîtra pour en rejeter la responsabilité sur ses adversaires et regagner ainsi la confiance du bon peuple turc et de l'Islam ; faites alors dans le chaud des colères patriotiques et religieuses, les élections ne pourront pas manquer de rendre aux champions de la défense nationale une Chambre aussi docile que la dernière, et l'Empire, allégé du fardeau tripolitain, débarrassé des entraves albanaises, reprendra sa route vers une application plus stricte encore du positivisme intégral.

Jusqu'aux élections, le C. U. P. O. escompte d'ailleurs les rivalités des Vieillards : deux coteries se partagent le ministère ; d'un côté, les ennemis irréconciliables du C. U. P. O., les hommes de confiance de la *Ligue militaire*, l'ex-grand vizir Kiamil et le général Nazim, qui, depuis le Treize Avril, n'ont pas eu de part au gouvernement et voudraient qu'une enquête officielle exposât au grand jour tous les abus et toutes les fautes qui ont mené la Turquie à l'abîme ; de l'autre, les Mouktars, père et fils, Hilmi, etc., ceux qui, ayant collaboré avec le Comité, ont leur responsabilité dans la catastrophe et voudraient qu'une réconciliation générale, motivée par le danger de la patrie, supprimât toutes vérifications de comptes, tout étalage de papiers secrets. Tant que ces deux groupes, attelés aux affaires et pourtant désunis, laissent espérer au C. U. P. O. la neutralité gouvernementale dans les élections, le Comité, — ainsi décide le Congrès du C. U. P. O., tenu au début de septembre, — « restera dans l'expectative » et n'emploiera que les moyens légaux pour « faire rendre à la nation ses droits violés par la dissolution de la Chambre » et s'opposer à « toute paix avec les Italiens, qui pourrait être considérée comme la vente d'un territoire ».

Le gouvernement s'efforce de conclure la paix albanaise, en consentant les privilèges administratifs que réclament les insurgés (fin d'août 1912). Avec l'Italie, il ouvre des négociations, qui se poursuivent péniblement à Lausanne, durant ces longues semaines d'août et de septembre où la Macédoine du Nord est de nouveau envahie par les Albanais et où les menaces d'intervention autrichienne, les intrigues de Rome et de Pétersbourg achèvent l'union des puissances balkaniques. Sous la poussée mystérieuse de provocateurs inconnus, les Albanais ont repris la campagne; les Monténégrins de la frontière se sont joints à eux; les Crétois à Athènes et les Macédoniens à Sofia réclament l'intervention effective de la Grèce et de la Bulgarie; les Serbes de Belgrade et de Cettigné, grandement effrayés par les projets de Vienne, ne demandent qu'à mettre à profit la révolte albanaise... Mais confiants jusqu'au bout dans le maintien de la paix que leur assureront, pensent-ils, la saison tardive et les bons offices de l'Europe, les Vieillards traînent l'Italie qui, de jour en jour, perd patience. Elle finit par donner toute sa confiance à ses amis de Pétersbourg et par ne plus attendre que d'une guerre balkanique cette paix africaine sans laquelle le gouvernement de Rome, la dynastie même pourraient connaître bientôt des heures difficiles.

Le 8 octobre 1912, le Monténégro commence les hostilités; le 16, c'est le tour de la Grèce, de la Serbie et de la Bulgarie. Le 18 seulement, les délégués turcs signent la paix de Lausanne aux conditions que, depuis trois mois, les Italiens offraient : la guerre balkanique a décidé la Porte à céder, non par la crainte de ces roitelets et de ces petits peuples dont personne en Turquie ni en Europe ne mesure la puissance militaire, mais plutôt par l'espérance des victoires écrasantes qui vont mener les Turcs invincibles jusque dans les capitales de leurs ennemis et qui feront oublier, pardonner tout au moins de l'Islam, l'abandon des provinces africaines que l'on fait au *giaour*...

Surprise, désastre! A peine la guerre est-elle ouverte, que les grandes défaites se succèdent en Roumélie, en haute et basse Macédoine : Kirk-Kilissi, Loullé-Bourgas, Uskub, Koumanovo, Elassona; en trois semaines (15 octobre-8 novembre), les alliés conquièrent les trois quarts de la Turquie d'Europe, arrivent aux portes de Salonique, à quelques lieues de Stamboul... Où donc est cette armée que, depuis quatre ans, Mahmoud-Chevket et von der Goltz préparaient, transformaient, amélioraient chaque jour, et ces munitions, ces approvisionnements, cette artillerie, cette flotte, pour lesquels, chaque année, le Comité disait avoir dépensé tant de millions? et que vaut cette protection de Vienne et de Berlin, à laquelle les Jeunes-Turcs ont sacrifié la vieille et fidèle amitié de Londres et de Paris?

Dans le ministère, les ennemis du C. U. P. O., qui sont aussi les partisans de l'influence anglaise, l'emportent : Kiamil-pacha devient grand vizir (30 octobre) et maintient au ministère de la Guerre le général Nazim-pacha, sur qui Mahmoud-Chevket et les gens du Comité rejettent toute la responsabilité du désastre : « Si la Turquie est vaincue, disent-ils, ce n'est pas faute d'une armée courageuse, nombreuse et manœuvrante, ni faute d'un approvisionnement complet en vivres, armes et munitions : au cours de l'été, les casernes et les arsenaux étaient pleins; mais à peine en campagne, les soldats sont tombés d'inanition; les batteries se sont tues faute de gargousses; les obus n'étaient pas du calibre des canons. Sur les conseils pressants de von der Goltz, Mahmoud-Chevket avait pourtant réorganisé tout le service de l'intendance et des convois, et il avait choisi, pour en diriger le fonctionnement, une trentaine d'officiers des plus actifs et des mieux rompus aux pratiques européennes ; mais à peine arrivé au ministère, Nazim-pacha a épuré les bureaux (15 août), persécuté et chassé les collaborateurs de Mahmoud-Chevket, livré l'intendance à des mains incapables, à des compagnons de ses plaisirs, qui n'ont eu ni le temps ni le souci de se mettre au courant. »

Contre Kiamil et contre Nazim, le Comité est décidé à la lutte sans merci : faites par de tels hommes, les élections enlèveraient pour des années sans doute le pouvoir aux gens du C. U. P. O. Mais la prise de Salonique et l'occupation de toute la Macédoine par les alliés (10 novembre) privent le Comité de sa forteresse et de ses plus fidèles adhérents, et il a beau réclamer la guerre à outrance, contre les Balkaniques maintenant : il sent bien, il voit bien que la Turquie d'Europe, après la Turquie d'Afrique, est perdue sans remède ; le même sort menace Stamboul et toute la Turquie d'Asie, si la guerre continuée fournit aux Russes, aux Arméniens, aux ennemis du dehors ou aux séditieux du dedans, l'occasion d'une perfidie ou d'une révolte...

Tous reconnaissent donc qu'il faut négocier la paix, subir les conditions de ces vainqueurs, dont on avait les grands-pères, les pères même pour esclaves ! Mais les signataires de cette paix indispensable seront honnis de l'Islam, à jamais déshonorés devant le peuple turc. Le Comité veut rejeter tout l'odieux de cette capitulation à ses ennemis : tant que durent les préliminaires, puis les discussions de Londres, il laisse vivre le gouvernement de Kiamil; il semble même se réconcilier avec lui.

Enfin, après deux mois de cruels débats à la conférence de Londres, le sacrifice est consommé (22 janvier 1913); la note, acceptant les décisions de l'Europe, a été soumise par Kiamil-pacha, non pas au parlement absent, mais à un grand « divan » à la mode d'autrefois; les vieux hommes d'État, tous appelés à cette consultation désespérée, et l'éternel ennemi de Kiamil, Saïd-pacha lui-même, ont conclu à l'abandon des territoires envahis, à la cession d'Andrinople et de Janina encore assiégées, à la remise des Iles aux mains des puissances... Quand cette réponse, qui est le renoncement à la Turquie d'Europe, doit être en route vers Londres avec les signatures de ceux que l'Islam tiendra pour responsables, les héros du Comité, déguisés en *softas*, envahissent la Sublime Porte, abattent à coups de revolver et de poignard ce généreux et courageux Nazim-pacha qui, dans la défaite, du moins, avait su restaurer la discipline, refaire une armée de la cohue des fuyards, assurer la défense et la police de la capitale et sauver les lignes de Tchataldja; on arrache au vieux Kiamil-pacha sa démission; on impose au vieux Sultan la nomination de Mahmoud-Chevket comme grand vizir; le vainqueur de Constantinople s'installe enfin (23 janvier 1913) en cette Sublime Porte où, depuis quatre ans, la conscience de ses devoirs aurait dû le conduire. Il y entre aujourd'hui sur le cadavre de Nazim, non pour continuer la guerre (tous les conjurés croient la paix conclue et la signature de la Turquie irrévocablement engagée), mais pour livrer le pouvoir aux gens du Comité et recommencer leur expérience de tyrannie occulte sous un ministère impuissant, avec un parlement servile et une administration livrée aux coteries locales, — avant tout, pour faire les élections!

Il se trouve seulement que les conjurés ont pénétré une heure trop tôt dans la salle du conseil : Kiamil-pacha et ses collègues y discutaient encore la dernière rédaction de la réponse à l'Europe; la paix n'est pas conclue; la note n'est pas partie; elle est dans la poche du ministre des Affaires étrangères... C'est à Mahmoud-Chevket et à ses amis que restent la charge et l'odieux de la paix.

Ils essaient vainement de garder aux Affaires étrangères l'ancien ministre, Nouradounghian-effendi, qui, possédant la note libératrice, pourrait l'envoyer au compte du précédent cabinet. Ils ne peuvent pas décider cet Arménien rétif. C'est le secrétaire même du C. U. P. O., le prince égyptien Saïd-Halim, un petit-fils de Méhémet-Ali, qui doit lui succéder. Après dix semaines perdues (fin janvier-milieu d'avril 1913), durant lesquelles on a feint de reprendre la guerre pour donner au guet-apens du 23 janvier l'excuse d'un ardent patriotisme, on renoue les négociations que les alliés ont rompues; mais la prise de Janina par les Grecs et l'assaut victorieux d'Andrinople par les Bulgares ont porté le dernier coup à ce qui restait du prestige militaire des Turcs et augmenté les exigences des vainqueurs...

⁎
⁎ ⁎

La Turquie d'Afrique et la Turquie d'Europe perdues, le sort de la Turquie d'Asie compromis par l'installation des Grecs ou des Italiens dans les Iles et par la lourde charge d'une indemnité de guerre : tel est le bilan du Sultanat jeune-turc après soixante mois, à peine, d'existence.

Si l'on s'en tient à cette simple addition des résultats, l'histoire de ces soixante mois semble fournir un probant réquisitoire contre les gens du C. U. P. O., leur manie de gouvernement occulte, leur ignorante et présomptueuse légèreté, leur chauvinisme agressif et leur naïve confiance dans la force de leur armée et la vertu de leurs méthodes : à les voir par le dehors, ces « primaires » de la civilisation et de la politique n'apparaissent que comme d'odieux policiers, de néfastes exploiteurs, de pauvres penseurs de cénacles ou de loges.

Si l'on veut juger équitablement de cette jeunesse, il faut savoir qu'elle était inexpérimentée, mais capable de générosité et de sacrifice, de désintéressement personnel et de vertus civiques, qu'une foi ardente dans les destinées de la patrie ottomane et dans l'avenir de l'humanité soutenait ses ambitions, et, si l'on veut connaître les causes véritables du désastre, c'est à l'étude des affaires macédoniennes qu'il faut les demander.

Comme le Sultanat hamidien, le Sultanat jeune-turc est mort de la Macédoine. Mais Abd-ul-Hamid était, seul, responsable des souffrances macédoniennes d'alors, et c'est de parti pris, pour son utilité personnelle, qu'il maintenait et compliquait l'anarchie. Les Jeunes-Turcs ont commis des fautes, de grandes fautes dans leur gouvernement; mais ils ont presque toujours obéi à d'autres sentiments que le seul désir du pouvoir ou l'aveugle égoïsme de parti; et si les puissances, qui avaient accordé au régime hamidien leur pleine tolérance (1897-1903), puis le secours de leurs réformes (1903-1908), ne s'étaient pas, les unes désintéressées, les autres mises en travers de l'effort jeune-turc, il est probable que le résultat eût été bien différent.

IV. — L'ESPRIT NOUVEAU

Les Jeunes-Turcs avaient une idée toute particulière de leur rôle, non seulement dans la gestion de leur empire, mais surtout dans la tutelle de leurs peuples : ils croyaient avoir des devoirs tout spéciaux envers l'Islam et, plus encore, envers les Turcs.

En étudiant, disaient-ils, l'histoire de l'Empire ottoman au XIXe siècle, on pouvait constater que les réformes avaient toujours servi à l'émancipation, à la fortune et au progrès des sujets chrétiens, pour aboutir enfin à la libération complète d'une partie de ces nations sujettes et à la formation d'indépendances grecque, serbe, roumaine, bulgare, etc. Les réformes, par contre, n'avaient apporté aux musulmans que de nouvelles charges financières, des restrictions de plus en plus grandes à la jouissance de leurs privilèges, des empêchements à ce qu'ils tiennent pour la besogne essentielle de la vie : la culture des âmes et la propagation impérieuse de la Foi... Et c'est aux Turcs que les réformes avaient le plus coûté, puisqu'à cette race conquérante, dominante, impériale, elles avaient imposé le joug de l'égalité et enlevé les bénéfices de la conquête, tout en leur infligeant, à eux seuls, le poids du service militaire.

Avant les réformes, richesses mobilières et biens fonciers étaient aux mains des musulmans qui, sans comparaison possible, étaient alors la classe la plus heureuse, la plus instruite, la plus policée, la moins fanatique, parce qu'elle était la moins asservie au travail quotidien : leur nombre augmentait alors de jour en jour, moins par la conversion volontaire ou forcée de leurs sujets chrétiens que par la naturelle expansion de leurs familles opulentes ou aisées, toutes sûres du lendemain. Les Turcs surtout passaient alors, même en Europe, pour la race la plus florissante et la plus forte, la plus capable de toutes les œuvres de paix et de guerre : les provinces proprement turques, au dire de tous les voyageurs, regorgeaient d'une population vigoureuse, saine, honnête, pleine d'entrain et de vertus, que conservaient en santé physique et morale les bienfaisants travaux de la terre et que l'on trouvait toujours prête à fournir au Sultan des soldats par milliers.

Il suffisait de parcourir aujourd'hui ces régions turques, surtout les provinces anatoliennes de Koniah, d'Angora, de Brousse et d'Aïdin-Guzel-Hissar, qui avaient été le berceau et qui restaient la forteresse de la puissance osmanlie : à chaque pas, on pouvait y mesurer les effets des réformes dans les villages vidés par la conscription ou rongés par la syphilis, que les soldats rapportaient des casernes, dans les vieux beaux *konaks* (résidences) de jadis, maintenant ruinés, dans les terres délaissées, faute de bras, ou peu à peu envahies par les grandes exploitations des *raïas*. A visiter l'empire, mais cette Anatolie surtout, il apparaissait que la transformation économique se faisait partout aux dépens du Turc, au profit du seul *raïa* ou de l'Européen : chaque port construit, chaque kilomètre de route, chaque mètre de rail facilitaient l'arrivée, l'installation, puis le triomphe de l'entreprise grecque, arménienne ou européenne, avec l'inévitable et proche déchéance du propriétaire turc, qui, tombant au rang de débiteur, de fermier, de simple ouvrier, finissait par abandonner à l'envahisseur ces belles terres où jadis croissaient les moissons et les générations osmanlies.

Cette ruine et cette disparition progressive des Turcs n'étaient pas seulement un danger mortel pour leur empire : c'était une perte irréparable pour l'humanité tout entière. Auguste Comte a dit : « Il n'y a pas d'amélioration intellectuelle qui pût équivaloir à un accroissement réel de bonté et de courage. » Le paysan turc n'était-il pas le meilleur et le plus courageux des hommes, au dire de tous ceux qui l'ont visité en ses villages d'Anatolie?... En son livre sur *La Crise de l'Orient*, Ahmed-Riza consacrait quarante pages au catalogue des vertus que les Européens de tous les temps se sont accordés à reconnaître aux Turcs :

> Certains Européens, disait-il, qui ne peuvent nier la brillante civilisation musulmane du moyen âge ni la supériorité de certaines lois islamiques, disent : « Les Arabes, race sémitique, ont fait beaucoup pour la science, véritable base de tout progrès. Mais les Turcs, race touranienne, hordes vagabondes, dures et féroces, sont opposés d'une manière irréductible à tout changement, à tout progrès. »

Quelle injustice et quelle erreur! Il faut écouter ceux qui connaissent vraiment le peuple turc :

Nous citerez-vous beaucoup de pays, — dit l'un d'eux, — où l'on trouve aussi communément qu'en cette Turquie si calomniée la plupart des vertus qui honorent le plus l'espèce humaine : la foi religieuse, le patriotisme, la conscience du devoir, la déférence envers l'autorité, la résignation courageusement prête à toutes les épreuves, la générosité, la religion de l'hospitalité, le respect du serment et de la parole, le sentiment de la dignité personnelle? Ah! par pitié pour vous, enfants perdus des civilisations occidentales, ne nous forcez pas à des comparaisons dont votre imprudence aurait même à rougir [1]!

Les Jeunes-Turcs avaient fréquenté les enfants perdus, fils et filles, des civilisations occidentales : ils avaient rapporté de cette fréquentation une estime sans bornes pour leurs congénères et pour eux-mêmes. Ils pensaient que le peuple turc avait été gardé, par la providence, en son état de vertu foncière pour être un jour le sel de ce monde levantin, si pourri de vices, et même de cette Europe, si bassement adonnée aux seules besognes de lucre. Le progrès scientifique allait atteindre, en un jour tout prochain, son apogée; l'humanité se mettrait alors en quête de progrès moral; du coup, toutes les valeurs changeraient en son estimation : ce qu'elle cotait aujourd'hui le plus haut, c'étaient les facultés intellectuelles et les peuples qui se sont voués à les acquérir; viendrait bientôt le jour où c'est aux capacités morales, aux peuples vertueux qu'iraient l'estime du monde civilisé, et l'influence, et la puissance, et l'hégémonie; dans l'Europe vertueuse

---

1. *La Crise de l'Orient*, p. 128.

d'alors, le Turc aurait le rang que tient aujourd'hui l'Allemand dans l'Europe scientifique, que tenait hier l'Anglais dans l'Europe colonisatrice, avant-hier le Français dans l'Europe soldatesque.

L'important pour le Turc était donc de vivre, de durer jusque-là, et le premier devoir pour les Jeunes-Turcs était d'assurer la durée et la transmission de cette vertu osmanlie, en la protégeant contre tous les dangers qui l'assaillaient au dedans et au dehors de l'empire, en la maintenant en son rôle de puissance directrice sur les peuples qu'elle avait asservis jadis, qu'elle avait gardés cinq siècles sous sa direction et qu'elle devait convertir, assimiler aujourd'hui pour en faire, demain, l'instrument de son triomphe.

Il y aurait assurément une période critique; on y était déjà. Dans la civilisation mercantile d'aujourd'hui, la vertu des Turcs ne trouvait ni sa place ni sa récompense :

La règle générale dans l'industrie et le commerce actuels est de recourir à la fraude et au mensonge. Le commerce surtout est devenu l'école de la tromperie : les commerçants relativement honnêtes font faillite à chaque instant; il leur est impossible de lutter, de rivaliser avec les chevaliers d'industrie qu'aucun scrupule ne gêne. Le Turc taciturne, placide et sérieux, a dit de Scherzer, a beaucoup de bon sens, est bon observateur, mais manque de ruse dans les affaires [1].

Mais, si le présent était aux habiles, on devait ne pas perdre de vue que l'avenir était aux vertueux :

Tout le monde s'accorde à reconnaître que la force et la destinée d'un peuple dépendent de sa moralité et que les

---

1. *La Crise de l'Orient*, p. 134.

qualités du cœur constituent la plus durable des supériorités réelles : ce qui est essentiel, indispensable à un peuple, c'est la vigueur d'âme, et non l'activité commerciale ou l'habileté financière.

Encore fallait-il que la vertu ne succombât ni sous le dénûment ni sous la coalition des forces hostiles, et que les vertueux fussent capables d'acquérir les deux moyens de vivre et de lutter qui sont les plus efficaces aujourd'hui : la science qui donne prise sur les choses et la solidarité qui décuple les forces des individus : « Les Turcs, modestes de leur nature, sont généralement dépourvus d'instruction et de science; cette ignorance ne les empêche pas d'avoir de grandes qualités de cœur. » Mais cette ignorance les met à la merci de leurs sujets chrétiens, qui, eux, s'efforcent d'imiter et d'exploiter le progrès scientifique de l'Europe :

« Le Turc, a dit le député français Messimy, est irréductiblement opposé à tout changement, à tout progrès. » Non, l'innovation, le changement ne l'effraient point... Auguste Comte reconnaît aux Turcs la possibilité d'évoluer; il parle avec admiration de « leur noble disposition à s'incorporer le progrès occidental »; il les croit plus disposés à s'améliorer que les Grecs; il dit même que « la coopération à la transition organique émanera surtout des Turcs [1] ».

Pourquoi donc les Turcs semblent-ils si attachés à leur routine de servitude et de fainéantise?

Ahmed-Riza répondait : c'est, d'abord, parce qu'ils ont bien compris cette forte parole de Gréard : « Un peuple qui rompt violemment avec l'esprit de tra-

---

1. *La Crise de l'Orient*, p. 150.

dition est un arbre sans racines qu'emporte au premier souffle le vent de tempête. » Les Turcs veulent « améliorer ce qui existe chez eux, sans jamais rompre avec le passé, sans briser la continuité nationale ».

Mais une raison, bien plus forte encore, c'est que, depuis un siècle, les Turcs ont manqué de directeurs intellectuels et moraux : leurs chefs militaires et leurs administrateurs, soucieux de la défense et de l'exploitation du territoire, ont négligé leur devoir principal, le soin des peuples, en particulier la maintenance et le relèvement du peuple turc.

Avant l'ère des réformes, le Sultan gouvernait l'empire pour le bonheur de sa famille turque : groupés autour du Sultan, qui, pour eux, était comme un père ou, suivant le mot des janissaires, le « donneur de soupe », le *tchorbadgi*, les Turcs étaient animés d'une allégresse joyeuse qui les rendait invincibles à la guerre, habiles aux œuvres de la paix.

Les réformes ont donné le Sultan pour chef à tous les Ottomans; elles ont enlevé aux Turcs leur guide et leur tuteur; le peuple turc a vécu à la débandade, et la débandade, toujours, amène le découragement. Machiavel a dit : « Les hommes poussent souvent l'audace jusqu'à se plaindre hautement des mesures prises par leurs princes; mais lorsqu'ils se voient [isolés], ils perdent la confiance qu'ils avaient l'un dans l'autre. »

Oui, — disait à son tour Ahmed-Riza, — les hommes se détachent difficilement du pouvoir sur lequel ils sont habitués à compter. Les paysans prussiens, affranchis du servage, demandaient qu'on les y laissât : car, disaient-ils, qui prendrait soin d'eux lorsqu'ils tomberaient malades ou seraient devenus vieux? Le [découragement] des Turcs a pour cause l'absence d'un point de ralliement, d'un pouvoir moral condensé et coordonné... Il y avait autrefois en Turquie un corps des *oulémas*, qui constituaient ce pouvoir moral si nécessaire : ce corps précieux n'existe plus aujourd'hui qu'à l'état passif, incapable de diriger un mouvement; *les Turcs n'ont donc pas, comme les Grecs et les Arméniens, leur Église constituant un centre de ralliement : ils sont sans appui, sans direction, sans soutien*[1].

Nous avons, en cette dernière phrase, l'idée qui dominera toute la politique jeune-turque : ce que rêvera le Comité, ce qu'il regardera comme son devoir, non seulement à l'égard de son peuple, mais à l'égard de l'humanité, c'est de devenir pour l'élément turc le « pouvoir moral, condensé et coordonné »..., « l'appui, la direction, le soutien », que les autres communautés ottomanes, les chrétiennes surtout, possèdent en leurs Églises, mais dont les musulmans, les Turcs surtout, sont privés. Le *leader* du Parti C. U. P. O. dira à la Chambre ottomane, en décembre 1910 :

A la proclamation de la Constitution, il y avait des communautés non musulmanes, habituées de vieille date à régler leurs affaires en commun au moyen de leurs associations et grâce à la latitude que leur accordaient leurs privilèges. Et il n'y avait pas de communauté, d'association musulmane. Or, le pouvoir souverain étant tout à coup réparti parmi toute la nation, les musulmans se seraient évidemment trouvés en état d'infériorité, pour recueillir la part d'autorité qui leur revenait. Ils auraient été réduits à tout attendre du gouvernement... Le Comité *Union et Progrès*, se transformant en parti politique, groupa la part de

---

1. *La Crise de l'Orient*, p. 147-148.

souveraineté qui revenait aux musulmans et sauva le pays du danger où il était de manquer de forces dirigeantes.

Tous les progrès et tous les succès des races chrétiennes à l'intérieur de l'empire étaient dus, pensaient les Jeunes-Turcs, à la solide organisation de leurs communautés, à leurs Églises disciplinées et hiérarchisées, qui ne défendent pas seulement les droits religieux de leurs fidèles, mais en servent efficacement le progrès intellectuel, le bien-être temporel et transmettent, de siècle en siècle, la tradition nationale : c'est elles qui ont fondé les écoles de tout degré, propagé l'instruction, organisé l'assistance et la coopération; c'est le couvert des privilèges ecclésiastiques qui abrite les associations de toute espèce pour la défense des intérêts communs ou particuliers; c'est grâce aux Églises qu'à l'intérieur de l'Empire ottoman, sous la domination du maître turc, se sont maintenues et ont peu à peu récupéré leur liberté ces « nations », ces *millet*, grecque, arménienne, bulgare, qui détiennent aujourd'hui toute la richesse et posséderont, demain, tout le territoire, si quelque organisation similaire ne venait pas au secours des Turcs débandés.

Servir et défendre la race turque, par les mêmes moyens que chacune des Églises servait et défendait sa race; élever les enfants turcs dans des écoles turques; secourir les indigents turcs; associer les travailleurs et les capitalistes turcs; organiser par tout des syndicats turcs pour la coopération, les affaires en commun, la bienfaisance et l'entr'aide; prêcher aux Turcs la concorde et l'alliance contre leurs ennemis du dedans et du dehors; leur rendre le sentiment de leurs droits éminents et de leur dignité native; leur rendre, surtout, la confiance en leur nombre, en leurs forces, en leurs vertus; leur montrer la revanche morale de demain sur la tyrannie scientifique et économique d'aujourd'hui; bref, les tirer de la misère et du découragement, où les réformes antérieures les avaient plongés, et les rétablir en leur rang de race impériale : telle était la pensée dominante des Jeunes-Turcs, et, certes, ils avaient bien le droit et, peut-être, n'avaient-ils pas tort de considérer que la régénération physique, intellectuelle et sociale de l'élément turc était la première condition du salut de l'empire.

Mais ni leur droit n'était aussi évident, ni leurs raisons n'étaient aussi plausibles, quand leur Comité prétendait à être tout ensemble le gérant de l'empire, — c'est-à-dire le conducteur de tous les peuples ottomans, — et le protecteur attitré du seul peuple turc : ils risquaient et, dès le début, ils méritèrent le reproche de sacrifier aux besoins des seuls Turcs les droits et les intérêts des autres. Dès le début, ils gouvernèrent en Turcs, pour les Turcs, et non pas en Ottomans, pour toutes les communautés ottomanes... Encore s'ils eussent gardé quelque mesure dans l'expression de leur orgueil de race, dans leur mépris de la « corruption » grecque, de la « servilité » arménienne, de la « rusticité » slave, de la « barbarie » albanaise, druze, kurde, de l' « inconsistance » arabe! Mais dès le début, ils traitèrent leurs autres peuples ottomans moins en compatriotes ou en sujets qu'en « races inférieures » : leurs musulmans et leurs chrétiens, qui avaient accueilli leur révolution avec enthousiasme, ne furent pas longtemps avant de regretter le « bon temps » d'Abd-ul-Hamid, et la mauvaise humeur des sujets tourna à la rébellion quand on vit les moyens auxquels le Comité voulait recourir pour appliquer sa doctrine « nationale ».

Leur théoricien avait beau dire : « Par *national*, je n'entends point *exclusivement turc* : je suis Turc et fier de l'être ; mais je renoncerais à être le citoyen d'un gouvernement turc où ma race ne serait heureuse que par le malheur des autres[1]. » Au bout de quelques mois, il apparaissait que la persécution et le malheur des autres races allaient de pair avec la régénération des Turcs.

Que le Comité fît servir les finances et l'administration de l'Empire au relèvement économique et intellectuel des régions turques en premier ; qu'il favorisât les individualités et les communautés turques par les subventions aux écoles et aux hôpitaux, par les dégrèvements d'impôts et les entreprises de travaux publics, passe encore ! Surtout, qu'il égalisât les charges militaires et qu'il exigeât désormais de tous les Ottomans, musulmans ou chrétiens, le même service personnel que des Turcs, on s'y fût encore résigné ! Qu'au lieu du Sultan, ce fût le Comité qui exploitât la conquête, et que le peuple turc en eût les bénéfices les plus clairs, l'innovation n'aurait pas été grande : les Turcs et le Comité disposant de la force, les autres peuples auraient continué d'accepter cette loi. Mais d'autres changements, moins justifiables à des yeux d'Ottomans, semaient partout le mécontentement et la

---

1. *La Crise de l'Orient*, p. 7.

gène, et il était trois de ces changements pour le moins contre lesquels s'insurgeaient musulmans et chrétiens : le repeuplement, l'éducation en langue turque et le désarmement.

* * *

Notre empire est vide, disaient les Jeunes-Turcs : nos terres les plus fertiles, nos grasses vallées de Roumélie et d'Anatolie, où la race osmanlie avait poussé de si belles souches, nos admirables plaines de Syrie et de Mésopotamie, qui furent le réservoir des forces arabes aux premiers temps du Khalifat, sont quasi désertes : notre Turquie d'Europe, même avec ses villes populeuses de Salonique et de Constantinople et ses bourgs échelonnés au long des côtes et des lignes ferrées, n'a pas quarante habitants au kilomètre carré ; la Syrie et la Mésopotamie, les pays de Damas et de Bagdad, de Ninive et de Babylone, n'en ont pas dix ; or, notre empire devrait dépasser la densité de la Sicile ou de la Lombardie, avoir 150 ou 200 habitants par kilomètre carré.

D'autre part, les Européens ont envahi d'anciens domaines des Sultans ou des Khalifes, dont ils ont asservi les peuples sans pouvoir jamais se les attacher : l'Algérie et la Tunisie, la Thessalie et la Roumélie orientale, la Bosnie et l'Herzégovine, les plaines de la Caspienne et des Khanats, les monts du Caucase et du Turkestan ont des millions, quarante, cinquante millions peut-être de musulmans, qui gémissent sous la tyrannie de l'Infidèle et ne demanderaient qu'à rentrer dans le giron de l'Islam, dans les frontières du Khalifat...

A ces colons tout prêts, pourquoi ne pas attribuer ces terres inoccupées?... quelle œuvre de solidarité musulmane et de sécurité turque! On appellerait chaque année un demi-million de ces *mohadjirs* (émigrants); on installerait en Turquie d'Europe les Bosniaques, les Pomaks, les Turcs de Russie et leurs congénères, en Anatolie les Thessaliens, les Crétois, les Tartares du Caucase, en Syrie et en Mésopotamie les Algériens, les Tunisiens, les Arabes d'Égypte, même les musulmans de l'Inde; on leur distribuerait les terres incultes qui n'ont pas de maîtres ou qui appartiennent à l'État, à la Liste Civile; en dix ou vingt ans, on changerait la face de l'empire et l'on recréerait, comme d'un seul coup, une Grande-Turquie surpeuplée, dont les soixante-dix ou quatre-vingt millions de Fidèles imposeraient au *giaour* la crainte respectueuse de l'Islam, dont les quinze ou vingt millions de *mohadjirs*, intimement liés aux dix ou quinze millions de Turcs, imposeraient aux autres sujets la loi égalitaire de Stamboul : était-il un moyen plus sûr et plus rapide de régénérer tout à la fois et la terre et les peuples du Sultan?

Ce racolage et cet établissement des *mohadjirs* était devenu l'idée fixe d'un certain nombre de Jeunes-Turcs. Le membre le plus influent peut-être du Comité, le Dr Nazim-bey, y avait consacré sa vie : les rêves des Sionistes de Salonique avaient gagné par contagion cette cervelle honnête, mais naïve et têtue, qui calculait sur le repeuplement et sur la densité humaine, comme elle eût calculé sur la plantation et le rendement d'une olivette. Ses amis d'Europe, auxquels il exposait, dès novembre 1908, ses projets, avaient essayé, mais en vain, de lui en remontrer les difficultés et les risques.

Par la propagande secrète, mais tôt ou tard dévoilée, de leurs racoleurs, les Jeunes-Turcs allaient éveiller contre eux et contre leur Turquie les soupçons, puis l'animosité des puissances chrétiennes, dont on viendrait débaucher les sujets musulmans et chez qui cette prédication islamique causerait l'exode des mécontents, mais aussi le malaise et les rancœurs des autres musulmans que leurs intérêts retiendraient au sol natal.

Cet exode n'irait pas sans de grandes souffrances pour les *mohadjirs* et pourrait aboutir à un désastre, si l'on amenait cet islam étranger en des terres qui, n'étant pas prêtes à l'accueillir, ne pourraient pas avant longtemps lui offrir le vivre et le couvert. Ici encore, l'erreur fondamentale des Jeunes-Turcs sur la valeur présente et future de leur territoire reparaissait : ils croyaient posséder un pays neuf, où la plante humaine, sitôt repiquée, pousserait de profondes racines nourricières, où le moindre travail serait aussitôt récompensé, et au centuple; ils ne voulaient pas voir quelles longues années de patience et d'efforts seraient nécessaires aux émigrants, avant que la première récolte leur fournît seulement le pain quotidien.

Ils refusaient même de jeter les yeux sur telle expérience fort semblable à celle qu'ils méditaient. L'*Alliance Israélite Universelle* avait entrepris naguère de transporter et d'établir en Argentine les Juifs expulsés de Russie; au bout du compte, elle avait fait le calcul que chaque famille implantée là-bas lui revenait à 3 000 ou 4 000 francs. La distance pour les *mohadjirs* étant plus courte, mais les Jeunes-Turcs étant, sans conteste, de moins bons administrateurs que l'*Alliance Israélite*, on pouvait prendre le chiffre de 3 500 francs comme dépense moyenne pour l'établissement d'une famille : à cinq ou six têtes par famille, dix millions de *mohadjirs* seulement coûteraient au Comité sept milliards, qui, répartis sur vingt années, nécessiteraient encore une dépense annuelle de 350 millions, — dont évidemment ni le Comité ni la Turquie n'avaient le premier sou.

Mais l'enthousiasme du Dr Nazim ne s'arrêtait pas à des calculs aussi mesquins : il avait une telle foi dans la sobriété et l'énergie, la charité et la solidarité musulmanes, qu'il voyait déjà ses *mohadjirs* accueillis, hébergés, adoptés et, durant les années d'établissement et de début, nourris par la bonté des voisins ou par les cotisations de l'islam universel, par les souscriptions de l'Inde et de l'Égypte.

En réalité, ces arrivages d'émigrants ne pouvaient exciter dans l'Empire ottoman que sentiments fort mélangés. On ne saurait trop louer la pitié charitable que tout musulman témoigne et prouve à son coreligionnaire malheureux. Dans les pays de vie sédentaire, où les terres en friche étaient abondantes, l'Islam accueillerait le *mohadjir* comme une victime de la Foi, qu'il fallait secourir, entourer de soins et d'affection. Mais ces terres en friche étaient, le plus souvent, un pâturage pour les troupeaux des nomades que chassent de leurs steppes ou de leurs déserts la chaleur et la sécheresse de l'été ; et le nomade, le Bédouin surtout, a toujours eu moins de souci de la religion que de ses bêtes... En Syrie, sur l'autre rive du Jourdain et de la mer Morte, une guerre sans merci se poursuivait depuis vingt ans entre le Bédouin et les *mohadjirs* tcherkesses, que le régime hamidien avait établis au long du chemin de fer sacré.

Dans les provinces chrétiennes, telle autre expérience montrait l'inévitable effet de l'arrivée des *mohadjirs* : en 1875-1876, c'étaient les *mohadjirs* du Caucase qui, dans les vilayets du Danube, avaient perpétré les « atrocités bulgares », non par férocité native ni par fanatisme, comme on avait voulu le croire en Europe, mais par la pression des circonstances et par la nécessité même de leur situation.

Chassé de son pays par l'invasion de l'Infidèle, ruiné le plus souvent par l'exode et bientôt démuni de tout, le *mohadjir* arrive en terres du Khalife : il a la conscience et la fierté du sacrifice, qu'il vient de faire à la religion ; il a conscience aussi de la dette que l'Islam et le Khalife ont contractée envers lui ; il a l'espoir d'une récompense, d'une réparation tout au moins, sans laquelle, d'ailleurs, ni lui ni les siens ne sauraient subsister. En cette Turquie misérable, il ne trouve bientôt que la misère, la maladie et la faim : il demande en vain des secours à l'administration qui a bien d'autres soucis et qui doit faire face à bien d'autres dépenses ; il rencontre des âmes compatissantes parmi ses coreligionnaires, qui partagent avec lui ce qu'ils ont, peu de chose, presque rien ; leurs réserves et leur compassion sont vite épuisées ; il lui faut alors, pour vivre, prendre le pain où il y en a, chez le boutiquier ou le paysan chrétiens qui le lui refusent ;

il les malmène, les menace, les dépouille sans trop de remords : n'a-t-il pas le droit de se revancher sur ces *raïas*, sur ces chrétiens, du chrétien qui l'expulsa de la terre natale?... Extorsions, vols, pillage, assassinats : la région est bientôt à feu et à sang, et le massacre des *raïas* est au terme, ou la révolte et la guerre civile.

Dans la Turquie, de 1908 à 1912, tous ces effets de l'exode ont apparu l'un après l'autre : ils ne différèrent que d'intensité suivant les régions.

En Syrie et dans les pays arabes, les *mohadjirs* algériens et tunisiens connurent la pire misère. On leur avait vanté la douceur, la fertilité, les eaux et le ciel de cette Damas bénie et fleurie, dont tout l'Islam continue de rêver. On leur avait fait vendre et quitter leurs champs altérés de Sétif et de Kairouan, en leur promettant des terres à double et triple moisson, où le Khalife leur ferait l'avance des premiers labours et des semailles, où la fraternité musulmane leur prêterait instruments et animaux, leur bâtirait maisons et étables... En cette Syrie dévastée par douze siècles de guerres civiles et d'invasions étrangères, « mangée » par le fonctionnaire, en proie à toutes les haines de races, de classes et de religions, disputée entre Arabes et Turcs, Druzes et Turcs, sédentaires et nomades, musulmans et chrétiens, quelle désillusion attendait ces sujets de la France, habitués à notre tracassière, mais régulière bureaucratie, aux commodités de nos routes, de nos chemins de fer et de nos ports, à l'équité et à l'honnêteté relatives de nos tribunaux, aux profits et à la sécurité de notre voisinage!.. La plupart furent dépouillés; un grand nombre revint au pays, sans ressources, maudissant les suppôts du *Chitan* (diable) qui les avaient embarqués en cette aventure; il ne resta là-bas que les adhérents du Comité, auxquels leur instruction valut quelque place dans les bureaux, ou les anciens soldats, qui prirent du service dans l'armée et la gendarmerie turques.

En Anatolie, les *mohadjirs* de Crète et du Caucase eurent maille à partir avec les *raïas* grecs et arméniens; leur arrivée et leur séjour causèrent quelque malaise dans les villes, à Smyrne surtout, où le boycottage fut leur œuvre, où leurs violents *meetings* contre l'hellénisme mirent parfois en danger la vie des chrétiens. Mais, sauf les Crétois à Smyrne, ils étaient en très petit nombre : sous l'œil des consuls de l'Europe, sous la portée des canons des puissances, ils ne passèrent jamais des menaces aux attentats trop scandaleux.

En Macédoine, au contraire, la présence des *mohadjirs* bosniaques eut les plus fâcheuses conséquences pour la paix civile et sociale que la révolution de juillet semblait avoir rétablie. Toutes les populations de Macédoine avaient salué cette révolution de leurs cris de joie, les paysans plus encore que les citadins, et les chrétiens plus encore que les musulmans. Tous en attendaient un double profit : la disparition des bandes révolutionnaires et la suppression du massacre hamidien. Durant les dix années dernières, les paysans chrétiens avaient eu le plus à souffrir de l'exploitation des bandes et des pillages des soldats : ils ne demandaient que le repos, la sécurité et la liberté du travail; ils ne voulaient penser qu'à la terre que, de jour en jour, ils reconquéraient sur l'envahisseur turc ou l'usurpateur albanais.

Cinq années de réformes (1903-1908) et, plus encore, cinq années d'émigration américaine avaient commencé de transformer le régime agraire de la Macédoine.

Autrefois, toute la terre appartenait aux seigneurs musulmans, dont le *raïa* n'était que le fermier ou le serf, et tout le pays était partagé en grands domaines, *tchifliks*, sur chacun desquels un village de *raïas* était fixé à demeure ou venait s'installer à bail. Au bon vieux temps, le *raïa* cultivait; le *bey* ou l'*aga* turc récoltait et laissait au *raïa* tout juste de quoi ne pas mourir de faim. Récemment, des contrats de métayage ou de location étant intervenus entre eux, le *raïa*, sur ses économies, s'était mis à acquérir tout ou partie des *tchifliks*, dont les grands propriétaires, absents et endettés, étaient obligés de se défaire morceaux par morceaux. Mais faute de sécurité, de moyens de communication et de capitaux pour la mise en valeur, faute de légalité surtout et de justice, le *raïa* n'avait d'abord que lentement agrandi son lopin et, n'ayant pas assez de terre à cultiver en propre, il s'était tourné vers l'émigration.

Il avait commencé par les États voisins : le Slave en Bulgarie et en Serbie, le Grec et le Valaque en Grèce ou en Roumanie étaient allés chercher du travail et, le plus souvent, s'étaient établis sans esprit de retour. Puis ils avaient appris le chemin de l'Amérique, tout comme le Crétois, le Moraïte et le Syrien, et les « Américains » en Macédoine, comme en Morée et comme en Crète, avaient envoyé, chaque année, de belles sommes que les familles, restées au pays, avaient aussitôt placées en achats ou en locations de *tchifliks*. Les réformes survenant avaient accéléré cette reconquête chrétienne de la terre; il n'est pas douteux que vingt ans de réformes et d'émigration combinées auraient eu pour résultat le passage entre les mains des *raïas*, surtout des Slaves, de tous les *tchifliks* de l'intérieur; il ne serait resté au propriétaire musulman que la banlieue des villes et des bourgs et les seules plaines côtières où une dense population musulmane s'était groupée.

Les *mohadjirs* de Bosnie et d'Herzégovine furent appelés et installés par les Jeunes-Turcs pour faire obstacle à cette reconquête chrétienne :

Ce « moyen » ingénieux provoqua une profonde indignation parmi la population chrétienne, surtout après l'installation d'un grand nombre de familles musulmanes, venues de la Bosnie et de l'Herzégovine, dans plusieurs *tchifliks* que travaillaient, depuis des siècles, des paysans chrétiens. Chassés des demeures où ils étaient nés et où leurs vieux parents étaient morts, privés de tout moyen certain d'existence, ces Macédoniens n'attendirent plus qu'une occasion favorable pour défendre leurs droits les armes a la main... D'autres mesures tout à fait illégales embrouillèrent encore la situation.

Dans le vilayet de Salonique et dans les sandjaks d'Uskub et de Monastir, il existe 932 villages dont la population ne possède pas de terres en propre, mais laboure celles des beys; de tous ces villages, il n'y en a qu'environ 300 dont la population a pu, par ses économies, racheter une partie plus ou moins grande des terres. Mais les quelques centaines de mille villageois [chrétiens], attachés aux *tchifliks*, savent très bien que les champs qu'ils labourent ont appartenu à leurs ancêtres avant l'arrivée des Turcs en Europe et que les sultans conquérants les en ont dépouillés. Il arrivait parfois que ces paysans parvenaient à les racheter par versements successifs. Or, le gouvernement jeune-turc s'est ingénié à leur faire toutes sortes de difficultés; il est allé jusqu'à acheter les *tchifliks* pour installer des *mohadjirs*. Au mois de novembre 1910, le député de Serrès, Christo Daltcheff, a raconté à la Chambre ottomane plusieurs de ces expulsions.

Il fallut que des protestations se fissent entendre partout dans la Turquie d'Europe, pour que les journaux impartiaux demandassent que les terres fussent distribuées tout d'abord à la population locale, qui les cultive depuis plusieurs siècles, avant d'être données gratuitement à des intrus, n'ayant aucune attache au pays. Il fallut que, dans certaines régions, les mécontentements et les protestations eussent dégénéré en bandes d'insurgés et en conflits armés, pour que le gouvernement fît un semblant de concession, en proclamant que, dans les *tchifliks* achetés par les autorités, on réserverait, pour les paysans desdits *tchifliks*, les terres indispensables, et que l'installation des *mohadjirs* n'aurait lieu que sur les terres restées disponibles après l'exécution du partage. Mais, depuis deux ans et demi, sur les *tchifliks* achetés par les autorités, les terres ont été partagées gratuitement entre les *mohadjirs* : on a oublié les paysans chrétiens. Une partie de la presse turque reconnaît elle-même cette injustice criante[1].

Un témoin non suspect écrivait dans le journal *Le Jeune-Turc*, le 28 novembre 1910 : « La question la plus importante pour la majorité de la population macédonienne, la question agraire, non seulement n'est pas entrée, sous le régime constitutionnel, dans la voie de la solution, mais elle se complique de jour en jour : les Bulgares ont été chassés des terres qu'ils cultivaient et les *mohadjirs* ont été installés en leur place. » C'est dans la Macédoine slave en effet, en travers de la descente bulgare et serbe, que

1. *La Vérité sur le Régime des Jeunes-Turcs*, par F. J. O., p. 47 et suivantes.

le Comité avait décidé d'établir ces *mohadjirs* de Bosnie, qui, pour la plupart, avaient gardé la langue serbe de leurs aïeux : contre la poussée du slavisme, le Comité escomptait en ces musulmans slaves un dévoûment aussi fidèle que celui des musulmans crétois en Anatolie ou dans les Iles, contre les menées de l'hellénisme.

A l'égard du paysan macédonien, la révolution jeune-turque faisait donc tout juste le contraire de ce que notre Révolution de 1789 avait fait pour notre paysan de France : elle lui enlevait ses meilleures chances de devenir propriétaire; elle lui enlevait même des terres qu'il croyait déjà tenir, que, de père en fils, il considérait comme siennes et qui, tôt ou tard, fussent venues en sa possession si ce gouvernement de malheur n'eût pas amené les *mohadjirs*. Deux ans après la « libération » de 1908, le paysan macédonien ne demandait qu'à revoir les bandes révolutionnaires et à reprendre la chouannerie... Juste à point, la politique des Jeunes-Turcs à l'égard des *comitadjis*, des « intellectuels » et du clergé bulgares rendait au paysan les chefs ou les organisateurs de l'insurrection souhaitée.

Pour les comités et les *comitadjis* macédoniens de toutes races, la révolution de juillet avait été une fâcheuse interruption de travail; tout, d'un seul coup, leur avait manqué de ce qui les entretenait et faisait leur force : le dévoûment des populations rurales, qui ne demandaient plus qu'à vivre tranquilles; les subventions des États voisins, Grèce, Serbie, Bulgarie et Roumanie, qui rivalisaient de prévenances envers le nouveau régime; l'indulgence ou l'aide de leurs amis d'Europe, qui, pour la plupart, estimaient la question de Macédoine définitivement réglée par le rétablissement de la constitution.

Les bandes et les *Organisations* s'étaient dissoutes, l'une après l'autre; la plus nombreuse et la plus puissante, l'*Organisation intérieure* des Bulgares, s'était disloquée : une partie de ses chefs, la moins nombreuse, mais la plus énergique, groupée autour des « héros » Sandanski et Panitza, avait rompu toutes relations avec le gouvernement de Sofia et déclarait se rallier de tout cœur à l'empire constitutionnel, au Comité *Union et Progrès*. Grecs, Bulgares, Serbes et Valaques ottomans s'offraient aux Jeunes-Turcs comme alliés dans la seule guerre que l'on voulût poursuivre désormais : la lutte électorale, et partout des clubs politiques prenaient la place des comités insurrectionnels. On ne voulait plus demander qu'au parlement et à la majorité jeune-turque le règlement des difficultés ecclésiastiques, scolaires, agraires, pour lesquelles on combattait, depuis cinq ans, à main armée.

Le Comité *Union et Progrès* favorisa d'abord l'éclosion de ces clubs « nationaux », et c'est après entente entre ces clubs et le Comité que les élections, ou plutôt les proclamations de députés, se firent en octobre-novembre 1908. Mais, de ces élections, sortit tout aussitôt la brouille entre Grecs et Jeunes-Turcs, les Grecs se plaignant, non sans raison, qu'on ne leur eût pas fait la part équitable; les affaires crétoises vinrent par là-dessus; la querelle éclata dès le printemps de 1909.

Le Patriarche lui-même prenait position contre les empiétements des ministres et du parlement sur ses droits et privilèges. Les communautés et les associations grecques de toutes sortes étaient dénoncées par les journaux du Comité comme des « nids de factieux » qu'il fallait détruire. L'hellénisme entier pouvait crier à la persécution; ses cris n'étaient que trop justifiés par l'abominable tyrannie que le Comité et ses agents faisaient peser sur les villes grecques de l'Épire, par le boycottage qu'il encourageait dans tous les ports grecs de Macédoine, de Roumélie et d'Anatolie, par les meurtres et attentats de ses *fédaïs* sur les notables et les prélats patriarchistes.

De décembre 1908 à décembre 1912, l'hellénisme épirote et macédonien fut bien plus malheureux qu'aux pires années du régime hamidien et de la guerre des *comitadjis*. Chaque discussion nouvelle entre la Porte et la Grèce ou les puissances, au sujet de la Crète, ouvrait une nouvelle série d'emprisonnements, de pillages, d'incendies et d'assassinats contre les notables, d'expéditions des *fédaïs* ou des soldats contre les villages patriarchistes, sous prétexte de rechercher les espions et les *antartes* (les révolutionnaires). En Macédoine et en Anatolie, la proximité de la mer ou des chemins de fer et la présence de nombreux Européens modéraient encore le zèle des *fédaïs* et des autorités. Mais en Épire, dans ce pays mélangé d'hellénisants et d'Albanais, dépourvu de communications et sans grands rapports de commerce avec le monde extérieur, on ne connaîtra jamais par le détail quelles furent les indicibles souffrances de ces quatre années 1908-1912[1].

1. *Athènes, le 5 mars 1910*. — La situation en Épire s'aggrave quotidiennement. Les persécutions contre les paysans augmentent et s'étendent; des détachements de troupes parcourent les

A la demande du gouvernement grec, les puissances « adriatiques », Autriche et Italie, conseillaient aux Turcs quelque rémittence ; les autorités découvraient alors un grand complot, tramé entre les Grecs de Janina pour la livraison de la forteresse à l'armée grecque. Une enquête officielle était ordonnée. Le journal *Stamboul* la résumait ainsi :

> On a mené grand bruit à propos de quatre documents trouvés à Janina sur un nommé Baïkouchi, sujet hellène, et qui révélaient l'existence d'un comité révolutionnaire grec ; l'enquête établit qu'on se trouve en présence d'une intrigue policière. Les documents ont été introduits dans les poches de Baïkouchi par des agents de police.

En Épire contre les Grecs, comme en Macédoine contre les Bulgares, les autorités semblaient exécuter un plan méthodique : elles voulaient, de part et d'autre, supprimer ou refouler la population chrétienne et installer en sa place des villages musulmans, *mohadjirs* bosniaques en Macédoine, paysans albanais en Épire. L'hellénisme se voyait ainsi évincé de cette province que, depuis le traité de Berlin, il tenait déjà pour sienne : les diplomates de l'Europe et la Porte elle-même ne lui avaient-ils pas

> villages ; les habitants sont emprisonnés en masse. Les maires et les adjoints sont forcés de signer des papiers dont ils ignorent le contenu ; la torture est appliquée comme procédé d'enquête ; le nommé Kosta Karayannis, du village de Séniko, a eu les deux mains brûlées avec un fer rouge.
> Concurremment avec ces persécutions et vexations policières, de grandes mesures militaires sont prises dans la province : concentration de matériel de guerre, travaux de fortification, recensement des animaux susceptibles de servir aux transports ; le chef de la gendarmerie du vilayet, accompagné d'officiers de l'armée régulière, a parcouru les sandjaks de Prévéza et de Janina et a marqué différents points qui seront à fortifier.

reconnu, dès 1878, cette frontière du Kalamas qui lui donnait tout le rivage jusqu'à Corfou, tout l'hinterland jusqu'à Janina? En 1878, les menées d'Abdul-Hamid et de la *Ligue albanaise* l'avaient empêché d'atteindre cette frontière; mais ces terres, de par le droit international, appartenaient au royaume de Grèce, et c'était en ces pays héroïques de Souli et de Parga que les Jeunes-Turcs, aujourd'hui, avaient la prétention d'extirper la race grecque, de faire du repeuplement albanais!

*
* *

En Épire contre les Grecs, c'était la guerre déclarée, et la guerre au couteau. En Macédoine, malgré l'affaire des *mohadjirs*, le Comité pensait à garder les apparences avec le slavisme, avec l'élément bulgare surtout. Il n'avait aucune crainte de l'armée grecque; mais il estimait l'armée bulgare à sa juste valeur et il savait quelle désorganisation de l'armée turque avait été la première conséquence de la révolution : officiers et soldats avaient déserté les casernes pour aller « voir au pays » ou prendre leur part dans la « régénération de l'Empire », gouverner les provinces et surveiller les villes, au nom du Comité; la proclamation de l'indépendance bulgare avait amené six mois de tension dans les rapports entre Sofia et Stamboul (octobre 1908-avril 1909); le peuple bulgare désirait la guerre; les Jeunes-Turcs voulaient l'éviter à tout prix.

Ils avaient donc quelques égards envers les chefs du bulgarisme macédonien; ils leur offraient de régler au profit de l'Exarque le débat que, depuis vingt ans, Abd-ul-Hamid entretenait au sujet des églises contestées. Depuis vingt ans, la Macédoine était partagée entre évêques exarchistes et évêques patriarchistes; mais on n'avait attribué aux premiers que les paroisses, dont tous les fidèles se réclamaient unanimement du rite bulgare; on avait laissé au Patriarche les autres églises, même dans les villes et les villages où la majorité de la population se disait bulgare et ne voulait que du clergé de l'Exarque.

Une loi « provisoire » ordonna que le *referendum* populaire attribuât les églises, les biens ecclésiastiques et les bâtiments scolaires, suivant le vœu des majorités locales. L'hellénisme cria à la spoliation : c'était le Patriarcat, disait-il, qui avait construit ces églises, patiemment acquis ou courageusement défendu ces biens, dont l'Exarchat entendait bénéficier de par le bon plaisir des Jeunes-Turcs, qui prenaient pour règle le recensement exécuté en Macédoine par l'inspecteur général Hilmi-pacha :

Vilayet de Kossovo.
Exarchistes. 184 912
Patriarchistes. 164 676

Vilayet de Monastir.
Patriarchistes. 272 386
Exarchistes. 178 527

Vilayet de Salonique.
Patriarchistes. 311 982
Exarchistes. 244 723

Total.
Patriarchistes. 749 044
Exarchistes. 608 162

D'après ce dénombrement, l'attribution des églises donnerait à l'Exarchat un bon tiers de la Macédoine et ferait perdre à l'hellénisme toute la Macédoine septentrionale, où « beaucoup de paysans parlent un dialecte slave, mais restent grecs de cœur et de civilisation ; ce sont des Grecs « slavophones » ; leur idiome n'est qu'un patois sans littérature ; la langue de la civilisation reste pour eux le grec ; il a fallu toutes les violences de la propagande bulgare pour arracher à la grande patrie idéale, l'hellénisme, une partie de ces paysans macédoniens et les amener, moitié de gré, moitié de force, sinon à se croire, du moins à se déclarer bulgares [1] ».

En cette année 1908-1909, l'intimité entre Vienne et Sofia avait un peu refroidi le zèle ordinaire des Russes en faveur des Bulgares : le Patriarche trouva un appui dans l'ambassadeur russe ; la loi « provisoire » ne fut pas appliquée. Elle avait du moins servi à gagner aux Jeunes-Turcs l'entier dévoûment du slavisme macédonien pendant la crise du Treize-Avril ; plus encore qu'à leur armée régulière, c'est à leurs auxiliaires macédoniens qu'ils avaient dû leur reconquête de Constantinople et du pouvoir. Mais cette trop facile victoire les grisa : ils perdirent tout aussitôt le souvenir de la dette ainsi contractée ; comme une revision de la Constitution leur semblait nécessaire pour asseoir plus solidement leur régime parlementaire et le règne de leur Comité, ils y firent entrer les deux articles XI et XVI, qui, sous une rédaction innocente, allaient à supprimer tous les droits et privilèges traditionnels des communautés chrétiennes (juin 1909).

1. L'*Hellénisme*, septembre 1909, p. 207.

L'article XI donnait à l'État la police du culte et le contrôle sur les affaires religieuses, disaient les chrétiens; l'article XVI lui donnait le monopole de l'enseignement :

Art. XI. — L'État protège l'exercice de tous les cultes, à condition qu'ils ne portent pas atteinte à la morale et à l'ordre public.

Art. XVI. — Toutes les écoles publiques sont sous la surveillance de l'État; des mesures seront prises pour que l'enseignement donné aux sujets ottomans le soit d'après un système conforme et régulier. Mais l'enseignement religieux des diverses nationalités n'en sera pas atteint.

Les discours à la Chambre et les journaux du Comité commentaient clairement ces deux textes. Jusqu'ici, les chefs et les conseils électifs des diverses « nations » ottomanes étaient les intermédiaires officiels entre le gouvernement de la Porte et ses sujets *raïas*, en tout ce qui concernait les intérêts religieux, intellectuels et temporels de ces non musulmans. Laissant aux communautés et à leurs chefs les seules affaires proprement religieuses, « à condition qu'on ne portât pas atteinte à la morale et à l'ordre public », les Jeunes-Turcs entendaient que toutes les autres, et surtout l'enseignement, fussent désormais sous l'autorité directe de l'État et que le parlement impérial, non plus les conseils des communautés, en décidât souverainement. Ils entendaient surtout que, dans toutes les écoles de l'empire, on fît à l'enseignement du turc sa part, la première, et que le turc, langue officielle de l'État, devînt aussi la langue officielle de toutes communautés, la langue maternelle de tous les Ottomans.

Comme les vertus et la prééminence de la race turque, les beautés et la supériorité de la langue turque leur apparaissaient incontestables : à l'arabe, ils voulaient bien abandonner la religion musulmane; au grec, au bulgare, au serbe, les différentes religions chrétiennes; mais au turc, ils réservaient le gouvernement et l'éducation, la régénération politique et intellectuelle. Et de bonne foi, ils entreprenaient la « défense et illustration de la langue turque », comme du meilleur, du plus honnête, du plus solide, du plus commode instrument de pensée qu'il fût donné aux peuples ottomans d'acquérir.

Ils reconnaissaient qu'à travers les âges, la pureté et la noblesse de cette langue du commandement avaient été compromises par une trop longue intimité et de trop nombreux échanges avec l'arabe et le persan. Mais les *Yénitché Calemler*, les « Jeunes Plumes », partisans de l'*Yéni Hayal*, de la « Vie Nouvelle », entreprenaient de retrouver, de fixer et de répandre la « Langue Nouvelle », *Yéni Lissan*, en prenant pour règle l'usage de Constantinople et pour fonds le dialecte stambouliote : n'est-ce pas tout pareillement que les Français, pour leur langue, en avaient usé avec l'usage et le dialecte de Paris? Ils s'efforçaient donc de débarrasser le turc de toutes les superfétations, élégances et bizarreries arabes ou persanes, et de toutes les chinoiseries de l'orthographe et de la construction archaïques[1]. C'est cette langue toute neuve, remise au goût du jour, adaptée aux besoins de la vie nouvelle et de la pensée libre,

---

1. Voir là-dessus l'excellent article de P. Risal, dans le *Mercure de France*, du 15 août 1912 : *Les Turcs à la recherche d'une Ame nationale*.

que le Comité voulait substituer dans toutes les écoles de l'empire aux langues « réactionnaires » de la religion et des nationalismes.

Toutes les nationalités, musulmanes et chrétiennes, s'insurgèrent contre la prétention. Pour la première fois dans l'histoire ottomane, les chefs de toutes les communautés *raïas* furent d'accord pour protester, et le Grand Rabbin, « bien que les Israélites de l'empire n'eussent pas un système scolaire national à l'instar des communautés chrétiennes », se joignit à l'Exarque bulgare et aux Patriarches orthodoxe, arménien et latins qui dénonçaient comme illégal ce vote de la Chambre.

Derrière les Patriarches, la Porte craignit l'intervention des puissances qui possédaient ou revendiquaient le protectorat des chrétiens ottomans : Angleterre pour les protestants, Russie pour les orthodoxes, Autriche et France pour les catholiques. La menace russe, surtout, l'effraya : le nouvel ambassadeur du Tsar, M. Tcharikof, se posait en « avoué » de l'orthodoxie.

Après quatre ou cinq mois de menaces, le Comité céda ; le grand vizir donna aux Patriarches les assurances les plus formelles sur le maintien et le respect de tous les droits et privilèges traditionnels. Il les reconnut pour « ethnarques », pour chefs religieux et civils de leurs *millet* (nations) :

> Son Altesse, disait une note officielle du Patriarcat orthodoxe (novembre 1909), son Altesse a déclaré formellement et sans réserve que les privilèges de l'Église et de la Nation, — tels ceux qui concernent le jugement des prélats et des prêtres, le mariage avec tous ses détails, les testaments dans tout l'ensemble, les écoles, depuis les écoles primaires jus-

qu'aux gymnases inclusivement, l'administration de nos affaires ecclésiastiques et, généralement, de nos affaires nationales, les biens des couvents, églises, écoles, établissements de bienfaisance, — et tous autres privilèges subsistent dans toute leur étendue, tels qu'ils ont existé depuis le temps de la conquête, et que le gouvernement ne songe nullement à les restreindre ou à les modifier.

Mais ces assurances ne calmèrent pas l'inquiétude des communautés : toutes les *millet raïas*, chrétiennes et juives, sentaient que, forcé de céder aujourd'hui, le Comité reprendrait demain ses empiétements. Ses prétentions, au sujet des écoles, se justifiaient en quelque mesure : puisque l'on fondait un régime constitutionnel, de parlementarisme, de libre discussion, ne fallait-il pas une langue commune, dont on pût exiger la connaissance familière à l'entrée de tous les emplois et de la Chambre elle-même? et puisque tous les sujets ottomans servaient maintenant dans l'armée, ne fallait-il pas que tous comprissent et parlassent la langue du commandement? pouvait-on admettre sur le pied d'égalité les vingt-cinq ou trente idiomes de l'empire ou devait-on réserver aux seuls Turcs et « turcophones » les grades, les sièges, et les fonctions?

C'étaient les questions que les Jeunes-Turcs continuaient de poser à leurs sujets musulmans, surtout aux deux groupes les plus réfractaires, aux Arabes et aux Albanais. Car, terminé avec les communautés chrétiennes, le débat se poursuivait avec les nationalités musulmanes. Mais plus encore que les chrétiens, les musulmans refusaient d'admirer les beautés de la langue turque, qui n'était à leurs yeux qu'idiome de barbares, de soudards, que l'on devait réserver aux casernes : « Si l'empire du Khalife doit avoir une langue officielle, disaient les Arabes, pourquoi ne pas choisir la langue sacrée du Prophète et du Coran, la langue mondiale de l'islam universel ? et si les peuples du Sultan veulent d'un instrument de pensée, de science et d'art, dont mille ans de civilisation aient démontré la valeur, les *giaours* eux-mêmes ne vantent-ils pas l'éternelle jeunesse, la richesse, la finesse de l'arabe, sa souplesse à toutes les besognes, son éloquence, son nombre et son éclat ? »

Quant aux Albanais qui, depuis leur coup manqué du Treize-Avril, ne songeaient plus qu'à s'évader de la tyrannie jeune-turque, ils avaient l'albanais, disaient-ils : parlé par deux millions d'hommes dans une région compacte et bien définie, cet idiome tout neuf, plus neuf que toutes les autres langues de l'Europe, puisqu'il n'avait jamais été écrit ni fixé par une littérature, était, par suite, bien plus capable que toutes les autres langues du Levant de s'adapter aux besoins de la civilisation occidentale ; il suffisait de l'écrire en caractères latins. L'albanais était la langue d'un peuple sans préjugés religieux ni traditions embarrassantes ; il pouvait ne pas convenir à l'Empire turc ; mais il suffirait à l'Albanie au jour prochain où, la folie des Jeunes-Turcs rendant impossible la vie commune, les Albanais demanderaient à une révolte générale et à une intervention autrichienne, italienne, occidentale, la fondation d'une Grande Albanie.

Entre Turcs et musulmans, cette querelle des langues subsiste encore aujourd'hui et je ne doute pas que, demain, les Jeunes-Turcs, en leur Turquie d'Asie, ne se retrouvent en face de ce problème insoluble : s'ils veulent imposer le turc à leurs sujets arabes, kurdes, druzes, etc., nous reverrons des révoltes, puis des scissions druzes, kurdes, arabes; et pourtant comment le régime constitutionnel pourrait-il vivre sans une langue comprise et parlée, non pas de tous les peuples, mais au moins de toute la classe gouvernementale des fonctionnaires et des élus?

On allègue que la Suisse a trois langues officielles et l'Autriche-Hongrie, cinq ou six. Fort bien; quand la Turquie d'Asie sera au même état de civilisation que ces peuples d'Europe, l'administration et le parlement s'y pourront recruter de polyglottes et l'égalité pourra se concéder à cinq ou six langues. Mais en attendant ces jours qui ne sont pas proches, il faut gouverner, et si, demain, l'on ne partage encore cette Turquie d'Asie qu'en deux domaines de langue turque et de langue arabe, que deviendra l'unité ottomane?

En Macédoine, le débat sur l'enseignement laissa dans les esprits de tous les chrétiens la conviction que jamais les intérêts des religions et des civilisations nationales ne seraient en sûreté sous le régime jeune-turc.

Le Comité s'était irrévocablement aliéné la résignation du villageois *raïa* par le repeuplement; il sentait que les citadins ne lui pardonneraient jamais cette entreprise sur les écoles : voyant son œuvre compromise et ses « bonnes intentions », comme il disait, méconnues, il entreprit de supprimer purement et simplement toutes les forces individuelles ou collectives qui lui barraient la route.

Un publiciste macédonien publiait en 1911 une brochure, qui n'était pas un pamphlet, *La Vérité sur le Régime constitutionnel des Jeunes-Turcs*[1]. En cette « Lettre à un des Membres les plus influents du Comité *Union et Progrès* », M. F. J. O. expliquait comment le nouveau régime avait été compromis :

> La plus grande des fautes commises par les Jeunes-Turcs a été leur décision d'exterminer, petit à petit, non seulement tous les chrétiens qui ont dirigé les bandes ou les comités insurrectionnels sous l'ancien régime, mais encore ceux qui ont joué un rôle prédominant en Turquie d'Europe pendant la période révolutionnaire. Cette extermination, commencée immédiatement après la proclamation de la constitution, se poursuit d'après un plan si bien conçu et avec une telle persévérance, qu'il est tout à fait impossible de considérer ces assassinats successifs comme des vengeances privées ou des malheurs dus au hasard. Il est de notoriété publique aujourd'hui que cette extermination a été et continue à être exécutée par certains petits groupes, que dirigent les Comités jeunes-turcs et qui agissent dans le plus grand secret. Ces *fédaïs* sont recrutés parmi les agents de police et les fonctionnaires, parmi les officiers de la gendarmerie et même de l'armée. Grâce à la protection des autorités et des membres les plus influents du comité *Union et Progrès*, ils ont pu exterminer plus de cinquante ex-chefs de bandes, ou ex-*comitadjis*.
>
> Tous ces malheureux avaient déposé leurs armes, immédiatement après la proclamation de la Constitution. Ils s'étaient joints aux Jeunes-Turcs qui les avaient accueillis ; ils avaient prêté serment de travailler tous ensemble pour le relèvement de la patrie et la défense des droits constitutionnels. Les naïfs! Ils avaient eu pleine foi dans les déclarations des Jeunes-Turcs, et ils n'avaient ménagé ni leur appui moral, ni même leur sang pour le rétablissement du régime constitutionnel!

[1]. Paris, Plon-Nourrit et Cie, 1911.

Et l'auteur anonyme donnait la liste des anciens « voïvodes », « comitadjis », etc., tués ou blessés par les agents des Jeunes-Turcs après l'amnistie générale :

1° Spiro Stéphanoff, du village de Poltchichta, caza de Perlépé (Prilep), tué le 12 février 1909 ; 2° Mitré Slavkoff, du village de Kossel, caza d'Ochrida, tué le 23 février ; 3° Mité Tchetchicoff, du village de Tchégan, tué le 19 février avec son fils âgé de douze ans ; 4° K. Schkoutroff, du village de Tzaritchani, caza de Kastoria, grièvement blessé le 22 mars ; 5° Athanase Rapoff, de la ville de Kastoria, tué le 4 avril dans une embuscade tendue contre l'ancien chef de bande Nicolas Andréeff, originaire de la même ville ; 6° Stéphan Kalindjieff, père de l'ancien chef de bande Vassil, tué le 22 avril près du village d'Ostrovo ; 7° Diko Djélépoff, tué le 21 avril dans les environs de la ville de Malko-Tyrnovo ; 8° Gondjo Klaytcheff, du village de Ghuptchévo, caza de Enidjé-Vardar, tué le 18 avril pendant qu'il se rendait à un mariage avec ses anciens camarades : Vano Babilaschoff, Théodore Nekcheff et Kosta Bavoutcheff furent également attaqués dans le même guet-apens ; 9° Sava Tzvétanoff, du village de Dolno-Sylné, caza d'Uskub, tué le 25 mai ; 10° Dimitri Zapreff, du village de Startchichta, caza de Newrocop, tué le 27 mai ; 11° le mouktar Ivan, du village de Golichani, caza de Vodéna, tué le 14 juin ; 12° K. Marvacoff, du village de Zernévo, caza de Newrocop, tué le 29 juin ; 13° Vassil Maleff et Ivan Baltanoff, du village de Tarlis, caza de Newrocop, tué le 19 juin ; 14° Sava Solniansky, tué près de la ville d'Uskub, le 17 août ; 15° Gheorghi Bachliata, du village de Kartchovo, caza de Démir-Hissar, blessé le 14 septembre ; 16° Stoyan Tchavdarlieff, du village de Karea-Orman, caza de Serrès, tué le 21 septembre ; 17° Théodore Schichmanoff, ancien « voïvode », tué le 26 octobre ; 18° Vassil Stoyanoff Adjarlarsky, ancien « voïvode », tué le 27 novembre dans la ville d'Uskub ; 19° Banokoucheff, inspecteur des écoles bulgares, tué le 18 novembre 1910 dans la ville de Keupreulu (Vélès), etc., etc.

Au lendemain de la révolution de juillet, l'*Organisation Intérieure* s'était dissoute : soldats et chefs étaient revenus à leurs occupations et à leurs champs; quelques-uns des meneurs avaient délibérément rompu avec Sofia et déclaré qu'ils ne voulaient plus « faire le jeu » du gouvernement bulgare; tous ne demandaient que la sécurité et un minimum de liberté pour se rallier au nouveau régime et faire l'essai loyal de la constitution... Les assassinats des camarades venaient brusquement leur ouvrir les yeux sur les réelles intentions du Comité : dès l'automne de 1909, tous se sentaient menacés du même sort; il n'y avait de salut pour eux que dans la reprise de la « vie illégale »; ils se remettaient en campagne et, d'un bout à l'autre de la Macédoine slave, dès novembre 1909, on signalait la réapparition des bandes et le recommencement des attentats sur les personnages et les bâtiments officiels, sur les colonies de *mohadjirs*.

Pourtant le gros de la population chrétienne avait tant souffert jadis des exploits des *comitadjis* qu'elle hésitait encore à se rejeter, elle aussi, dans la « vie illégale » : les citadins et les gens des bazars espéraient encore dans les moyens légaux; ils voulaient, par le bulletin de vote, conquérir l'influence sur les conseils de *vilayets* et dans le parlement; ils n'étaient entrés qu'en petit nombre dans les comités C. U. P. O.; mais ils en avaient copié l'organisation dans leurs clubs, comités locaux, congrès et comité central de chaque nationalité.

Des clubs bulgares, serbes, grecs, juifs même, s'étaient ouverts et propagés jusque dans les moindres bourgs; les Bulgares surtout avaient su recruter et discipliner les leurs; l'*Organisation nationale bulgare* pouvait se comparer au C. U. P. O., sinon pour le nombre des adhérents, du moins pour l'activité et la parfaite entente. Entre cette Organisation et le C. U. P. O., avaient régné d'abord la concorde et les échanges de bons offices : un accord formel était intervenu pour les élections; un autre accord avait mis au service du C. U. P. O. toutes les forces bulgares pour la reprise de Constantinople, après le coup d'État du Treize-Avril; puis, contre toutes les menées réactionnaires, contre toutes les excitations révolutionnaires, même contre les bandes renaissantes et les *comitadjis*, l'*Organisation* avait rendu les services les plus empressés aussi bien aux fonctionnaires de la Porte qu'aux délégués du Comité.

Mais l'*Organisation* avait aux yeux du Comité un tort impardonnable : elle entendait vivre à côté de lui, dans son alliance, non pas dans sa sujétion, et elle entendait servir le régime constitutionnel, mais en user aussi pour le profit et le progrès de sa communauté bulgare, pour « la défense et illustration » des race et langue, non pas turques, mais bulgares. Légalement, l'*Organisation* était dans son droit : elle ne faisait pour ses Bulgares que ce que le Comité lui-même entendait faire pour ses Turcs, et par les mêmes moyens, et par ses propres et seules ressources, alors que le Comité puisait aux caisses de l'État...

En novembre 1909, le Comité présentait à la Chambre une loi sur les Associations, dont l'article IV déclarait illégale et supprimait « toute société fondée sur la base de dénomination et de distinction nationales » : il ne devait exister désormais que des sociétés « ottomanes » et elles ne devaient s'occuper que de questions scientifiques, économiques, industrielles ou agraires; le C. U. P. O. lui-même déclarait qu'il renonçait à la politique : son unique objet était la « propagation du Commerce et l'Industrie », ni plus ni moins qu'en France c'était l'objet du Comité Mascuraud.

La loi fut votée malgré l'opposition de tous les chrétiens et elle fut appliquée avec tous les secours de la police et de la délation. Officiellement, l'*Organisation bulgare* ferma ses clubs. Mais au lieu de réunions au grand jour, les adhérents furent convoqués à des séances secrètes et l'on reprit les usages et règlements de l'ancienne *Organisation intérieure* : puisque les Jeunes-Turcs ne voulaient plus de libre discussion ni d'égalité constitutionnelle, ce fut de nouveau l'insurrection que l'on prépara, afin d'obliger à une nouvelle intervention l'Europe ou les États balkaniques et d'obtenir quelque jour l'autonomie, l'indépendance ou le partage de la Macédoine... Alors le Comité cria à la rébellion et, supposant un vaste complot contre la sûreté de l'empire, il décida que l'on allait procéder au désarmement de tous les séditieux (février-mars 1910).

Sur ce point encore, la décision du Comité pouvait être appuyée de quelques arguments valables : durant les cinq années où les agents de l'Europe avaient eu la Macédoine sous leur contrôle, ils avaient proclamé à l'envi que toute pacification, tout régime légal demeuraient impossibles aussi longtemps qu'on laissait leurs armes aux *comitadjis* et aux *bachi-bouzouks*.... Mais les agents de l'Europe eussent sans doute désarmé la Macédoine tout autrement que les agents du Comité le firent.

Dès l'été de 1909, le Comité avait fait procéder au désarmement de la Haute Albanie, d'où les *bachibouzouks* tombaient sur la plaine de Kossovo et sur la haute vallée du Vardar. A la vérité, il obéissait moins au souci de la paix publique et de la loi égale pour tous qu'à sa rancune contre les Albanais : il accusait leurs députés d'être les principaux auteurs du Treize-Avril; il redoutait les tendances séparatistes de toute la nation; l'Albanie, si on ne la courbait pas sous un régime de fer, serait toujours l'espoir de l'absolutisme, disaient-ils, et dans une révolte de la Haute Albanie, peuplée de catholiques, l'Autriche ou l'Italie trouverait toujours le moyen de rouvrir la question de Salonique ou de Valona, de travailler à la dislocation de l'empire en Europe.

L'armée turque s'était donc mise en campagne contre les Albanais. Une première expédition en 1909 n'avait pu s'avancer que jusqu'à la lisière du pays des montagnards (Malissores). En 1910, cinquante mille hommes s'enfonçaient dans les monts, en saccageaient les villages, en canonnaient les *koulas* (tours de guette) et les rochers, en massacraient ou en chassaient devant eux la population et les troupeaux, et rapportaient le butin de dix ou vingt mille vieilles armes et la soumission nominale des tribus décimées, tandis que les fusils nouveau système et les bandes passaient la frontière du Monténégro pour reparaître au début de 1911.

Au retour de cette glorieuse campagne, les troupes surexcitées et affamées redescendaient en

Macédoine. Les Albanais, par leur refus de payer l'impôt, de recevoir les fonctionnaires et les garnisons de la Porte et même de laisser pénétrer chez eux la gendarmerie turque, avaient donné vingt bons motifs de leur déclarer la guerre; les Macédoniens n'en fournissaient encore aucun. Mais en novembre 1909, le Comité avait fait promulguer une loi « provisoire » sur les bandes; durant l'été de 1910, l'armée de Torghout-pacha était chargée de l'appliquer.

Cette loi était d'une cruauté et d'une injustice odieuses; elle arrivait à déférer aux conseils de guerre, non seulement les affiliés aux bandes et les détenteurs ou recéleurs d'armes, mais la population chrétienne tout entière :

L'article 14 rend responsables de l'activité des bandes les maires des villages, les gardes champêtres et, en général, la population rurale. L'article 17 ordonne le désarmement de toute la population et punit d'un emprisonnement d'un à six mois tout Ottoman chez qui les autorités compétentes parviendraient à saisir quelque arme défendue. D'après l'article 18, toute personne reconnue pour avoir fait partie d'une bande sera punie d'au moins dix ans de prison; si elle est accusée d'avoir blessé ou tué, la peine de mort, laquelle est également appliquée aux organisateurs et aux chefs. Les membres des bandes, pris sans armes, seront punis de la même peine que s'ils étaient arrêtés les armes à la main. Seront encore punies de mort, toutes les personnes convaincues d'avoir donné de faux renseignements aux détachements militaires, de nature à exposer à quelque danger les soldats ou les gendarmes.

Les habitants des villages, où se cacheraient des personnes ayant tiré sur les soldats ou sur les gendarmes, seront internés dans d'autres vilayets pour une durée de cinq années.

L'article 25 reconnaît aux autorités le droit d'interner où bon leur semblera les familles des personnes disparues de leurs villes ou villages. Les autorités militaires ont décidé d'incendier les maisons des paysans absents de leurs villages et d'user de la bastonnade envers tous ceux qui cacheraient leurs armes ou qui ne répondraient pas avec empressement aux interrogations des officiers et des gendarmes.

Tout l'été, les villages chrétiens de Macédoine furent visités, fouillés, bâtonnés et rançonnés par les soldats de Torghout-pacha. Les pires cruautés du régime hamidien furent renouvelées. Le nombre des arrestations dépassa douze mille et celui des morts et des blessés, cinq mille, dit-on. Les consuls de toutes les puissances furent unanimes à déclarer que, dans la plupart des cas, les villageois, les notables surtout, n'étaient coupables que de n'avoir pas voulu dénoncer les anciens *comitadjis* ou les chefs de bandes nouvelles, dont ils craignaient les représailles; malgré le zèle des policiers, aucune preuve d'un complot ne put être relevée.

A la rentrée de la Chambre ottomane, en novembre 1910, le député macédonien Th. Pavloff, un élu et un ancien adhérent du C. U. P. O., faisait le bilan de ces quatre mois de désarmement:

Personnes battues et maltraitées dans les sandjaks de

Uskub	1 104
Monastir	285
Salonique	464
TOTAL	1 853

Dans ce compte-là, n'entrent pas les personnes battues en masse dans onze villages du sandjak d'Uskub et dans trois villages du sandjak de Monastir. En mettant 50 paysans maltraités par village, on a le chiffre total de 700, lequel, ajouté à la somme précédente, donne 2 553 personnes battues ou maltraitées pendant les trois mois susindiqués. En outre, durant les mêmes mois, ont été arrêtées, toujours à l'occasion du désarmement, 1 436 personnes dont la plupart furent battues par les gendarmes et par les soldats; plus 73 personnes dont la plupart sont mortes et les autres restent infirmes. Ce qui porte à 4 062 le total des personnes battues ou torturées. En outre, avant le 1er juillet (vieux style), on avait maltraité ou emprisonné, dans les cazas d'Yénidjé-Vardar, Vodéna et Ghévghéli, 911 personnes, ce qui donne le chiffre de 4 973. Ajoutez environ 2 050 réfugiés en Bulgarie et 2 010 personnes qui s'étaient enfuies dans les montagnes pour éviter les mauvais traitements ou l'emprisonnement et vous aurez un total de 9 033 victimes du désarmement.

A la fin de novembre, le correspondant du *Times*, rentrant d'une tournée en Macédoine, écrivait à son journal :

Les sévices et les abus, commis par le gouvernement ottoman, sur la population chrétienne, en Macédoine, pendant le désarmement, étaient connus déjà par les rapports détaillés des consuls étrangers; les révélations du député M. Pavloff, n'ont donc pas étonné les cercles politiques. M. Pavloff a déclaré que le nombre des personnes battues, en Macédoine, s'élevait à plus de 4 970. Suivant ma vérification personnelle, ce chiffre n'est pas éloigné de la réalité. M. Pavloff fait ressortir que parmi les personnes maltraitées, 64 sont restées incapables de travailler et 11 autres sont mortes. Ce chiffre est inférieur au nombre exact des personnes mortes ou restées infirmes. C'est de cette manière que les Jeunes-Turcs persécutent les chrétiens, tout comme sous le régime hamidien ; afin de mieux tromper l'Europe, ils ont pris un masque constitutionnel.

La responsabilité du Comité et du gouvernement jeune-turc ne pouvait pas être niée : le Comité, siégeant à Salonique, n'avait pas ignoré les excès des soldats; le ministre de l'Intérieur, Talaat-bey, était allé à Uskub; mais son enquête avait été conduite avec le parti pris de tout excuser, et son voyage n'avait eu pour résultat que le redoublement des mesures policières contre les écoles grecques et bulgares et contre ceux de leurs professeurs qui avaient fait leurs études à l'étranger ou avaient acquis une nationalité étrangère.

En cet automne de 1910, le Comité et le gouvernement avaient perdu leur crainte salutaire de la force bulgare : leur ministre des Affaires étrangères avait signé, disait-on, une convention militaire avec la Roumanie, peut-être une alliance avec l'Autriche; leur généralissime, aux grandes manœuvres d'octobre, présentait une armée complètement refondue et des effectifs pleins à von der Goltz-pacha.

Au parlement ottoman, les voix les moins suspectes dénonçaient pourtant le danger : le « désarmement » macédonien unissait dans la même révolte les chrétiens de tout rite, qui, jusque-là, semblaient être d'irréconciliables ennemis; la réconciliation des deux Églises se préparait (décembre 1910); on parlait déjà d'une entente, d'une alliance entre les gouvernements d'Athènes et de Sofia.

V. — L'ATTENTE

C'est en ces mois de novembre 1910-février 1911 que se décida le sort de la Turquie d'Europe; la centralisation des Jeunes-Turcs et leurs procédés de gouvernement avaient exaspéré tous leurs sujets; de l'Yémen à l'Albanie, chrétiens et musulmans reprenaient tout haut l'ancienne formule du général Ignatief « autonomie ou anatomie », réforme, décentralisation ou partage. Le *Memorandum* des Albanais posait nettement la question d'où allait sortir le salut ou la ruine :

Memorandum des Albanais réfugiés dans la montagne.

Par le présent memorandum, nous, les Albanais qui nous trouvons dans les montagnes, désirons informer le gouvernement de l'Empire Ottoman ainsi que le monde civilisé que la seule cause qui nous a forcés à prendre le chemin de la montagne est le gouvernement ottoman lui-même. Si nous n'avions pas quitté nos foyers et nous ne nous étions pas réfugiés dans les montagnes, qui sait combien d'entre nous, et même peut-être tous, auraient été pendus ou exilés. Notre seul crime est que nous sommes Albanais de par la volonté de Dieu, et que nous voulons faire notre éducation avec notre langue nationale et désirons mourir Albanais.

Que le monde civilisé sache que nous ne sommes pas dans les montagnes, soit pour voler, soit pour tuer, non, mille fois non.

Nous avons gagné les montagnes pour montrer au monde civilisé que nous ne sommes pas satisfaits du gouvernement actuel de l'Empire ottoman et pour lutter jusqu'à ce que le gouvernement satisfasse à nos demandes qui sont les suivantes :

1° Amnistie générale pour tous nos frères musulmans ou catholiques ;

2° Liberté entière pour tous les Albanais de s'instruire dans leur langue nationale ;

3° Liberté entière pour les écoles albanaises et pour les journaux albanais.

Nous lutterons, Toskes et Guègues, jusqu'à ce que nous obtenions gain de cause. En plus de ces demandes, nous exigeons encore ce qui suit, sans quoi nous ne pourrions pas vivre : que tous les fonctionnaires en Albanie soient Albanais, connaissent notre langue et nos usages, et ainsi le gouvernement évitera les fautes qui ont provoqué les événements du printemps passé ; que la langue albanaise soit apprise dans toutes les écoles d'Albanie et écrite en lettres latines et non arabes.

Nous sommes prêts à payer les impôts votés par le Parlement, mais à condition que cet argent soit employé en Albanie pour des routes et des chemins de fer ; que le gouvernement ouvre des banques, pour que le peuple puisse emprunter de l'argent en vue d'acheter des instruments agricoles ; que le gouvernement encourage l'entrée des capitaux étrangers, pourvu que ce capital n'appartienne pas à la propagande étrangère.

Les plus sages des Jeunes-Turcs sentaient la gravité de l'heure. A Salonique même, en la propre salle du Comité central *Union et Progrès*, l'un des plus hauts fonctionnaires du vilayet, un inspecteur de l'Instruction publique, Kiazim-Nami-bey, disait publiquement :

Au lendemain de la proclamation de la Constitution, nous nous sommes crus délivrés de la tutelle de l'Europe qui, nous devons le reconnaître, se montra disposée à nous laisser libres. Depuis juillet 1908, deux ans et demi se sont écoulés : qu'avons-nous fait pour modifier la situation où nous nous trouvions sous le régime hamidien ? Hélas ! Rien ou presque rien. La preuve c'est que le monde civilisé vient de noter une nouvelle entrevue de souverains nous concernant, l'entrevue de Potsdam.

Frères ! Oublions entièrement l'ancien régime de sinistre mémoire. Essayons d'amener ce pays sur la voie du progrès, grande ouverte à tous les peuples qui ont envie de travailler et n'aspirent pas au suicide. Il est temps de nous mettre à cette tâche. Qu'avons-nous fait pendant les trente mois de notre vie constitutionnelle ? Nous avons réussi à mécontenter toutes les nationalités non musulmanes avec notre lamentable programme nationaliste, dont nous avons poursuivi la réalisation par toute sorte de moyens extra-constitutionnels. Aussi avons-nous vu les insurrections pousser sous nos pieds comme des champignons. Nous assistons au détraquement général de la machine administrative. Nous voyons les puissants de la terre s'affairer de nouveau autour de nous comme autour de l'éternel malade. Les intérêts vitaux de notre pays sont de plus en plus menacés, et le crédit que nous avait offert l'Europe après la proclamation de la Charte est complètement épuisé.

M. Vénizélos prenait le pouvoir à Athènes ; à Sofia, l'exode des réfugiés macédoniens ramenait les incidents et les crises ministérielles d'autrefois ; à Belgrade et à Cettigné, la répression albanaise causait le même encombrement de paysans misérables qui fuyaient le pillage ou le massacre. En Europe et dans les Balkans, le régime jeune-turc perdait tout crédit. Les puissances, mal renseignées, gardaient leur estime de la force turque. Les Balkaniques, mieux placés, savaient que les réformes de

Mahmoud-Chevket, brisant l'ancienne organisation militaire, n'avaient établi que sur le papier des projets et des règlements qui, dans dix ans peut-être, replaceraient l'armée turque en état de faire campagne..., si, d'ici là, l'effort et les dépenses continués rendaient à cette armée un corps d'officiers et une discipline : la révolution avait brisé l'une et confisqué l'autre pour le service de la politique.

Les Balkaniques, dès ce début de 1911, prévoyaient donc l'inévitable résultat; l'auteur de *La Vérité sur le Régime constitutionnel des Jeunes-Turcs* le prédisait :

> On prétend que le but de cette politique envers les éléments non musulmans, serait d'arrêter le rapide développement de leur culture intellectuelle de façon à permettre aux Turcs, très arriérés, d'atteindre le degré actuel de civilisation des populations non musulmanes. Si cette assertion correspond à la réalité, vos efforts n'aboutiront à aucun résultat : en dépit de vos mesures draconiennes, il vous sera impossible d'arrêter le développement intellectuel des éléments non musulmans qui ont atteint presque le sommet de l'échelle dont les Turcs n'ont pas encore gravi la première marche... Cette politique de tracasseries et d'abus vous conduira à une nouvelle intervention étrangère qui facilitera le morcellement de l'Empire ottoman.
>
> La situation troublée du pays, le mécontentement général de sa population, l'application d'une série de mesures illégales et de lois restrictives, les guerres civiles ininterrompues, la proclamation si fréquente de l'état de siège [font que] l'état économique du pays et les finances de l'Empire ne peuvent s'améliorer. Cette situation troublée du pays et ces expéditions militaires exigent des millions, tout en contribuant à la diminution de la production et des revenus du Trésor; l'insécurité générale, provoquée par les bandes, par les attentats criminels, par la bastonnade.

empêche la population de cultiver les terres, de faire le commerce ou de s'occuper d'entreprises industrielles.

Résultat final de tout cela : déficits énormes dans les budgets ottomans, emprunts à des conditions humiliantes, interventions étrangères, ruine et partage du pays.

Ruinant la Macédoine, le régime constitutionnel causait aux États voisins les mêmes inquiétudes et les mêmes dépenses que le gouvernement d'Abd-ul-Hamid :

Les bandes bulgares, grecques et albanaises, les attentats, les meurtres et les vengeances augmentent de jour en jour : au printemps, on s'attend à des troubles et à des complications très graves. Les cercles jeunes-turcs attribuent tout cela aux intrigues et aux menées des États voisins. Les véritables motifs doivent être cherchés dans les injustices et les illégalités, dans les souffrances et le mécontentement des populations forcées de recourir aux moyens extrêmes. Il est tout naturel que les milliers de personnes qu'on maltraite, qu'on persécute ou qu'on emprisonne arbitrairement soient mécontentes et cherchent à se venger ou à se sauver de leur situation intolérable par tous les moyens légaux et illégaux. Les populations ottomanes travaillent de nouveau [contre le régime turc] avec acharnement, tant à l'intérieur du pays qu'à l'étranger.

C'est surtout en Bulgarie et en Grèce que nombre de mécontents se sont réfugiés, sachant y trouver le plus grand appui moral et matériel. En Bulgarie, où un quart des officiers et des fonctionnaires sont originaires de la Turquie d'Europe, la plus grande partie des intellectuels macédo-bulgares sont de nouveau réfugiés. On peut dire, sans crainte d'être accusé d'exagération, que 150 000 Macédoniens y sont actuellement. Ils organisent des comités, recueillent des subsides et, la plupart du temps, sont en conflit aigu avec la politique du gouvernement et celle des différents partis en Bulgarie. Les souffrances de la population macédonienne [irritent] l'opinion bulgare... Ce ne sont point les États voisins qui s'ingèrent dans les affaires de la Turquie ; ce sont au contraire, les désordres et les injustices dont souffre la population macédonienne qui provoquent des crises dans les pays voisins ; en d'autres termes, c'est la Turquie qui s'ingère, d'une manière indirecte, dans les affaires des États voisins.

Depuis un an déjà (novembre 1909-décembre 1910), les trois États slaves désiraient une « union balkanique », que leurs ministres négociaient ; leurs souverains échangeaient des visites et de cordiales paroles. Le désarmement macédonien survenait tout juste quand le grand *Congrès Slave* se tenait à Sofia (juillet 1910) et quand l'érection du Monténégro en royaume (août 1910) réunissait en des fêtes intimes les rois et les princes-héritiers balkaniques. Une formule de politique nouvelle commençait de devenir le cri de ralliement : « les Balkans aux peuples balkaniques ! »

Mais les Serbes, qui avaient inventé cette formule, ne l'entendaient pas de la même façon que les Bulgares. Les Serbes de Belgrade, surtout, auraient voulu que l'union des Slaves fût tournée contre les ambitions de Vienne. L'annexion de la Bosnie-Herzégovine leur apparaissait toujours comme un attentat à leur idée serbe, comme la première étape autrichienne sur la route de Salonique. Ils sentaient la main du Habsbourg sur leur cou. Ils étaient harassés de la tyrannie économique que faisait peser sur eux la nécessité d'emprunter, pour l'exportation comme pour l'importation, les routes ferrées et fluviales de la double monarchie ; en 1910, le traité de commerce entre Belgrade et Vienne n'avait pas donné les compensations douanières que l'on avait attendues de la cruelle humiliation diplomatique de 1909.

C'est en Turquie maintenant que les Serbes comptaient trouver un correspondant et un transitaire, soit dans le port de Salonique et son chemin de fer du Vardar, soit dans la future ligne ferrée Danube-Adriatique et le port, Durazzo ou Saint-Jean-de-Medua, qui s'ouvrirait à son terminus. De la complaisance turque, les Serbes avaient besoin pour l'exportation de leur bétail, auquel ils cherchaient une clientèle dans toute la Méditerranée levantine, et pour l'importation de leurs armements, puisque, toujours pensant à la Bosnie-Herzégovine, ils préparaient méthodiquement la revanche.

Avec la Turquie, pour la défense de l'intégrité ottomane, les Serbes auraient donc voulu que tous les Balkaniques fissent bloc contre l'Autriche, et ils étaient de cœur avec les Jeunes-Turcs contre les Albanais. La sévère répression en Haute-Albanie causait des souffrances, mais passagères, aux paysans serbes des alentours; les marches et contremarches de l'armée dévastaient les villages serbes du vilayet de Kossovo. Mais tout ce qui bridait la licence albanaise ou barrait l'invasion albanaise, supprimerait, en fin de compte, l'exploitation et le massacre des paysans chrétiens et profiterait à l'élément serbe dans ces cantons de Vieille Serbie où l'invasion albanaise était de date récente, où le paysan slave subsistait encore, mais décimé et cruellement opprimé par les envahisseurs.

Belgrade protestait donc, comme les autres Balkaniques, contre les rigueurs du désarmement, contre la persécution du clergé et des intellectuels, contre la fermeture des écoles, les arrestations de notables et de professeurs en ce pays ottoman de Vieille Serbie. Mais le gouvernement serbe ne mettait aucune âpreté à ses protestations : il se fût contenté de quelque rémittence à l'application par les Jeunes-Turcs de leurs lois « provisoires »; dans le parlement ottoman, les députés de langue serbe restaient, jusqu'au bout, fidèles au Comité *Union et Progrès*.

Les Bulgares, eux, regardaient vers la Macédoine, d'où leur venaient en cette année 1910 les mêmes plaintes et, par contre-coup, les mêmes maux qu'aux pires années du régime hamidien : même afflux de réfugiés macédoniens qu'il fallait nourrir, loger et rapatrier ou installer à demeure; mêmes incidents de frontière entre postes turcs et postes bulgares; mêmes difficultés diplomatiques; même nécessité de mobiliser chaque printemps, de rester l'arme au pied jusqu'aux premières neiges, de porter toujours et d'augmenter encore le fardeau de ces armements sous lequel le budget du nouveau royaume ployait de plus en plus.

De la révolution jeune-turque, Sofia avait espéré une notable réduction de ses charges militaires. Quand, en octobre 1908, le gouvernement du prince Ferdinand avait lié partie avec l'Autriche pour faire coïncider l'indépendance bulgare avec l'annexion bosniaque, il avait cherché en cette indépendance moins un renouveau qu'un règlement définitif de la querelle avec Stamboul. Par la faute des Turcs, la Bulgarie avait été obligée, depuis 1903, à un effort militaire dont elle voulait recevoir la récompense;

cette récompense, la nation la voyait alors dans une invasion et une annexion de la Thrace, dans une ruée sur Andrinople d'où la furie bulgare eût délogé sans peine cette armée turque, que la révolution venait de disloquer en cohue : les cinq années de préparatifs et les trois ou quatre cent millions de dépenses militaires seraient remboursés par cette acquisition de territoire.

Mais le prince Ferdinand avait eu l'ambition plus prudente : il était moins confiant dans la victoire que ses sujets; il avait plus à perdre qu'eux de la défaite... Il s'était contenté provisoirement de la couronne royale, qu'il mettait sur sa tête, et de l'indépendance qui, de son État vassal, faisait un État souverain. Et sitôt ce double gain assuré, il avait offert à la Turquie une conversation amicale et une réconciliation plénière où, moyennant de justes indemnités, l'ancien suzerain abandonnerait toute prétention sur le nouvel État : syndiquant alors les intérêts turco-bulgares, une convention diplomatique et commerciale assurerait pour de longues années cette pacification macédonienne, sans laquelle ni le nouveau royaume ne pouvait connaître une saison de travail, ni le nouveau roi, une heure de sécurité personnelle.

Dès le 5 octobre 1908, Sofia demandait donc leurs bons offices aux puissances occidentales pour cette négociation turco-bulgare : offrant aux Turcs une somme de cent millions de francs « en solde de tout compte », Sofia priait seulement les puissances de lui prêter ces cent millions, et les Jeunes-Turcs d'exécuter enfin l'accord du 26 mars 1904, en signant les six « arrangements spéciaux » que, si longtemps, l'on avait négociés, que l'on avait conclus, mais qu'Abd-ul-Hamid avait refusé de ratifier et qui, pourtant, étaient les seuls moyens de rétablir la paix et la solidarité entre les deux États. De ces six arrangements spéciaux, le sixième, surtout, semblait aux Bulgares d'une urgente nécessité. Le raccordement des voies ferrées ouvrirait à toute la Bulgarie de l'ouest et du nord le chemin de Salonique; il donnerait aux importations comme aux exportations bulgares une voie de transit bien plus courte que l'interminable détour par les ports de la mer Noire, le Bosphore, la mer de Marmara, les Dardanelles et la libre Méditerranée enfin; il mettrait en contact intime les deux moitiés du peuple bulgare dont l'une, entièrement libérée désormais, pourrait plus efficacement aider celle qui restait encore sous le joug ottoman : la collaboration loyale de Sofia et de Stamboul, disaient les Bulgares, arriverait à créer en Macédoine des conditions politiques et économiques d'où la population chrétienne retirerait assez de bénéfices pour se rallier définitivement au *statu quo*; or, la tranquillité et le bonheur des Slaves macédoniens étaient, pour longtemps du moins, les seuls besoins, les seules ambitions de la Bulgarie indépendante : elle avait à transformer son propre territoire et son peuple; elle voulait consacrer toutes ses ressources à son outillage et à la mise en valeur de ses terres.

Les Jeunes-Turcs semblèrent d'abord se prêter à ces offres de Sofia : ils envoyèrent des délégués officieux, qui parurent accepter le principe de l'indemnité et promettre la signature définitive des arrangements spéciaux. En gage de ses intentions pacifiques, Sofia renvoyait aussitôt (20 octobre) une moitié des réservistes, qu'on avait mobilisés pour la proclamation de l'indépendance, et déléguait des négociateurs officiels à Constantinople.

Mais trois mois durant (novembre 1908-janvier 1909), ils se heurtaient aux tergiversations ou aux exigences inadmissibles de la Porte, aux craintes des Jeunes-Turcs, qui ne voulaient pas « vendre » à l'Infidèle le moindre morceau du Khalifat, tant ils sentaient déjà monter contre eux la révolte de l'Islam !

Ces négociations turco-bulgares tournaient enfin à la querelle : les Jeunes-Turcs finissaient par exiger une rectification de frontières afin qu'une récupération de territoires leur obtînt l'indulgence de l'Islam pour leurs autres concessions.

La Russie alors intervint, moins en médiatrice qu'en arbitre impérieux (janvier 1909); au lieu d'un accord turco-bulgare, c'est un accord turco-russe qui acheta l'indépendance de la Bulgarie. Une combinaison financière, dont la Turquie ne tirait pas un écu sonnant, ne fit que réduire ses éternels versements pour cette indemnité de guerre de 1878, dont, au bout de vingt-cinq ans, elle n'avait pas encore su se libérer; un accord russo-bulgare régla ensuite le paiement par annuités de cette avance russe. Le résultat final n'était obtenu qu'après trois mois encore d'alarmes et de menaces réciproques, de brouille aigrie entre Stamboul et Sofia (janvier-avril 1909), et quel résultat final ! au lieu d'une réconciliation turco-bulgare, qui eût assuré à la Macédoine les années de repos et aux Jeunes-Turcs les années de paix nécessaires à l'essai loyal du nouveau régime, c'était la sujétion financière de Sofia sous la main de Pétersbourg : obligés maintenant de payer chaque année à la Russie la rançon de leur indépendance, comment les Bulgares seraient-ils les défenseurs de la solidarité balkanique contre les menaces et ambitions russes? Ils ne pouvaient plus être que les serviteurs ou, tout au moins, les instruments résignés de Pétersbourg.

Encore les Turcs mettaient-ils près de six mois à reconnaître le fait accompli (avril-août 1909), et les « arrangements spéciaux » restaient en suspens, alors que les premiers actes du nouveau régime en Macédoine, le débat sur les églises, la loi sur les bandes, etc., provoquaient déjà les vives réclamations de Sofia (novembre 1909). Si la politique bulgare resta néanmoins pacifique, c'est que Pétersbourg l'ordonnait.

Pétersbourg avait de graves soucis en Perse, où les Jeunes-Persans avaient proclamé, eux aussi, la Constitution, en Chine, où l'on sentait déjà un pareil mouvement se préparer. Le gouvernement russe ne voulait pas d'affaires dans les Balkans, aussi longtemps qu'il n'aurait pas obtenu toutes sécurités du Japon dans les affaires de Chine, toutes sécurités de l'Allemagne dans les affaires de Perse; de ce côté, il avait déjà son accord avec l'Angleterre et l'adhésion ordinaire de la France.

Aussi, rentrant de Pétersbourg en mars 1910, Ferdinand de Bulgarie doit aller à Constantinople faire acte d'amitié et de bon voisinage, alors que la dissolution des clubs bulgares et les débuts du désarmement ouvrent, en vérité, la crise macédonienne.

Le tsar des Bulgares fait bonne figure aux Jeunes-Turcs; mais on dit qu'il rentre de Constantinople profondément blessé de certains manques d'égards;

on l'a traité, malgré tout, en ancien « vassal », et il a vu de ses yeux la désorganisation complète de l'armée et de la politique ottomanes. Le roi de Serbie, qui lui succède chez le Sultan, reçoit des honneurs et un traitement tout autres; on le fait revenir en Serbie à travers la Macédoine, comme pour indiquer aux Slaves ottomans de quel côté ils trouveront le patron le mieux écouté du nouveau régime (avril 1910). Rentré à Sofia, le tsar Ferdinand est assailli par les plaintes et, dit-on, les menaces des Macédoniens.

Au cours de l'été 1910, le gouvernement de Sofia proteste avec énergie contre le désarmement macédonien et contre les persécutions des professeurs de l'Exarchat; en septembre, pour éviter la rupture avec Stamboul que la Russie interdit encore, le tsar Ferdinand doit renvoyer le ministère toujours prêt à l'aventure, dont il s'est servi pour la proclamation de l'indépendance. Mais, dès cet été de 1910, tout se prépare à Sofia pour cette rupture que l'on sait inévitable, que l'on voudrait prochaine, que Pétersbourg fait remettre de six en six mois.

Au début de juillet 1910, pourtant, a été signé un accord russo-japonais, qui équivaut, pratiquement, à une alliance offensive et défensive contre la Chine : quelques jours après, on voit arriver à Belgrade, comme ministre de Russie, M. de Hartwig, qui sera l'artisan le plus énergique de l'union balkanique et qui convertira les Serbes à la doctrine russo-bulgare de l'offensive contre les Turcs.

Au début de novembre 1910 est conclu l'accord russo-allemand de Potsdam, qui, moyennant le chemin de fer Bagdad-Téhéran abandonné à l'exploitation allemande, confirme aux Russes la liberté d'action dans la Perse du Nord que leur a conférée l'accord russo-anglais. Mais, neuf ou dix mois durant (novembre 1910-août 1911), cet accord est discuté à nouveau, retouché peut-être; il rencontre une vive opposition dans le gouvernement et la Cour russes. Il semble d'ailleurs qu'ayant acquis toutes sécurités en Perse et en Chine, la diplomatie du Tsar soit encore obligée dans les Balkans à une politique de neutralité apparente et d'expectative : l'accord austro-russe, « pour le maintien du *statu quo* et de la paix générale », conclu en février 1897, avait une durée de cinq années; il avait été renouvelé pour un autre bail de cinq années en février 1902, renouvelé encore en février 1907. Il n'arrive donc à échéance qu'en février 1912 et, malgré les désirs de revanche contre la « perfidie » de M. d'Aehrenthal, le gouvernement russe n'ose pas, semble-t-il, violer des promesses secrètes dont l'Europe n'a pas eu la confidence, mais que Vienne menace toujours de publier.

C'est pourquoi la diplomatie de Pétersbourg est patiente : dès le début de 1911, elle pourrait jeter sur la Turquie les Balkaniques maintenant réconciliés. Mais elle prend jusqu'en février 1912 le temps de parfaire son accord de Potsdam et d'organiser, selon ses vues, cette union balkanique. Elle a su gagner la confiance, endormir tout au moins les défiances des Jeunes-Turcs par les déclarations de son ambassadeur à Stamboul, M. Tcharikof. Le plus sincèrement du monde, M. Tcharikof parle aux gens du Comité de son profond désir d'une union panbalkanique où la formule « les Balkans aux peuples balkaniques » serait la règle du droit nouveau non seulement des États chrétiens entre eux, mais avec l'Empire ottoman. Tout le long de l'année 1911, il semble que Pétersbourg hésite et que, parfois, ce sont les idées de M. Tcharikoff qui l'emportent : contre l'Autriche, la Russie prendrait la tutelle de tous les Balkaniques, y compris les Turcs.

En maugréant, les Bulgares doivent se prêter à cette temporisation. L'occasion, pourtant, leur semble bonne quand, au début de 1911, les Turcs doivent embarquer trente mille hommes contre l'Yémen et préparer une nouvelle campagne contre l'Albanie : la brouille turco-grecque au sujet de la Crète bat son plein ; les moins confiants parmi les Bulgares, le tsar Ferdinand lui-même, n'ont plus d'illusion sur la solidité politique du régime jeune-turc ni sur la cohésion de cette armée ottomane où le versement de six classes de chrétiens a achevé le désarroi commencé par les réformes de Mahmoud-Chevket. L'état-major de Sofia a son plan de guerre, ses ordres de mobilisation tout prêts : en deux jours, on sait que l'on aura investi Andrinople et poussé jusqu'au fossé de la basse Maritza...

Mais l'ambassadeur russe fait le voyage de Sofia pour bien expliquer que la consigne russe est de patienter (février 1911). Le tsar Ferdinand hésite : il fait le voyage de Vienne et demande la même collaboration autrichienne qu'en 1908 pour un règlement austro-bulgare de l'affaire albanaise tout au moins : les Jeunes-Turcs donnent aux Bulgares du dedans et du dehors tous sujets de rupture ; les conventions commerciales arrivant à échéance, on est à la veille d'une guerre de tarifs ; vingt ou trente mille réfugiés macédoniens encombrent les villes du royaume ; les incidents de frontière se multiplient :

un crédit extraordinaire de 25 millions est voté par la Sobranié pour adapter les voies ferrées au plan de mobilisation... Mais Vienne partage les idées de Pétersbourg ; la consigne autrichienne est aussi d'attendre. De retour à Sofia, le tsar Ferdinand semble se résigner ; il change encore de ministres (mars 1911) et appelle au pouvoir les partisans déclarés de l'entente avec la Turquie :

> Nous sommes des partisans ardents de la paix, déclare le nouveau président du Conseil, M. Guéchof. Nous voulons entretenir des relations amicales avec toutes les puissances et particulièrement avec nos voisins auxquels tant d'intérêts nous lient. Nous le voulons, non pour plaire à telle puissance ou à tel groupe de puissances, mais parce que les intérêts vitaux du royaume *et des Bulgares hors du royaume* nous imposent cette conduite, vu le *désir général de paix* et les dangereuses incertitudes de la guerre. La politique que nous voulons pratiquer est la seule possible. Désirant sincèrement qu'elle devienne la politique permanente de la Bulgarie, nous espérons que la Turquie facilitera notre tâche et répondra à notre appel pour écarter toutes causes de malentendu et tous incidents qui peuvent troubler chez nous l'opinion publique.

Un *modus vivendi* provisoire entre Stamboul et Sofia est réglé par une convention commerciale d'une année et par un traité pour la surveillance de la frontière. Malgré les incidents et les meurtres, malgré le va-et-vient des émigrés ou des bandes, la paix est maintenue derrière une façade de bonne amitié : les princes bulgares rendent visite à Mahomet V.

A ces avances, les Jeunes-Turcs répondent par des menaces : ils ont perdu toute notion de leur propre faiblesse et de la force bulgare; ils croient encore posséder une armée, et que le jour où ils le voudraient, ils arriveraient en quelques heures dans le faubourg de Philippopoli :

Serrès, le 16 mai 1911. — Je vous ai déjà annoncé les grands approvisionnements de vivres, de munitions de guerre et d'effets d'équipements faits ici par les Turcs. On dirait qu'ils se préparent à la guerre contre leurs voisins du Nord. Hier encore un officier turc me disait : « Les approvisionnements sont faits en vue d'une guerre prochaine contre la Bulgarie à laquelle nous comptons infliger, cette année, une bonne leçon. »
Un autre officier me dit : « Nos ennemis s'efforcent de profiter de nos embarras en Albanie et dans le Yémen; mais la Jeune-Turquie est aujourd'hui si puissante qu'elle n'hésitera pas, si elle le juge nécessaire, de déclarer simultanément la guerre à la Grèce et à la Bulgarie. Dans cette prévision sont convoquées les réserves de l'Asie Mineure. Sous prétexte de grandes manœuvres, Chefket-pacha aura sous peu sous la main une armée de 100 000 hommes au moins en Macédoine. »

Les Bulgares laissent dire : ils attendent les effets de la visite du Sultan-Khalife en Macédoine et en Albanie. Ils en constatent bientôt l'échec complet : après comme avant, les Albanais restent en campagne, et voici que les puissances occidentales et la Russie elle-même semblent disposées à reprendre leur œuvre de réformes macédoniennes (mai-juin). L'Angleterre surtout rappelle qu'en 1908 l'œuvre de l'Europe n'a été interrompue que pour permettre un essai loyal du nouveau régime; cet essai, disent les Anglais, a complètement échoué; la Macédoine est plus misérable qu'aux temps hamidiens; il faut la remettre aux mains des puissances.

On profite à Sofia de ce répit pour reviser, comme à Athènes, la constitution, en alléguant la nécessité d' « adapter les anciens pouvoirs du prince aux besoins du nouveau royaume. » De cette revision, le seul point important est l'article III qui, pratiquement, remet au nouveau roi la direction absolue des affaires extérieures, en particulier le droit de signer des traités secrets : « Les ministres communiquent les traités à la Sobranié, *si les intérêts et la sécurité* du pays le permettent. » La revision faite, de nouvelles élections confirment au gouvernement la confiance de la nation : sur 213 élus, il a 190 partisans.

Comme la Grèce, la Bulgarie est toute prête désormais à tenter le grand effort. Comme en Crète, les Jeunes-Turcs continuent en Macédoine de faire tout ce qu'il faut pour obliger les Grecs et les Bulgares à l'entente : après la visite du Sultan, le désarmement et la bastonnade ont repris de plus belle ; de nouveau la répression s'abat sur ce pays déjà dévasté par les expéditions de 1910... Grecs et Bulgares comprennent que, de leur entente seulement, peut venir le soulagement des Macédoniens; toute la presse d'Athènes reproduit les articles des journaux bulgares, qui définissent les conditions de cette entente.

> La Macédoine, — écrit le *Narodni Prava*, — loin d'être un sujet de discorde entre la Bulgarie et la Grèce, constitue, au contraire, l'unique raison d'un rapprochement. Pour avoir pendant trente-cinq ans méconnu cette vérité si simple, les deux peuples n'ont abouti qu'à aggraver la triste condition de leurs congénères en Macédoine.
> Le but d'Athènes et de Sofia doit être l'autonomie de la

Macédoine. La Macédoine autonome peut devenir le nœud de la confédération des États balkaniques, qui est la solution la plus rationnelle du problème oriental. L'entente une fois établie entre la Bulgarie et la Grèce, le Monténégro y adhérera tout naturellement, puis la Serbie ; prise entre l'Autriche et la Macédoine, elle sera condamnée à la mort par asphyxie si elle n'entre dans la confédération du Balkan. *Quant à la Turquie, elle ne pourra rester à l'écart sous peine d'être rejetée en Asie par les États confédérés.*

Mais si les journaux bulgares parlent ainsi, le gouvernement continue d'obéir à la consigne de Pétersbourg, et, malgré la révolte albanaise, malgré les combats en Macédoine entre les soldats et les bandes, qui partout reparaissent, l'armée bulgare continue d'attendre, l'arme au pied. Les négociations reprennent même entre Stamboul et Sofia au sujet de ces « arrangements spéciaux » que les Jeunes-Turcs aujourd'hui, comme Abd-ul-Hamid autrefois, promettent et n'accordent jamais... Quand la guerre turco-italienne survient (octobre 1911), Sofia, malgré l'apparition des vaisseaux italiens sur les côtes albanaises, continue d'attendre. L'occasion pourtant serait belle : l'évêque patriarchiste de Grévena vient d'être torturé et massacré par les soldats turcs [1] ; l'hellénisme entier, voyant enfin l'œuvre de

---

[1]. *Athènes, le 20 octobre 1911.* — L'émotion causée par l'assassinat du métropolite de Grévena, de son diacre et de son *cawas*, est allée augmentant à mesure que l'on a connu les détails de l'horrible forfait. Deux heures durant, le vénérable prélat a subi les tortures les plus atroces que cerveau turc ait jamais imaginées.

Les services funèbres célébrés dans toutes les églises orthodoxes de Turquie et de Grèce ont montré la douleur de l'orthodoxie en cette tragique occurrence. Les cris d'indignation partis de tous les centres helléniques ont eu un écho retentissant dans toute la presse ; comme le dit si bien l'*Isopolitia* de Constanti-

M. Vénizélos accomplie, ne demande que la guerre. Dès cet automne de 1911, les accords gréco-bulgare et serbo-bulgare sont au feu : on les forge sans trop de bruit; les ministres de Russie à Belgrade et à Athènes y travaillent dans l'ombre...

Au début de 1912, la majorité du prince héritier bulgare et les fêtes où figurent tous les princes héritiers balkaniques coïncident tout juste avec l'échéance finale de l'entente austro-russe (février 1907-février 1912) : envoyant à Vienne son grand-duc André, qui rentre de Sofia et de Belgrade, Pétersbourg s'offre à une prolongation nouvelle de cette entente; mais les conditions russes ne sont pas acceptées par M. d'Aehrenthal : un mois après, les États balkaniques signent leur alliance offensive et défensive contre la Turquie, sous la médiation du Tsar, — le 13 mars, le jour même où M. Tcharikof est rappelé; la diplomatie russe a fait son choix; tout est décidé pour la « Revanche de Pétersbourg ».

Le 1er mai 1913.

FIN

nople, les mêmes mots sont tombés de toutes les lèvres : « Vengeance! punition des coupables et des instigateurs, sécurité pour ceux qui restent. »

TABLE DES MATIÈRES

	Pages
Introduction.	v
I. — L'Union Balkanique	1
II. — La Crète et le Khalifat	23
I. — La Crète	25
II. — Le Khalifat	81
III. — La Crise	121
IV. — M. Vénizélos	159
III. — Le Sultanat et la Macédoine	207
I. — Le Régime hamidien	209
II. — La Révolution	259
III. — Le nouveau Régime	309
IV. — L'esprit nouveau	355
V. — L'attente	399

COULOMMIERS
Imprimerie PAUL BRODARD.

LIBRAIRIE ARMAND COLIN, rue de Mézières, 5, PARIS

La Révolution Turque, par Victor Bérard. Un volume in-18 de 358 pages, broché. . . . . **4 »**

L'Empire Russe et le Tsarisme, par Victor Bérard. Un volume in-18, avec *1 carte en couleur hors texte*, broché. . . . . **4 »**

L'Islam, *Impressions et études*, par le Comte Henry de Castries. Un volume in-18, broché. . . . . **4 »**

La Perse d'aujourd'hui (*Iran-Mésopotamie*), par Eugène Aubin. Un volume in-18 de 452 pages, *une carte en couleur hors texte*, broché. . . . . **5 »**

La Chine novatrice et guerrière, par le Commandant d'Ollone. Un volume in-18, broché. **3 50**
Ouvrage couronné par l'Académie française, Prix Fabien.

Les États-Unis d'Amérique, par P. d'Estournelles de Constant. Un fort volume in-18 de ix-636 pages. broché. . . . . **5 »**

Américains et Japonais, par Louis Aubert. Un volume in-18, *1 carte hors texte*, broché. . . . . **4 »**

L'Espagne au XXe siècle : *Étude politique et économique*, par Angel Marvaud. Un fort volume in-18, avec une carte *en couleur* hors texte, broché. . . . . . . **5 »**

Imp. de Vaugirard. — H.-L. Motti, Dir., 12-13, impasse Ronsin, Paris.

www.ingramcontent.com/pod-product-compliance
Lightning Source LLC
Chambersburg PA
CBHW070617230426
43670CB00010B/1555